CES FILLES SYMPAS QUI N'OSENT PAS S'AFFIRMER

Lois Frankel et Carol Frohlinger

CES FILLES SYMPAS QUI N'OSENT PAS S'AFFIRMER

99 astuces pour y arriver

Traduit de l'anglais (États-Unis)
par Laurence Nicolaieff

PEARSON

L'édition originale de cet ouvrage a été publiée aux États-Unis par Crown Archetype, sous le titre *Nice Girls Just Don't Get It. 99 ways to win the respect you deserve, the success you've earned, and the life you want.*

Mise en pages : FAB Orléans

ISBN : 978-2-7440-6484-5

Table des matières

Stratégie II
Établissez des relations constructives

Stratégie III
Gérez les attentes des autres

Stratégie IV
Faites passer votre message

Stratégie V
Surmontez les obstacles et les résistances

Stratégie VI
Utilisez et partagez vos réseaux

Stratégie VII
Vivez en accord avec vos valeurs

Introduction

Tout ce que vous devez savoir sur les filles sympas

Si vous avez l'impression d'être invisible, exploitée, traitée avec désinvolture ou si vous ne savez pas comment obtenir ce que vous désirez le plus au monde, bienvenue au club. Ou plus exactement, au club des « filles sympas ». Il comprend toutes les femmes qui limitent leur existence en se conformant aux comportements stéréotypés censés être indispensables pour survivre en société. Elles sabotent inconsciemment leurs relations avec les autres, dans leur vie sentimentale, en famille, au travail, en fait avec tout le monde. Résultat : elles n'atteignent pas les objectifs qui leur tiennent vraiment à cœur. En tant que femmes, nous sommes bombardées notre vie durant de messages visant à nous convaincre qu'il est plus important d'être sympas que d'obtenir ce que nous voulons. Sans que cela soit formulé de manière explicite, chacune de nous sait qu'en faisant passer ses besoins en premier, elle risque de s'attirer une réputation de « sale égoïste ».

Voici un exemple qui montre comment les messages de l'enfance influent sur le présent. Emmanuelle est cadre dans une entreprise d'aéronautique. Respectée dans son travail pour son professionnalisme, elle reste pourtant toujours une petite fille aux yeux de ses parents. Aux réunions de famille, sachant qu'elle est célibataire, on lui demande de s'asseoir avec les enfants lorsqu'il n'y a pas assez de place autour de la table. Cette situation lui déplaît, mais elle ne sait pas comment y remédier. Le jour où elle a suggéré qu'il était temps pour elle de s'installer avec les autres adultes, on lui a reproché son « hypersensibilité ». Elle n'a plus jamais évoqué le sujet pour ne pas gâcher les réunions de famille.

Sa peur de faire des vagues a des conséquences tant professionnelles que personnelles. Elle passe pour quelqu'un d'affable et de facile à vivre, mais on ne la considère pas comme un « haut potentiel », dans la mesure où elle n'exprime jamais d'opinion personnelle – même si cela peut faire progresser son entreprise. En se cantonnant dans le rôle de la fille sympa, elle a certes fait son chemin, mais elle n'ira pas jusqu'au bout de ses possibilités. Les messages reçus pendant son enfance l'empêchent d'accomplir sa destinée d'adulte.

Les comportements acquis dans l'enfance, qu'ils répondent à des attentes parentales implicites ou à des exigences explicites, continuent à imprégner nos expériences de femmes adultes. Rompre une relation toxique, prendre des risques professionnellement, ou simplement interroger le médecin sur le traitement qu'il a prescrit, sont des épreuves insurmontables pour les « filles sympas » parce qu'elles se soucient davantage des réactions des autres que de leur propre intérêt.

Ne vous méprenez pas : il est important d'être sympa, mais la gentillesse seule ne vous permettra pas d'obtenir ce que vous voulez dans la vie. Certes, la serviabilité, l'attention à l'autre, la générosité sont essentielles à la réussite de toute entreprise et de toute relation, mais cela ne suffit pas. À la lumière de notre expérience personnelle et professionnelle, nous savons que vous *pouvez* atteindre vos objectifs personnels et professionnels sans abandonner vos qualités intrinsèques. Ce n'est pas tout l'un ou tout l'autre.

Celles que nous appellerons les « femmes qui gagnent » sont des femmes qui ont appris à conquérir le respect qui leur revient, le succès qu'elles méritent et la vie à laquelle elles aspirent sans passer pour de « sales égoïstes ». Ce ne sont pas des biens tangibles comme une nouvelle maison, un rabais sur l'achat d'une voiture ou une promotion de carrière. Elles savent plutôt créer les conditions qui leur permettront de faire entendre leur voix, d'exprimer et de satisfaire leurs besoins, et, indépendamment du résultat, d'être fières d'elles-mêmes. Être une femme qui gagne ne signifie pas que vous obtiendrez forcément ce que vous voulez, cela veut dire que vous poursuivrez vos objectifs de manière authentique, ciblée, avec intelligence et maturité. Plusieurs traits de caractère opposent les filles sympas aux femmes qui gagnent. Ils sont recensés dans le tableau ci-après.

Les filles sympas	Les femmes qui gagnent
Font passer leurs besoins en dernier	Tiennent compte de leurs besoins et de ceux des autres
Expriment rarement des revendications	Manifestent clairement leurs besoins
Tolèrent des attitudes inadmissibles	Affrontent sans crainte ceux qui leur manquent de respect
Ont peur de communiquer ouvertement	Font passer leur message de manière directe et concise
Sont malhabiles à nouer des relations et à les utiliser	Établissent facilement des relations et savent en tirer parti
Vivent dans la terreur d'offenser les autres	S'efforcent de cultiver des relations solides, mutuellement bénéfiques, en posant des limites clairement définies

COMMENT DEVENIR UNE « GAGNANTE » GRÂCE À CE LIVRE

Dans *Ces filles sympas qui sabotent leur carrière*[1], nous avons montré quels comportements privilégier pour réussir dans la vie professionnelle, et comment se débarrasser des comportements de fille sympa qui entravent une carrière. D'après le courrier reçu des lectrices, nous avons constaté que nos conseils ont vraiment fait la différence ! Certaines ont décroché la promotion qu'elles voulaient, d'autres ont obtenu une augmentation, plusieurs ont eu le courage de quitter un

1. Pearson, 2005 ; rééd. 2008.

environnement de travail délétère. Nous leur adressons à toutes nos sincères félicitations. Ce nouvel ouvrage a pour objet de vous fournir un arsenal de techniques utilisables dans *toutes les circonstances* et *avec tous les types d'interlocuteurs* : votre propriétaire, votre belle-mère, vos clients, vos voisins, jusqu'à vos enfants. À dire vrai, dans tous ces savoir-être, on retrouve les mêmes composantes qui, à quelques variantes près, s'appliquent à toutes les situations et à toutes les formes de relations. Et à chaque fois, c'est *vous* qui menez le jeu. Dans quelle mesure comprenez-vous pourquoi vous agissez (ou n'agissez pas) de telle ou telle manière ? Êtes-vous réellement disposée à changer ?

Si vous êtes une fille sympa typique qui se comporte selon les normes qu'on lui a inculquées, ceux qui vous entourent n'ont sans doute pas envie, ni intérêt à ce que vous changiez. Pourquoi vous y aideraient-ils ? En faisant systématiquement passer vos besoins en dernier, vous satisfaites *les leurs*. Or, ce ne sont pas *eux* qui priment, mais *vous*. Dans ce livre, nous vous apprendrons à résister à ces pressions extérieures qui vous empêchent d'évoluer et à identifier vos véritables alliés – ceux qui ont à cœur de défendre vos intérêts. Ils jouent pour vous un rôle de modèle, de mentor, de supporteur inconditionnel. Vous aurez besoin de leur soutien pour vous forger un mental de « gagnante ».

Il est aussi important de se rendre compte que les messages intériorisés qui dictent ces comportements de fille sympa sont profondément ancrés dans la culture. Ils sont constamment répétés et renforcés par nos structures familiales, par les normes sociales et par les codes du monde du travail. La pression sociétale imposera tôt ou tard de les réviser et de les redéfinir, mais les changements de ce type et de cette envergure prennent du temps. Loin de vouloir vous décourager, nous insistons sur ce point pour vous inciter, en attendant, à vous donner vous-même les possibilités d'évoluer de la *fille sympa* vers la *femme qui gagne*. Ce livre a été conçu pour vous y aider.

Les filles sympas ne mènent pas l'existence qu'elles veulent pour une des deux raisons suivantes : soit parce qu'elles n'ont pas conscience que leurs comportements les en empêchent, soit parce qu'elles ne savent pas comment réagir. Ce livre apporte des solutions à ces deux problèmes. Que vous soyez mère au foyer, PDG, étudiante, profession libérale, artiste, etc., vous avez certainement un talon d'Achille. Et il vous empêche d'obtenir ce que vous désirez et ce que vous méritez. Comprendre ce qui constitue votre maillon faible et le renforcer est la seule façon de passer de l'état de fille sympa à celui de femme qui gagne. Vous trouverez ici les ressources, les convictions et la connaissance qui vous permettront de réaliser cette transition et de surmonter les obstacles. Voici sept stratégies et 99 tactiques grâce auxquelles des femmes que nous avons accompagnées ont réussi à atteindre leurs objectifs personnels et professionnels.

STRATÉGIES CONTRE TACTIQUES

La distinction que nous opérons entre les stratégies d'une part, les tactiques d'autre part, a pour but de vous aider à atteindre vos objectifs en empruntant de nouvelles voies. Comme l'indique le schéma ci-après, passer du statut de fille sympa à celui de femme qui gagne suppose l'interaction complexe de plusieurs facteurs. Nous vous proposons un ensemble de stratégies et de comportements clés à adopter pour réussir cette transition. Loin de vous en tenir à une seule approche, vous devez combiner plusieurs stratégies. Si une de vos amies abuse trop souvent de votre gentillesse, plusieurs voies s'offrent à vous. Vous pouvez par exemple réfléchir à votre passé, afin de comprendre pourquoi vous tolérez son attitude ; apprendre à gérer ses attentes ; communiquer plus clairement ce que vous ressentez ; enfin, vous préparer à résister. Le propre des stratégies exposées est de replacer les situations dans un contexte plus large.

Mais il ne suffit pas d'avoir identifié les stratégies adéquates ; vous savez probablement déjà ce que vous devriez faire. C'est à ce moment que les tactiques entrent en jeu. Elles représentent le *comment* du processus – les actions spécifiques à déclencher pour mettre la stratégie en œuvre. Imaginez les stratégies comme des boîtes à outils et les tactiques comme des outils. De même qu'il vous faudra recourir

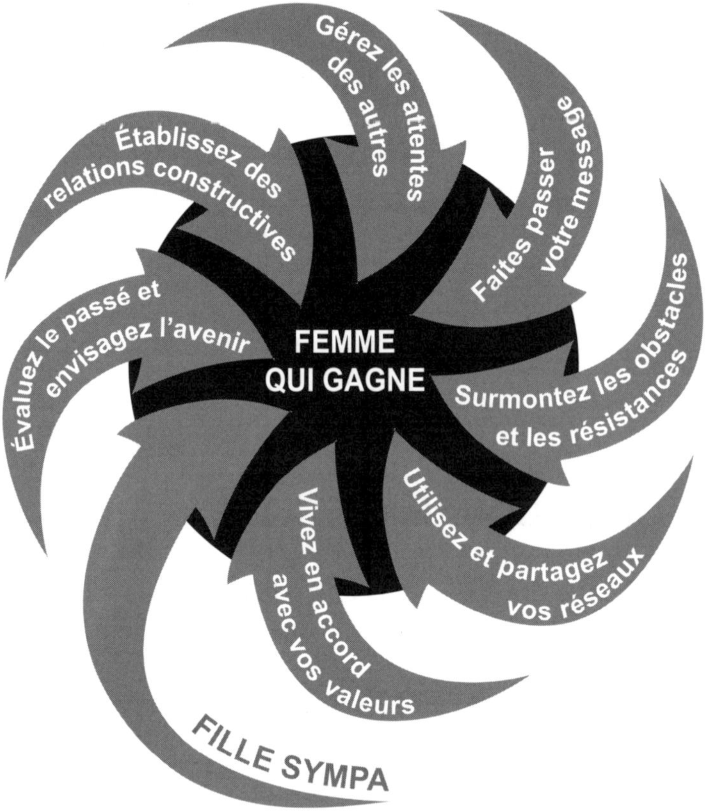

à certaines stratégies pour modifier vos comportements, vous devrez employer des tactiques précises en fonction des circonstances. Dans la mesure où une même action peut s'appliquer à des situations différentes selon la perspective qu'on adopte, vous constaterez que plusieurs tactiques peuvent se chevaucher. Dans la tactique 41, « Définissez une fourchette de résultats acceptables », nous conseillons par exemple une préparation rigoureuse. La rigueur est aussi un élément fondamental de la tactique 44, « Donnez la parole aux faits, laissez les sentiments de côté ».

Nous illustrerons ces stratégies et ces tactiques par des exemples et des scénarios tirés de notre expérience de coachs et de consultantes. À des fins de confidentialité, l'identité des personnes a été modifiée, mais il s'agit d'histoires vécues qui concernent des femmes que nous avons côtoyées dans notre travail et/ou dans notre vie personnelle.

Voici tout d'abord le cas de Barbara. Elle a la réputation de s'accommoder de tout et de s'entendre avec presque tout le monde. Pendant son enfance, sa mère ne cessait de lui rappeler qu'il faut faire plaisir aux autres et agir avec altruisme. Barbara se souvient de cette soirée de Noël où elle avait annoncé à sa mère qu'elle s'apprêtait à divorcer, et de la réaction de cette dernière, lui demandant de garder le silence afin de ne pas gâcher la fête de famille !

Conditionnée par ces messages, lorsque Barbara se trouvait dans un groupe, elle se rangeait systématiquement à l'avis des autres, sans oser contrarier ceux qui décidaient au nom de tous les autres simplement parce qu'ils parlaient plus fort. Puis il y eut cet accident de voiture où elle faillit perdre la vie. Ce fut le déclic. Elle décida que la vie était trop courte pour laisser les autres décider à sa place. Désormais, elle donnerait la priorité à ses désirs. Pour cela, il lui fallait mettre en œuvre plusieurs stratégies : privilégier les relations avec des gens qui tiennent compte de ses besoins, concilier les attentes des autres et les siennes, communiquer clairement sur ses désirs et vivre selon ses valeurs. Il lui restait cependant une tâche ardue à accomplir : celle de passer du statut de fille sympa à celui de femme qui gagne. Elle choisit de commencer par des transformations modestes.

Si quelqu'un suggérait de dîner dans un restaurant qu'elle fréquentait souvent, elle employait la tactique 43, « Si vous devez refuser, donnez vos raisons et proposez des alternatives », pour indiquer ce qu'elle souhaitait. Au lieu d'accepter purement et simplement, elle disait désormais : « J'adore ce restaurant, mais j'y suis allée il y a quelques jours. Pourquoi ne pas essayer le nouveau Thaï dont tout le monde parle ? » Quand des amis lui proposaient un voyage qu'elle ne pouvait s'offrir, elle appliquait la tactique 57, « Utilisez la méthode du contraste positif », qui consiste à exposer sincèrement ses sentiments et les raisons de son refus : « Je ne veux pas que vous pensiez que je n'ai pas envie de me joindre à vous. Je regrette sincèrement de ne pas participer au voyage. Mais sachant que je suis au chômage depuis un certain temps et que j'économise pour acheter un appartement, je dois renoncer à certaines choses pour le moment. » Peu à peu, Barbara a fini par faire entendre sa voix, elle n'a plus donné aux autres l'occasion d'intervenir dans sa manière d'occuper ses loisirs, de dépenser son argent, et elle a repris le contrôle de sa vie.

Si vous êtes ce qu'on appelle une fille sympa, les tactiques que nous allons décrire vous sembleront provenir d'une autre planète. Prenez le temps de les étudier une par une, sans vous laisser impressionner et sans vouloir modifier tous vos comportements d'un seul coup. Suivez l'exemple de Barbara, procédez pas à pas. Il suffit parfois de s'engager à fond dans une seule tactique pour aborder et pratiquer les autres plus facilement par la suite. Plus vous vous exercerez, plus le processus vous semblera naturel. Dans certaines situations, vous serez même tentée d'associer plusieurs tactiques. Rappelez-vous que notre but n'est pas de vous encourager à changer de personnalité, mais à devenir ce que vous êtes vraiment – nous voulons vous fournir les outils indispensables à une existence plus accomplie, plus authentique et plus épanouissante.

TEST D'AUTOÉVALUATION : QUELLE FILLE SYMPA ÊTES-VOUS ?

Commençons par identifier vos points forts et les aspects sur lesquels vous devez vous améliorer. Vous êtes sans doute performante sur de nombreux points. Ce test d'autoévaluation vous sera utile pour détecter les attitudes qui nuisent à votre réussite. Il vous révélera aussi les stratégies et les tactiques à mettre en œuvre et vous aidera à décrypter vos comportements dans différentes circonstances. Chaque personne est unique ; en effectuant ce test avant d'entamer la lecture de ce livre, vous découvrirez où se situent vos points forts et les domaines dans lesquels vous pouvez vous améliorer.

N'oubliez pas qu'aucun « test » n'apporte d'informations vraiment nouvelles sur soi-même. Vous jugerez peut-être que cette autoévaluation ne reflète pas à 100 % ce que vous êtes, ou au contraire, qu'elle décrit exactement votre personnalité. En tout cas, elle vous conduira à réfléchir sur vos comportements et sur la manière de les faire évoluer le cas échéant.

Test d'autoévaluation

Il est conçu pour vous aider à identifier les comportements qui risquent de vous empêcher d'atteindre vos objectifs de vie. Sans réfléchir trop longtemps sur les phrases proposées, indiquez le plus sincèrement possible dans quelle mesure elles décrivent vos pensées, vos sentiments ou vos actions. Ne répondez pas en précisant ce que vous *voulez* faire, mais plutôt ce que vous *faites* réellement. Donnez des réponses sincères et notez chaque phrase comme suit :

1 = Ne correspond pas du tout à ce que je pense, à ce que je ressens ou à la manière dont j'agis.
2 = Ne correspond pas la plupart du temps à ce que je pense, à ce que je ressens ou à la manière dont j'agis.
3 = Correspond parfois à ce que je pense, à ce que je ressens et à la manière dont j'agis.
4 = Correspond le plus souvent à ce que je pense, à ce que je ressens et à la manière dont j'agis.

Test

1. ______ Les messages que j'ai reçus dans mon enfance n'influencent pas mes décisions et mes choix actuels.
2. ______ Je recherche le contact avec des gens différents de moi parce que je sais que j'en retirerai un bénéfice.
3. ______ Je ne me laisse pas exploiter par les autres.
4. ______ Je donne franchement mon opinion sans attendre qu'on me la demande.
5. ______ Lorsque les autres ne sont pas d'accord avec moi, je trouve les moyens de faire entendre mon avis au lieu d'abandonner la partie.

6. ______ Quand c'est nécessaire, je demande à des amis de me présenter à des gens susceptibles de m'aider à atteindre mes objectifs.
7. ______ Je peux sans hésiter nommer les trois choses auxquelles j'accorde le plus d'importance dans la vie.
8. ______ Je sais parfaitement ce que je veux et ce que je ne veux pas.
9. ______ Lorsque je rencontre des gens nouveaux, je m'efforce de les mettre à l'aise.
10. ______ Je fixe des limites précises en ce qui concerne mes relations avec les autres.
11. ______ Je m'exprime avec clarté et concision.
12. ______ Lorsque je propose une idée, je prépare le terrain à l'avance pour la faire accepter plus facilement.
13. ______ Je consacre chaque semaine du temps à constituer et à entretenir mes réseaux professionnels et personnels.
14. ______ Il n'est pas facile de me culpabiliser.
15. ______ Les réactions négatives des autres n'ont pas d'impact sur mes décisions.
16. ______ J'accorde toute mon attention à mon interlocuteur sans me laisser distraire par ce qui se passe autour.
17. ______ Lorsque je démarre un projet, je répartis les rôles et je m'assure que chacun connaît le sien.
18. ______ Je ne demande jamais la permission ; j'annonce mes décisions.
19. ______ Lorsqu'il apparaît clairement que le dialogue devient difficile et qu'il n'aboutira pas, je propose de marquer une pause et de reporter l'examen de la question à une date ultérieure.
20. ______ Lorsque j'ai besoin d'un renseignement sur quelque chose, je cherche dans mon réseau une personne susceptible de me fournir l'information.
21. ______ Je m'oblige au moins une fois par semaine à agir en accord avec mes valeurs.
22. ______ Je n'éprouve aucun remords à enfreindre les règles quand la situation l'exige.

23. ______ Même si je suis capable de faire preuve de gentillesse, je n'ai pas réellement besoin que les autres m'aiment.
24. ______ Je rejette purement et simplement les demandes qui ne me paraissent pas raisonnables.
25. ______ J'ai la réputation de savoir écouter.
26. ______ Une réponse négative ne suffit pas à me décourager.
27. ______ J'assiste régulièrement aux réunions des associations dont je suis membre.
28. ______ Je sais ce qui est non négociable pour moi.
29. ______ Je connais très précisément mon talon d'Achille.
30. ______ Je préfère aider l'autre à sauver les apparences au lieu de chercher à prouver qu'il a tort.
31. ______ Je ne crains pas de m'engager dans un échange difficile dès lors qu'il s'agit de faire valoir ce dont j'ai besoin.
32. ______ Lorsque le message à faire passer est important, je prépare mon argumentation à l'avance.
33. ______ Je transforme les divergences d'opinion en consensus pour aboutir à un résultat positif.
34. ______ Je suis toujours volontaire pour les missions exigeantes dans mon travail, dans ma commune, etc.
35. ______ Quand ma charge de travail est trop lourde, je délègue.
36. ______ Personne d'autre que moi ne contrôle mon avenir.
37. ______ Je mets un terme aux relations néfastes et je vais de l'avant.
38. ______ J'adore négocier.
39. ______ Je crée des situations gagnant-gagnant, dans lesquelles mes besoins et ceux des autres sont satisfaits à part égale.
40. ______ Je varie mon approche en fonction de la personne que je veux influencer.
41. ______ Je n'hésite pas à remettre en question l'avis des « experts », qu'ils soient médecins, professeurs, juges, avocats, etc.
42. ______ On me décrit comme quelqu'un qui est capable « d'assumer ».
43. ______ J'ai su gérer mon avenir.
44. ______ Je conserve de bonnes relations avec des gens que je n'aime pas particulièrement.

45. ______ Je m'efforce de tenir davantage compte des faits que des sentiments.
46. ______ Avant de vouloir influencer les autres, j'essaie de connaître leurs désirs, leurs opinions ou leur situation.
47. ______ Je prépare le terrain avant de présenter de nouvelles idées ou des sollicitations.
48. ______ Je joue un rôle de mentor.
49. ______ J'ai la vie que je souhaite.
50. ______ Je me représente très distinctement la vie que je veux mener demain.
51. ______ Je pratique la « réciprocité » dans mes relations.
52. ______ Je n'hésite pas à réclamer de l'aide le cas échéant.
53. ______ Même si on m'ignore, je continue à faire entendre ma voix au lieu de renoncer.
54. ______ Je choisis soigneusement mes combats.
55. ______ Je mets en relation les gens liés par des intérêts communs.
56. ______ J'ai adopté la maxime de Socrate : « Une vie sans examen ne vaut pas la peine d'être vécue. »

Décompte des points

1. Entrez votre notation pour chaque phrase dans les cases ci-après (le chiffre indiqué dans chaque case correspond au numéro de la phrase).
2. Faites le total en bas de chaque colonne pour déterminer les domaines sur lesquels vous devez vous concentrer pour réaliser vos objectifs. Les rubriques pour lesquelles vous avez indiqué 1 ou 2 méritent tout particulièrement votre attention. Il peut être intéressant de lire en priorité la section correspondant à votre score le plus bas.
3. Additionnez tous les totaux pour déterminer votre score global. L'interprétation de votre score se trouve dans le tableau ci-après.

I Évaluez le passé et envisagez l'avenir	II Établissez des relations constructives	III Gérez les attentes des autres	IV Faites passer votre message	V Surmontez les obstacles et les résistances	VI Utilisez et partagez vos réseaux	VII Vivez en accord avec vos valeurs	
1.	2.	3.	4.	5.	6.	7.	
8.	9.	10.	11.	12.	13.	14.	
15.	16.	17.	18.	19.	20.	21.	
22.	23.	24.	25.	26.	27.	28.	
29.	30.	31.	32.	33.	34.	35.	
36.	37.	38.	39.	40.	41.	42.	
43.	44.	45.	46.	47.	48.	49.	
50.	51.	52.	53.	54.	55.	56.	
Total	Total	Total	Total	Total	Total	Total	Score global

Analyse de votre score

Votre score global se situe entre **56-96** ou Vous avez un total compris entre **8-13** dans une rubrique	**Dans le dictionnaire, on pourrait illustrer l'adjectif « gentille » par votre photo!** Vous êtes le prototype de la fille sympa. Il est urgent de définir une stratégie pour obtenir ce que vous voulez, ce que vous méritez, ce que vous avez gagné. Ce livre vous est particulièrement destiné.
Votre score global se situe entre **97-142** ou Vous avez un total compris entre **14-19** dans une rubrique	**Apprenez à doser!** Votre situation actuelle vous satisfait, mais vous voulez obtenir davantage dans certains domaines. Vous hésitez encore à franchir le pas et à passer de la fille sympa à la femme qui gagne. Enrichissez vos compétences existantes en appliquant les tactiques de ce livre pour vous épanouir vraiment.

Votre score global se situe entre **143-186** ou Vous avez un total compris entre **20-28** dans une rubrique	**Félicitations!** Vous maîtrisez l'art subtil d'obtenir ce que vous voulez dans la vie, avec courage et confiance. Vous n'êtes ni trop sûre de vous, ni trop gentille. Concentrez-vous sur les domaines où vous avez indiqué 1 ou 2, afin de rester gagnante.
Votre score global se situe entre **187-224** ou Vous avez un total compris entre **29-32** dans une rubrique	**Attention!** Votre score élevé pourrait indiquer que vous vous souciez parfois davantage de gagner que de trouver des solutions gagnant-gagnant. Si vous n'obtenez pas toujours la réussite que vous méritez, faites peut-être un effort de gentillesse. Les stratégies présentées ici vous aideront à trouver le juste équilibre.

Stratégie I

Évaluez le passé et envisagez l'avenir

Les tactiques associées à la stratégie I consistent principalement à :

- Comprendre les raisons de vos comportements, de vos attitudes et de vos préférences.
- Réfléchir sur ce qui marche (ou sur ce qui ne marche pas) pour vous actuellement.
- Identifier les aspects sur lesquels vous devez changer pour obtenir le respect qui vous est dû, la réussite que vous méritez, et la vie que vous voulez.

Chacun sait que le passé influence le présent et l'avenir. Nous sommes le produit des messages que nous avons reçus de nos parents, des membres de notre famille, des personnes qui s'occupaient de nous, mais aussi des professeurs, des amis, de la télévision, de la presse, du cinéma, des nouveaux médias, etc. Consciemment ou non, nous les absorbons et ils forment la trame de ce que nous sommes, du rôle que nous choisissons de jouer, de nos interactions avec les autres, des ambitions que nous nous fixons dans l'existence. Avec un peu de chance, nous avons eu des parents qui, dès notre plus jeune âge, nous ont inculqué la conviction que nous étions capables d'atteindre nos buts quels qu'ils soient. Mais indépendamment de la situation vécue dans l'enfance, les études montrent qu'à l'adolescence, les règles changent.

La socialisation des filles est principalement axée sur l'aspect relationnel, ce qui les conduit à rechercher la similitude pour faciliter l'établissement de liens avec les autres. Ce processus commence très tôt. Dès l'âge de 13 ans environ, dans le but de plaire et de s'intégrer, la plupart adoptent des comportements types – souvent à leur détriment. Elles prennent moins fréquemment la parole en classe, elles répugnent à manifester une opinion ou une préférence qui pourrait les isoler, et elles se conforment davantage aux attentes de la société vis-à-vis du sexe féminin. Ce faisant, nombre d'entre elles perdent conscience d'elles-mêmes, se retrouvent piégées dans le syndrome de la fille sympa et s'installent définitivement dans l'habitude qui consiste à faire passer les besoins des autres avant les leurs.

La stratégie n° 1 d'une « gagnante » est d'examiner le présent à la lumière du passé. Ne nous leurrons pas : il est difficile de changer, parce que nos comportements remplissent tous une fonction déterminée. Paradoxalement, sans le savoir, nous agissons de manière intentionnelle. Si, par exemple, dans votre famille, vous étiez celle qui apaisait les discordes, il est probable que vous détestez les conflits et que, dans votre vie d'adulte, vous cherchez par tous les moyens à trouver un consensus. Ce qui pourrait expliquer pourquoi aujourd'hui vous n'osez pas avouer que vous préféreriez passer une semaine à Marrakech au lieu d'aller aux sports d'hiver. Et si vous étiez l'aînée, vos parents attendaient sans doute de vous que vous donniez l'exemple à vos frères et sœurs en réussissant brillamment en classe. Personne ne sera donc surpris que vous soyez devenue une adulte obnubilée par le perfectionnisme. Ce n'est qu'en prenant conscience des raisons qui gouvernent nos comportements que nous pourrons décider d'en ajouter de nouveaux. Ce qui ne veut pas dire qu'il faille renoncer à son passé pour se préparer un avenir radieux. Dans cette première partie, vous apprendrez à identifier les messages anciens qui vous empêchent de progresser et à faire le point sur vous-même et sur vos priorités dans l'existence.

Tactique 1

Décryptez et remettez en question les attentes formulées dans votre enfance

Dans toute famille, il y a un rôle attribué à chaque membre. Il n'est pas explicitement formulé comme un règlement qu'on afficherait sur la porte du réfrigérateur, mais chacun sait qu'il doit respecter certaines manières d'être pour mériter l'attention et l'affection des autres. Un enfant de 3 ans connaît d'instinct les comportements qui vont plaire ou déplaire à ses parents où à sa nounou. Les règles varient en fonction de la famille, mais pour les filles en particulier, elles prennent souvent la forme de messages tels que *rester sagement dans son coin, se montrer serviable, s'occuper de ses frères et sœurs, ne pas faire de bruit quand papa rentre de son travail, être gentille, avoir de bonnes notes à l'école, se rendre utile.*

Ces messages ne sont pas tous négatifs. Ils constituent souvent le socle qui sert de fondement à nos plus grandes forces. Personne ne contredira par exemple que vouloir se rendre utile est plus une qualité qu'un défaut. Le problème se pose seulement lorsque le comportement devient extrême ou quand il s'inscrit si profondément dans la personnalité de l'individu que celui-ci n'est plus capable de changer quand cela s'avère nécessaire. C'est ce qui est arrivé à Jeanne à force d'hypersollicitation. Pendant son enfance, ses parents multipliaient les activités et les stages pour l'occuper, instillant en elle l'idée que l'oisiveté était répréhensible. Plus tard, Jeanne est devenue l'illustration vivante de la maxime : « Le travail d'une femme n'est jamais terminé. » Outre un emploi à plein temps, elle exerçait des responsabilités dans différentes associations et participait avec enthousiasme aux réunions de famille organisées par ses parents et ses frères et sœurs.

Tout allait à merveille jusqu'au jour où son mari lui demanda de passer davantage de temps avec lui et de partager ses loisirs. Ils avaient tous les deux travaillé durement toute leur vie et il ressentait le besoin de partager avec elle les fruits de leur labeur. Non seulement Jeanne ne comprit pas la demande de son conjoint, mais elle lui en fit même grief. Pourquoi ne se rendait-il pas compte que les activités auxquelles elle se consacrait étaient essentielles ? S'attendait-il à ce qu'elle abandonne tout, simplement pour aller jouer au golf avec lui ?

Voilà comment les attentes de l'enfance empêchent un adulte de s'interroger sur ses véritables désirs. La demande du mari de Jeanne n'était ni déraisonnable, ni mal intentionnée. Il ne lui imposait pas de renoncer à ce qui était important pour elle. Il voulait simplement profiter davantage de leur vie commune. Mais le filtre à travers lequel Jeanne voyait le monde l'empêchait de modifier ses priorités au détriment d'une relation plus sereine et plus heureuse avec son époux. Prisonniers de leurs *a priori*, ils ne réussissaient plus à communiquer. Grâce à un conseiller conjugal, Jeanne comprit qu'elle cherchait à satisfaire les attentes formulées par ses parents en exagérant ses comportements de « fille sympa » toujours disposée à se rendre utile et à répondre aux diverses sollicitations. Elle se rendit compte que sa vie privée avait souffert de cette attitude extrême. Par la suite, elle apprit à effectuer des choix qui correspondaient plus à ses exigences d'adulte qu'aux attentes formulées pendant son enfance.

APPLICATION PRATIQUE

- **Identifiez les messages du passé qui conditionnent vos comportements.** Demandez-vous rétrospectivement : « Dans ma famille, quel rôle était implicitement attribué à chaque personne ? » Repensez à ce qui arrivait quand vous acceptiez ou quand vous refusiez de vous comporter selon ces attentes.

- **Évaluez dans quelle mesure ces messages sont à l'origine de vos forces et à l'inverse, quel impact négatif ils ont sur vous.** Existe-t-il une relation entre vos réussites et les attentes de vos parents à votre égard ? Pensez-vous que ces messages vous ont rendue incapable d'envisager des alternatives ou de vous démarquer de la tradition quand les circonstances l'exigent ?
- **Interrogez-vous sur votre tendance à pousser à l'extrême les leçons reçues dans l'enfance.** Faites-vous systématiquement passer vos besoins après ceux d'autrui ? Remettez-vous difficilement l'autorité en question ? Évitez-vous les affrontements, même quand ils pourraient vous aider à atteindre vos buts ? Si la gentillesse et la politesse se justifient chez une fillette, à l'âge adulte, ces attitudes peuvent se révéler contre-productives quand elles sont poussées à l'extrême.
- **Citez deux ou trois comportements que votre entourage aurait dû favoriser chez vous.** Quels comportements pourraient renforcer vos points forts ? Sélectionnez ceux qui transformeraient la fille sympa que vous êtes en femme qui gagne. À titre indicatif, relisez vos réponses au test d'autoévaluation – en particulier celles qui concernent les domaines pour lesquels vous avez noté 1 ou 2.

Tactique 2

Exorcisez l'influence de vos parents

Dans l'esprit de chaque fille sympa plane encore l'influence des parents. Elle continue à entendre leurs voix lui dicter comment agir avec les autres – en particulier lorsqu'elle se trouve face à quelqu'un qui représente une figure d'autorité. Si chaque homme d'âge mûr que vous rencontrez vous fait songer à votre père, vous vous verrez immanquablement dans son regard comme une enfant, et vous serez incapable de vous comporter avec lui en femme adulte. Si votre mère vous a élevée avec une discipline de fer, il y a des chances pour que vous suspectiez toutes les femmes d'autoritarisme, même si leur attitude ne corrobore pas cette impression. Ce phénomène est connu en psychologie sous le terme de « transfert » : autrement dit, le fait pour un adulte d'attribuer aux autres les caractéristiques de personnes qui ont joué un rôle important pendant son enfance.

Le transfert négatif n'est pas le seul à redouter. Un transfert positif peut se révéler tout aussi néfaste. Je connais une femme qui avait le père le plus aimant et le plus coopératif qu'on puisse imaginer. Il la soutenait dans ses efforts et lui donnait confiance en elle. Mais au cours de sa vie, elle a rencontré nombre d'hommes qui ne se montraient pas aussi – pourrait-on dire « solidaires » ? –, et cette femme forte, sûre d'elle, tombait à chaque fois de haut et se demandait quelle erreur elle avait commise.

Si le monde du travail est un espace propice aux transferts de toute sorte – vous attribuez par exemple des traits de caractère de votre mère à votre patron –, ce phénomène se produit aussi dans d'autres aspects de la vie. Le fait de ne pas oser poser des questions précises à votre médecin parce que vous avez peur de remettre en cause son autorité, de tolérer une attitude inadmissible d'une vendeuse pour ne pas « faire de scandale », de sortir systématiquement avec un type d'homme qui ne vous convient pas parce qu'il correspond à quelque chose de vaguement familier : voilà autant d'exemples de l'influence de vos relations avec vos parents sur vos choix d'adulte.

Nos rapports avec nos parents évoluent avec le temps, mais au fond de chacune de nous se cache la petite fille qui se souvient d'eux tels qu'ils étaient « autrefois » Bien sûr, vous pourriez affirmer que vous entretenez d'excellentes relations avec eux aujourd'hui, mais c'est l'adulte en vous qui parle. Si vous avez avec eux des conflits d'enfance non résolus, ces voix contradictoires hantent encore votre inconscient et vous font passer à côté d'opportunités. Vous prêtez à d'autres un pouvoir ou un contrôle sur vous comme si vous étiez une enfant, au lieu de les traiter d'égal à égal comme l'adulte que vous êtes devenue.

APPLICATION PRATIQUE

- **Analysez vos réactions excessives.** Elles peuvent être le signe que le passé n'appartient pas encore définitivement au passé. Au lieu de vous engager plus avant dans l'interaction, prenez de la distance sur le plan émotionnel. Demandez-vous si celui ou celle qui a provoqué votre réaction excessive vous rappelle un personnage de votre enfance.
- **Réécrivez le scénario.** Considérez vos parents, et les autres influences que vous avez subies pendant votre enfance, pour ce qu'ils sont : puis replacez la situation dans son contexte et reprenez l'interaction en vous plaçant dans la perspective de l'adulte que vous êtes devenue.
- **Évitez la compulsion de répétition.** Nous nous complaisons souvent dans des situations toxiques ou nous tolérons trop longtemps des attitudes inadmissibles, parce que le comportement de l'autre

nous ramène vers quelque chose de familier. Là encore, c'est l'enfant en nous qui agit et qui croit que le monde doit être ainsi, nous poussant à répéter des expériences antérieures. Prenons un exemple typique : une femme issue d'une famille d'alcooliques, épouse en premières noces un homme alcoolique, divorce et se remarie avec un joueur invétéré. Elle est convaincue d'avoir mieux choisi la seconde fois, mais en réalité elle ne fait que répéter sa première expérience sous une autre forme. Identifiez les situations dans lesquelles vous semblez réitérer les mêmes erreurs et cherchez à retrouver le fil conducteur qui existe certainement. Lorsque vous l'aurez identifié, essayez de déceler les schémas récurrents, afin de choisir sans vous tromper à l'avenir. Selon Anna Freud, « les esprits créatifs survivent toujours aux mauvais traitements ».

- **Faites-vous aider par un professionnel.** S'il n'est pas facile de guérir des blessures de son enfance, cela reste néanmoins possible. Un bon thérapeute peut vous aider à vous débarrasser du filtre du passé et à effectuer de meilleurs choix au présent. Pour trouver la personne idoine, prenez conseil auprès d'amis de confiance, adressez-vous à votre médecin. N'hésitez pas à interroger le thérapeute de manière précise, notamment en ce qui concerne la durée de la thérapie, et fiez-vous à votre instinct.

Tactique 3

Ne vous laissez pas conditionner par des expériences et des attentes antérieures

Marta, 32 ans, jeune femme d'origine mexicaine, a été élevée par ses grands-parents. Dans son entourage, personne n'était destiné à aller à l'université, ni les membres de sa famille, ni ses amis de lycée. À 14 ans, elle a commencé à fréquenter une bande de voyous. Lorsqu'elle a atteint 18 ans, ses grands-parents l'ont chassée de chez eux parce qu'ils ne bénéficiaient plus de l'allocation éducation et n'avaient donc plus « besoin » d'elle. Elle s'est alors installée dans un camping-car décrépi au fond de leur jardin, utilisant les installations de la maison quand ils se trouvaient au travail. Il aurait été logique, compte tenu de sa situation, qu'elle en vienne à se considérer comme quelqu'un d'inutile ou de méprisable.

Un jour, Michèle Ruiz, une journaliste de Los Angeles entendit parler de son histoire. Elle décida de l'emmener chez elle. Pour la remercier de son hospitalité, Marta offrit de préparer les repas. Elle prit rapidement goût à la cuisine et montra un talent si prometteur que Michèle finança ses cours dans une école d'art culinaire. Aujourd'hui, Marta est devenue chef et gagne confortablement sa vie en exerçant un métier qu'elle adore – une existence qu'elle aurait eu de la peine à imaginer dans son enfance traumatisante.

Votre histoire n'a sans doute rien à voir avec celle de Marta, mais il est probable que votre entourage formulait à votre égard des attentes différentes de celles que vous aviez pour vous-même. Vous étiez peut-être « la jolie fille » qui allait se marier et qui se consacrerait à ses enfants, ou « la tête bien faite » destinée à une carrière de médecin. Lois raconte souvent que sa mère était d'accord pour financer ses études *à la seule condition* qu'elle devienne professeur (quant à son père, il estimait qu'elle n'avait pas besoin de faire des études supérieures), alors qu'elle-même rêvait d'être psychologue. En fin de compte, elle est parvenue à satisfaire les attentes de sa mère et les siennes propres en décrochant un double diplôme d'enseignement et de psychologie !

Nous nous définissons par les expériences et les attentes de notre enfance, mais aussi par celles que nous vivons à l'entrée dans l'âge adulte. De nombreuses femmes ne vont pas à l'université, mais commencent à travailler dès le baccalauréat en poche (quand elles arrivent jusque-là). Elles débutent par un travail de secrétaire, de serveuse ou d'aide-puéricultrice, pour se rendre compte que même si elles fréquentent plus tard l'université et décrochent un diplôme, elles ne progressent pas dans leur carrière en dépit de plusieurs années d'expérience *et* de leur diplôme. Elles stagnent au niveau auquel elles ont été recrutées. Pourquoi ? Il y a deux raisons possibles à cela : soit elles continuent à se considérer comme le type de personne qui est à sa place en bas de l'échelle et elles se projettent en tant que telle, soit les autres n'ont pas évolué dans leur opinion à leur égard. En d'autres termes, elles continuent à se définir en fonction de leur statut professionnel d'origine, même quand les circonstances ont changé. Rappelez-vous qu'indépendamment des attentes des autres ou des expériences que vous avez vécues, c'est vous-même qui contrôlez votre destin – personne d'autre.

APPLICATION PRATIQUE

- **Dessinez-vous telle que vous vous imaginez dans cinq ans.** Il n'est pas indispensable d'être artiste pour effectuer cet exercice ; tracez une esquisse grossière. Tout autour, représentez à l'aide de mots ou en quelques traits ce que vous désirez le plus ardemment dans votre existence – une maison, un enfant, la sérénité d'esprit, l'indépendance financière, un travail qui vous passionne – sans avoir jamais cru être capable de l'obtenir. Établissez une liste de qualificatifs, qui selon vous, s'appliquent au type de personnes qui y parviennent. Vous découvrirez certainement qu'une bonne partie d'entre eux s'appliquent à vous. Ensuite, affichez cette liste à un endroit où vous la verrez tous les jours. Ce procédé vous paraît sans doute factice ou enfantin, mais il donne des résultats. En outre, il est essentiel d'avoir constamment un repère pour suivre ses progrès et pour ne pas se laisser enfermer dans son passé.

- **Comparez-vous aux autres.** On prétend souvent qu'il est vain de se comparer à d'autres. Dans le cas présent, cela peut vous aider à vous redéfinir par rapport à la personne que vous voulez être, au lieu de vous voir en fonction de ce que les autres attendent de vous. Qui, autour de vous, fait ce que vous voudriez faire ? Si vous vous êtes définie vous-même comme secrétaire alors que vous voudriez être manager, discutez avec une femme qui a gravi les échelons de la hiérarchie en partant de votre niveau. Interrogez-la sans fausse pudeur sur son parcours et sollicitez ses conseils pour éviter les obstacles que vous rencontrerez sur votre chemin. Il ne s'agit pas nécessairement de quelqu'un que vous connaissez de près – nous discutons souvent avec des femmes que nous n'avons jamais rencontrées mais qui ont eu le courage de solliciter un entretien d'un quart d'heure. Informez-vous le plus largement possible auprès d'autres femmes qui poursuivaient les mêmes objectifs que vous et qui ont fini par les atteindre.
- **Entourez-vous de personnes capables de voir au-delà de votre moi « d'avant ».** Une toxicomane repentie qui ne veut pas retomber dans son addiction ne traîne plus dans les bars et rompt avec son ancien milieu. Si les gens que vous fréquentez vous considèrent exclusivement comme celle que vous étiez auparavant ou ne vous traitent pas ainsi que vous souhaiteriez l'être, il vous sera difficile de vous redéfinir. Recherchez plutôt la compagnie de groupes ou d'individus avec lesquels vous pourrez créer des rapports nouveaux et différents, en fonction de votre nouvelle vision de vous-même.

- **Établissez un plan et passez à l'action.** Vous ne surmonterez jamais votre passé si vous continuez à entretenir son souvenir. La vie vous a peut-être distribué de mauvaises cartes, mais cela ne présage pas de votre avenir. Des études portant sur les rescapés des camps de concentration ont montré que ceux qui s'étaient forgé une image mentale de ce qu'ils voulaient accomplir dans leur existence avaient plus de chance de survivre que les autres. Ce qui en dit long sur la nécessité de se prendre en charge. Il est inutile de vouloir établir un plan trop ambitieux qui excède vos capacités : il doit seulement vous aider à rester concentrée sur votre objectif. Lao Tseu avait raison quand il déclarait : « Un voyage de mille lieues commence toujours par un premier pas. »

Tactique 4

Examinez vos choix

Les filles sympas ne se déterminent pas elles-mêmes, parce qu'elles sont influencées par les choix que d'autres effectuent pour elles. Elles se trouvent parfois si enfermées dans des décisions prises par le passé qu'elles n'ont même plus conscience de pouvoir choisir à l'avenir.

Considérons le cas de Sophie. Elle vient d'une famille de juristes. Après son baccalauréat, ses parents s'attendaient tout naturellement à ce qu'elle entame des études de droit. Elle s'inscrivit donc en faculté pour s'apercevoir quelques années plus tard que le métier de juriste ne la tentait guère. Mais elle avait investi tant d'énergie et de temps dans ce cursus que l'idée de changer de voie lui paraissait au-dessus de ses forces. C'est le type de piège qui guette les filles sympas. Trop souvent des choix anciens nous enferment dans une situation qui ne nous convient plus, mais que nous hésitons à modifier, estimant qu'il est trop tard. Ce qui est faux. On peut toujours changer de cap quand il le faut. Croyez-en notre expérience; il vaut mieux revenir en arrière que de poursuivre et de réaliser un jour qu'on a emprunté la mauvaise route.

Voici un autre exemple. Audrey et son ami se connaissaient depuis quelques mois lorsque le bail de son appartement arriva à échéance. Ils décidèrent que l'occasion se présentait d'emménager à deux – ils passaient le plus clair de leur temps ensemble, pourquoi payer deux loyers? Où était le problème? Audrey avait dépassé la trentaine et sentait confusément que cette idée tenait plus de la solution pratique que d'un véritable choix de sa part. Elle supposait qu'il leur faudrait fixer certaines règles de vie – par exemple, que son ami la prévienne quand il avait décidé de sortir avec ses copains –, mais elle ne discuta jamais de ses attentes avec lui. Lorsque les choses ne tournèrent pas exactement comme elle l'avait prévu, elle en retira une profonde amertume.

Il n'est pas toujours facile d'opérer un choix, mais cela devient plus simple quand on sait qu'il ne doit pas forcément se limiter à « oui » ou à « non ». Il faut imaginer la solution idéale et envisager différentes manières de négocier pour transformer cet idéal en réalité. Prenons l'histoire de cette femme à laquelle on avait offert une promotion extraordinaire. C'était une occasion unique. Elle n'avait aucun doute sur sa capacité à réussir dans son nouveau poste, mais elle savait qu'il supposait de nombreux déplacements. En tant que mère de deux adolescents, elle éprouvait des réticences à voyager constamment. La tentation de refuser le poste était compréhensible. Mais elle appartenait plutôt à la catégorie des « gagnantes » qu'à celle des filles sympas. Elle suggéra donc de répartir différemment la charge de travail de sorte que deux de ses collègues effectueraient la majorité des déplacements à sa place (elle avait obtenu leur accord au préalable).

Cette femme n'envisageait pas son choix uniquement en termes d'exclusion, oui/non, noir ou blanc. Elle a inventé une solution qui satisfaisait tous les protagonistes. Son employeur y gagnait parce qu'elle était la personne idoine pour le poste. Ses collègues y gagnaient parce qu'en voyageant davantage, elles accumulaient des miles à utiliser pour leurs vacances. Ses enfants y gagnaient parce que leur mère serait plus souvent à la maison – même si en tant qu'adolescents, ils n'appréciaient pas cette chance à sa juste valeur ! Elle-même y gagnait la possibilité d'exercer un travail passionnant sans sacrifier sa vie de famille.

APPLICATION PRATIQUE

- **Profitez de vos choix pour façonner votre vie.** Ne mettez pas votre vie sur pilotage automatique – soyez proactive dans vos choix. Si vous éprouvez des difficultés à envisager toutes les alternatives, demandez conseil à un(e) ami(e) ou à un membre de votre famille dont la vision ne sera pas conditionnée par des décisions antérieures.

- **Ne pensez pas que vos choix sont mutuellement exclusifs.** Si vous envisagez les choses avec étroitesse, ou de manière trop tranchée, oui/non, noir ou blanc, vous limitez votre créativité. Prenez le temps de réfléchir à des solutions alternatives.
- **Ne vous excusez pas de vos choix.** Tant que votre choix ne contredit ni la loi ni la morale, vous n'avez pas à le défendre. À moins d'avoir été malhonnête avec vous-même quant à vos besoins et à vos objectifs, quel que soit le résultat, vous pouvez être certaine d'avoir pris la meilleure décision possible en fonction des informations dont vous disposiez à l'époque. Sachant que nous ne connaissons les conséquences d'un choix qu'*a posteriori* (même les femmes qui gagnent n'ont pas la faculté de prévoir l'avenir), les excuses et l'autoflagellation sont inutiles et improductives.
- **Sauf si votre choix est irrévocable, accordez-vous la permission de changer d'avis.** Quand une voie n'est pas aussi prometteuse que vous le pensiez, empruntez-en une autre ! Considérez chaque choix comme une expérience supplémentaire. Hormis le fait de mettre des enfants au monde, rien n'est définitif, ce n'est qu'une étape de plus.

Tactique 5

Identifiez les blocages qui vous empêchent de savoir ce que vous voulez

Nombre de femmes ont des difficultés à définir clairement ce qu'elles désirent. Elles savent souvent ce qu'elles ne veulent pas (un mariage sans amour, des amitiés qui n'en sont pas, une situation économique précaire, des relations familiales conflictuelles, etc.), mais elles sont dans l'incertitude quant à ce qu'elles souhaitent. Certaines ont une idée très précise en ce qui concerne un aspect de leur vie, mais hésitent sur les autres (vous savez par exemple que vous voulez vous marier, mais vous avez une représentation assez floue de votre carrière). Ou, comme beaucoup de femmes, vous n'avez jamais réfléchi à ce qui est important pour vous. Vous avancez dans l'existence sans vous poser de questions. Et un jour, vous n'éprouvez plus ni exigence, ni désir. L'ignorance de ce qu'on veut vraiment est presque toujours liée à une valorisation excessive d'autrui au détriment de soi-même. Si vous ne savez pas ce que vous voulez, comment allez-vous l'obtenir ?

Les personnes dans cette situation d'incertitude se sentent enfermées, elles sont déprimées ou anxieuses. Elles ont l'impression qu'elles vivent une autre vie que la leur. Si nous ne savons pas ce qui nous convient, c'est parce que dans notre tête résonne souvent la voix de quelqu'un d'autre qui parle plus fort que nous. Ce pourrait être un parent : « Pourquoi voudrais-tu habiter cette ville ? » ou un conjoint : « Pourquoi veux-tu absolument travailler à plein temps ? » Dans certains cas, il s'agit moins d'un écho distinct que d'un murmure persistant qui étouffe notre voix intérieure.

Une amie dont les livres ne se vendaient pas aussi bien qu'elle l'aurait souhaité se plaignait à nous de ne pas réussir. Mais quand nous lui demandions ce que le terme de réussite recouvrait pour elle, elle ne savait que répondre. La célébrité, la richesse, une carrière de conférencière, rien ne semblait correspondre à sa définition. Un jour, elle nous parla de son enfance entre une mère et une tante qui avaient instillé en elle toute une série de craintes face au monde. En tant qu'immigrées maîtrisant mal la langue du pays d'accueil, elles menaient une existence recluse et ne s'aventuraient jamais au-delà de leur rue. Quand notre amie exprima le désir d'aller à l'université, elles insistèrent pour qu'elle choisisse l'établissement le plus proche géographiquement pour continuer à vivre à la maison. En nous racontant son histoire, elle eut une révélation : les figures d'autorité de son enfance, en prétendant savoir ce qui lui convenait, l'avaient empêchée à terme de trouver sa propre définition de la réussite.

À un moment ou à un autre, nous entendons ces échos du passé : ils interfèrent avec notre présent et conditionnent nos comportements. Si nous avons de la chance, ce sont des voix positives qui nous encouragent et nous disent que nous avons les capacités de surmonter tous les obstacles. Ou, au contraire, elles nous rendent hésitante, elles créent de l'appréhension ou étouffent notre voix intérieure. Il est donc salutaire d'identifier ces blocages qui nous empêchent de savoir où nous voulons aller ; c'est la première étape sur le chemin de la réussite. Vous devez prendre conscience de votre objectif et être convaincue que vous avez le droit de le réaliser.

APPLICATION PRATIQUE

- **Identifiez ces voix toutes-puissantes.** La véritable connaissance de soi débute par l'identification des voix et des messages du passé qui submergent votre propre voix intérieure. Ils peuvent provenir d'un parent, mais aussi d'un frère ou d'une sœur, du petit caïd de la cour de récréation, du conjoint, d'un professeur. Tentez de vous souvenir quand vous avez reçu ces messages et de réfléchir à leur impact sur vos décisions et sur vos choix actuels. Peu importe que vous les jugiez bénéfiques ou nuisibles ; l'important est de comprendre leur origine et de déterminer si vous vous y conformez ou non.

- **Créez un contre-message.** Quand nous ne savons pas ce que nous voulons, ce peut être parce que nous sommes enfermées dans état infantile. Si « papa sait toujours mieux », comment moi, puis-je savoir ce que je veux réellement ? La petite fille en vous hésite à s'interroger sur ses désirs et à les suivre. Pour évoluer de la petite fille vers la femme qui gagne, vous devez développer consciemment un contre-message, le formuler par écrit, et le répéter pour vous seule ou à haute voix lorsque c'est possible. Supposons, par exemple, que votre mère vous ait répété qu'elle attendait avec impatience le jour où vous fonderiez une famille. Or, vous vous trouvez à un moment de votre vie où vous privilégiez votre carrière. Dans ce cas, le contre-message à envoyer pourrait être : « Je suis responsable de ma vie et personne ne s'occupera mieux de moi que moi-même », ou encore : « Je ne laisserai personne me prescrire ce qui est bien pour moi. » Avec le temps, ce seront vos propres messages et non ceux de votre mère que vous entendrez résonner dans votre tête.
- **Visualisez ce que vous voulez vraiment.** Cela peut sembler étrange, mais les exercices de visualisation aident à mettre à jour des désirs inconscients qui vous échappent. Avant de vous endormir le soir, quand toutes les lumières sont éteintes et que le calme règne, écoutez le rythme de votre respiration. Les yeux fermés, imaginez-vous dans une prairie, au bord de la mer, ou dans n'importe quel lieu qui vous apporte la paix et la sérénité. Au bout de quelques minutes, posez-vous silencieusement la question : « Qu'est-ce que je veux vraiment ? » Il vous faudra peut-être renouveler cet exercice plusieurs fois avant de connaître la réponse. Mais quelque chose finira par se déclencher. Faites confiance à votre instinct et explorez toutes les idées qui vous viennent à l'esprit. N'ayez pas peur de ce que vous découvrirez, ne le repoussez pas – les réponses sont en vous.

- **Détectez la manipulation et résistez-y.** Lorsque vous aurez identifié ce que vous voulez ou ce que la réussite signifie pour vous, n'oubliez pas qu'il se trouvera autour de vous des gens pour vous freiner ; ils feront leur possible pour vous enfermer dans la situation existante, dans le but de mieux vous contrôler. Des amis vous assureront qu'ils aiment votre « nouveau moi », tout en sabotant subtilement vos efforts à mots couverts (par exemple : « Es-tu vraiment sûre que le moment est bien choisi pour ouvrir ce magasin dont tu rêves depuis toujours ? »). Attendez-vous y, préparez-vous y, mais ne mordez pas à l'hameçon.
- **« La prise de conscience » peut survenir n'importe où, n'importe quand.** Pour certaines femmes, il faut un événement dramatique ou un bouleversement radical – comme le décès d'un parent qui les maltraitait, le divorce d'avec un conjoint narcissique ou le licenciement d'un poste détesté – pour trouver la tranquillité et entendre leur propre voix. Mais n'attendez pas qu'un fait exceptionnel survienne. Ce n'est pas parce que vous ignorez aujourd'hui ce que vous voulez vraiment que vous ne le saurez pas demain, le mois prochain, ou dans un an. La révélation peut se produire au moment où vous l'attendez le moins. Accrochez-vous à votre contre-message, surveillez les manœuvres destinées à vous faire douter de vous, et concentrez-vous sur vos progrès. N'oubliez pas que le courage ne rugit pas toujours comme un lion ; c'est parfois une petite voix qui répète : « J'essaierai à nouveau demain[1]. »

1. Titre d'un livre de Mary Anne Radmacher, écrivain contemporain très populaire aux États-Unis (NdT).

Tactique 6

Méfiez-vous de votre talon d'Achille

Dans la mythologie grecque, Achille était le plus célèbre des héros de la guerre de Troie. À sa naissance, pour le rendre immortel, sa mère le plongea dans le Styx en le tenant par le talon. Mais cette partie de son corps qui n'avait pas été immergée dans le fleuve resta vulnérable. Une flèche tirée lors d'un combat vint se ficher dans son talon et causa sa mort. Aujourd'hui, quand on parle du talon d'Achille de quelqu'un, cela signifie que parmi ses points forts, se dissimule une faiblesse. Nous avons tous notre talon d'Achille. Il est crucial de savoir où se situe le vôtre, non seulement pour le compenser, mais pour vous protéger de ceux qui pourraient essayer d'en tirer parti.

Il est souvent difficile de détecter sa propre faiblesse. Vous avez par exemple la réputation d'être un véritable boute-en-train, c'est votre point fort. Mais votre manque de diplomatie éloigne de vous un certain nombre de gens, voilà votre faiblesse. Au bureau, on peut toujours compter sur vous pour être attentive au moindre détail d'un projet mais votre manque de vision vous empêche de mettre le projet en perspective et de considérer des à-côtés pourtant essentiels. Notre incapacité ou notre refus de voir notre talon d'Achille nuit à nos entreprises et à nos relations avec autrui.

Les psychologues Joe Luft et Harry Ingham ont développé un modèle appelé « la fenêtre de Johari » pour nous aider à détecter et à comprendre la nature de notre talon d'Achille (ou point aveugle). Comme vous le verrez sur la figure ci-contre, notre personnalité publique comporte quatre aspects :

- La zone 1, *l'arène publique*. Ce que chacun révèle de soi aux autres. Ils connaissent ces données parce que nous choisissons de partager l'information et nous leur donnons un aperçu de notre être réel et de nos véritables désirs.
- La zone 2, le *point aveugle* ou le *talon d'Achille*. Ce que les autres voient de nous, mais que nous ne pouvons pas voir ou que nous refusons d'admettre. Comme vous ne pouvez pas être conscient de ce que vous ignorez, vous ne pouvez réduire l'importance de cette zone sans aide et sans retour d'information venant des autres.
- La zone 3, la *façade*. Nous gardons secrets certaines informations ou certains aspects de notre vie. Ce qui est tout à fait légitime. Mais les ennuis commencent lorsque nous tentons de masquer ce que nous sommes en mettant en avant une image fausse. Lorsque cette façade que nous affichons prédomine dans nos interactions avec les autres et qu'ils ont l'impression de ne pas nous connaître vraiment, ils risquent de se méfier de nous ou de ne pas se montrer sincères lorsque nous avons besoin de leur franchise.
- La zone 4, *l'inconnu* ou l'*inconscient*. Le poids de cette zone peut être réduit par différents moyens : les réactions ou les informations venant des autres, la lecture d'ouvrages comme celui-ci, la participation à des groupes d'entraide, la poursuite d'une thérapie.

Vous remarquerez que les lignes intérieures du tableau sont en pointillés. La taille des zones varie en effet selon le sujet – son niveau de prise de conscience, le degré d'information sur lui-même qu'il est disposé à partager, sa volonté d'explorer les aires inconnues de sa personnalité. Dans l'idéal, l'arène publique est la zone la plus ouverte et indique que l'échange d'informations dans les deux sens avec autrui est régulier, contribuant ainsi à réduire la taille des trois autres zones.

	Connu de vous	Inconnu de vous
Connu des autres	1. Arène publique	2. Point aveugle ou talon d'Achille
Inconnu des autres	3. Façade	4. Inconnu ou inconscient

APPLICATION PRATIQUE

- **Faites honnêtement l'inventaire de vos forces.** Le test d'auto-évaluation proposé dans l'introduction est un excellent point de départ pour apprendre à déceler votre talon d'Achille, mais vous ne devez pas vous arrêter là. Vous ne pourrez pas connaître vos faiblesses sans avoir au préalable identifié vos points forts. Établissez la liste de vos atouts et celle de vos lacunes. Réfléchissez aux capacités et aux comportements que vous avez négligé de développer parce que vous privilégiez vos points forts. Un exemple parmi d'autres : vous vous tuez à la tâche, seule dans votre coin, au lieu de rechercher le contact avec des collègues qui vous aideraient à travailler plus intelligemment et plus efficacement. En étant très réservée sur votre vie privée, vous avez tissé un lien indestructible avec votre partenaire/conjoint, mais vous privez vos amis d'informations qui les aideraient à mieux vous comprendre et à vous apprécier.
- **Soyez attentive aux messages subtils que les autres vous envoient.** Le retour d'information le plus utile est souvent celui

qui est transmis de manière si discrète qu'on peut ne pas voir le message ou méconnaître sa signification. Si un ami vous déclare : « J'apprécie le fait qu'avec toi, je sais toujours ou j'en suis. » Devez-vous comprendre que vous faites parfois preuve d'une franchise brutale ? De même, lorsque votre fille vous demande : « Quand est-ce qu'il sera l'heure de jouer ? », ce peut-être une manière déguisée de vous reprocher de trop travailler et de la négliger. La sincérité et la conscience professionnelle sont des qualités louables, mais elles peuvent devenir notre talon d'Achille si elles ne sont pas compensées par d'autres aspects .

- **Sollicitez une critique seulement quand vous êtes prête à la recevoir.** Personne n'aime entendre critiquer ses faiblesses. Voilà pourquoi on demande souvent à l'autre son avis d'une manière qui, consciemment ou non, le décourage de le donner franchement. C'est une erreur que commettent les filles sympas. Il faut bien se trouver confrontée à sa faiblesse pour y remédier et changer ! Ainsi, quand vous demandez à quelqu'un de vous donner son avis sur vous, faites clairement comprendre que vous le souhaitez vraiment. Ne posez pas de question vague du type : « Qu'est-ce que vous n'appréciez pas chez moi ? » et expliquez que vous attendez une réponse plus élaborée que « oui » ou « non ». Si vous interrogez : « Que pensez-vous si je fais ceci/cela ? », la plupart des gens ne répondront pas directement, et s'ils le font, leur formulation sera si imprécise qu'elle ne vous servira pas. Demandez plutôt : « Dites-moi si en faisant ou en ne faisant pas ceci/cela je progresse vers mon objectif ? » La question appelle une réponse objective et factuelle et ne mettra pas l'interlocuteur dans l'embarras.

Tactique 7

Concentrez-vous sur vos préférences personnelles

L'indicateur de types psychologiques Myers-Briggs (Myers Briggs Type Indicator ou MBTI) a connu l'apogée de sa popularité il y a quelques années. Au lieu de s'enquérir du signe astrologique de ses amis comme on le faisait auparavant, on s'est mis à leur demander : « Quel est ton type psychologique ? » Il existe aujourd'hui plusieurs versions du test, réalisées à partir des travaux effectués au début du 20e siècle par Katharine Briggs et Isabel Briggs Myers (respectivement mère et fille). En s'inspirant des modèles du psychologue suisse Carl Jung, elles ont isolé seize « types » de personnalité – chacun correspondant à une manière personnelle de voir le monde et d'interagir avec lui. C'est ce que l'on nomme les « préférences » du MBTI.

Les préférences d'un individu forment le filtre à travers lequel il voit le monde – ses lentilles de contact ou ses lunettes en quelque sorte. Si vous mettez les lunettes ou les lentilles de contact de quelqu'un d'autre, le monde vous paraîtra flou et brouillé, n'est-ce pas ? Chacune de vous voit parfaitement à travers ses lunettes (ou sans, quand elle a la chance d'avoir une vision parfaite), mais quand vous les échangez avec celles de votre meilleure amie, ça ne marche plus. Il en va de même des préférences : elles sont uniques, n'appartiennent qu'à vous, et résultent d'une combinaison entre la nature et la culture – autrement dit entre ce que vous avez reçu à la naissance et ce que vous avez acquis par votre éducation. De même que le fait de porter les lunettes d'une autre personne provoque des erreurs de vision, ne pas comprendre et ne pas suivre ses propres préférences entraîne des fautes de jugement et en corollaire la déception, la frustration et le malentendu. À l'inverse, la connaissance de nos propres préférences nous donne à la fois confiance en nous et les mots pour exprimer nos besoins et nos sentiments et décider au mieux de nos intérêts.

Le graphique ci-contre vous aidera à identifier et à comprendre vos préférences personnelles. Il comporte quatre axes, représentant chacun une série de comportements. Bien sûr, nous ne nous situons pas totalement à une extrémité ou à l'autre de cet axe, nous tendons vers l'une ou vers l'autre. Examinez les quatre axes et déterminez vos préférences sur chacun d'eux.

Les préférences interviennent dans toutes les relations que nous entretenons avec les autres. Lorsqu'un homme et une femme ayant des préférences opposées se marient, leur union est marquée par des conflits difficiles à résoudre. Quand des enfants se caractérisent par des préférences différentes de celles de leurs parents, il en résulte une tension dans la relation parent-enfant qui provoque de la frustration chez les parents et qui engendre chez les enfants l'impression de faire quelque chose « de travers » ou « de mauvais ». Quand des personnes dont les préférences sont antagonistes doivent négocier l'une avec l'autre, il leur est particulièrement difficile de trouver un terrain d'entente.

Certains parviennent néanmoins à réconcilier leurs différences comme en témoignent Christine et Stéphane. En dépit de l'amour profond qui les liait, ils semblaient toujours en désaccord sur certaines décisions. Christine appréciait surtout d'être entourée d'un petit cercle d'amis où elle était sûre de connaître tout le monde, alors que Stéphane se sentait à l'aise dans les soirées réunissant un grand nombre d'invités. Il mettait son point d'honneur à arriver le premier et à partir en dernier, tandis que Christine détestant se faire remarquer, se contentait d'une brève apparition ou ne venait pas du tout. La moindre invitation devenait source de discorde.

Un jour, Christine assista à un atelier MBTI organisé par son entreprise. Elle rapporta le livret de travail et le montra à Stéphane. Ce fut une illumination pour tous les deux. Ils réalisèrent tout à coup

LES PRÉFÉRENCES DU MBTI®

EXTRAVERSION ⟵ **Ce qui oriente votre énergie** ⟶ **INTROVERSION**

Les extravertis tirent leur énergie de leurs interactions avec les autres. Ils aiment travailler en équipe sur des projets et rechargent leurs batteries dans leur travail et en se livrant à des activités de loisir en groupe.

Les introvertis préfèrent la solitude propice à la concentration. Ils sont plus volontiers indépendants et rechargent leurs batteries en s'isolant ou en compagnie d'une ou deux personnes.

SENSATION ⟵ **Ce qui retient plus volontiers votre attention** ⟶ **INTUITION**

Les sensitifs s'intéressent plutôt à ce qui est réel, concret et tangible. Leur attention est plus facilement mobilisée par ce qu'ils peuvent voir, entendre, sentir, toucher ou goûter. Ils se fient principalement aux données, aux faits, aux chiffres. Leur devise est souvent « Le mieux est l'ennemi du bien. »

Les intuitifs s'intéressent aux idées, aux concepts, aux théories. Ils aiment établir des liens entre les choses. Souvent motivés par l'idéal au lieu de vivre dans la réalité, ils cherchent à innover et à améliorer les manières de procéder.

PENSÉE ⟵ **Votre mode de décision** ⟶ **SENTIMENT**

Les penseurs décident en se fondant sur la logique et sur les faits. Leur démarche repose sur l'examen de données objectives. La justesse et l'équité de leurs décisions ont plus d'importance pour eux que ce que leur inspire leurs valeurs personnelles.

Les sentimentaux se soucient des effets de leurs décisions sur les autres. Leur démarche accorde une large place aux valeurs personnelles et aux « intuitions ». Ils attachent plus d'importance à l'empathie qu'à l'équité dans leurs prises de décision.

JUGEMENT ⟵ **Votre style de vie et d'action** ⟶ **PERCEPTION**

Les jugeurs mènent leur existence de manière ordonnée et structurée. Ils s'organisent et établissent des plans de travail. Ils aiment terminer rapidement une activité pour passer à la suivante.
Ils sont spontanés.

Les perceptifs considèrent et pèsent toutes les options avant d'agir. Ils sont convaincus des bienfaits de l'attente pour avoir encore plus d'informations et décider en connaissance de cause.

Source : Modifié et reproduit avec autorisation spéciale de l'éditeur, CPP, Inc., Moutain View, California 94043, extrait de Introduction to Type, 6th ed., par Isabel Briggs Myers, revu par Linda K. Kirby et Katharine D. Myers.

que chacun voyait la vie à travers son propre filtre ; ce qui expliquait les différences de leurs réactions. Munis de ce modèle qui leur permettait de mieux se comprendre, il leur devint plus facile de trouver des compromis en accord avec leur personnalité. Certes, Christine ne changea pas de caractère du jour au lendemain, mais elle admit que Stéphane avait besoin de multiplier les contacts et elle n'eut plus jamais l'impression d'être abandonnée quand il s'absentait le soir. Quant à Stéphane, il trouva le moyen d'extérioriser sa sociabilité en sortant avec ses amis tandis que Christine profitait de la soirée pour recharger ses batteries dans la quiétude de la maison. Ils en retirèrent même la conclusion que leurs différences étaient complémentaires.

APPLICATION PRATIQUE

- **Informez-vous sur le MBTI.** Commencez par consulter Wikipédia. Renseignez-vous également auprès du service des ressources humaines de votre entreprise pour connaître les professionnels habilités à faire passer les tests.
- **Suivez vos préférences.** Il se peut que vous ayez toujours été « différente » du reste de votre famille ou de vos amis. Ils aiment les soirées animées alors que vous préférez les conversations en tête-à-tête. Ils veulent toujours vous convaincre de les accompagner dans les boîtes de nuit, tandis que vous rêvez de vous détendre en lisant un bon roman au coin du feu. Vous en arrivez même à penser que quelque chose ne « tourne pas rond » chez vous. Parfois, vous cédez à leurs demandes pour leur faire plaisir, mais vous ne vous sentez pas à votre place. Rassurez-vous, vous n'êtes pas anormale : ne vous culpabilisez pas et ne vous obligez pas à faire des choses qui ne vous conviennent pas. Si vous connaissez vos préférences, vous aurez le courage de rester fidèle à vous-même et de vous imposer telle que vous êtes. Cela vous aidera même peut-être à rencontrer des gens qui partagent votre vision du monde et dont vous apprécierez la compagnie.

- **Respectez les préférences de vos enfants.** Les enfants acquièrent l'estime d'eux-mêmes quand on leur permet de pratiquer des activités qui sont plus en accord avec leurs préférences qu'avec celles de leurs parents. Si vous étiez championne de natation au lycée, mais que votre fille préfère la danse classique, n'insistez pas. En lui imposant vos propres préférences, vous faites passer des messages et des attentes dont vous cherchez précisément à vous délivrer vous-même en lisant ce livre.
- **Exploitez les différences dans vos préférences mutuelles.** Si votre mari est incapable d'acheter une voiture sans avoir étudié en détail tous les modèles existants, alors que vous savez immédiatement ce que vous voulez, ne lui faites pas de reproches. À long terme, vos différences de préférences peuvent aboutir à une meilleure décision. Sachant, par exemple, que vous aimez profiter des promotions de fin d'année, il pourra lancer ses recherches documentaires plus tôt. Double bonus : pour un prix imbattable, vous aurez une voiture munie de toutes les options possibles et imaginables.

Tactique 8

Passez sous l'échelle

Nous connaissons tous des gens superstitieux. Certains ont un chiffre fétiche, d'autres sont persuadés qu'ils subiront sept ans de malheur s'ils cassent une glace, sans compter ceux qui refusent de passer sous une échelle, n'ouvrent jamais un parapluie à l'intérieur d'une maison ou évitent de marcher sur les lignes dans la rue. En psychologie, le terme de *comportement superstitieux* désigne le fait d'agir de certaine manière par crainte de provoquer des catastrophes en se comportant autrement. Sur la base de cette définition, on peut aussi identifier des superstitions moins connues, propres à chacun(e) de nous qui sont directement liées à l'éducation et aux expériences vécues. Prenons un exemple : si dans votre enfance, chaque fois que vous étiez en colère, votre mère vous punissait et vous disait que les garçons n'aiment pas les filles qui crient, vous avez probablement intériorisé l'idée qu'en invectivant votre époux, vous risquez de mettre votre couple en danger. Autre exemple : votre passion pour le sport vous faisait traiter de « garçon manqué » ; vous avez fini par abandonner toute activité sportive de peur qu'aucun garçon ne veuille sortir avec vous. Ce ne sont que des superstitions. Si à travers les messages que vous avez reçus, la cause et l'effet *semblent* logiques, en réalité, il n'existe aucun rapport de causalité.

Les comportements superstitieux, par exemple toucher du bois, éviter de croiser un chat noir ou porter sur soi une patte de lapin sont en général anodins. Ils peuvent cependant devenir nuisibles, comme dans les deux exemples cités, à partir du moment où ils ont un effet sur vos décisions, sur l'estime de vous-même et sur vos actes. En d'autres termes, quand ils font de vous une fille sympa qui n'ose pas s'affirmer. Si vous croyez qu'en exprimant votre colère, vous risquez de déclencher une réaction d'hostilité, vous vous privez d'une émotion qui est une composante fondamentale dans la relation à l'autre. Et si vous êtes persuadée qu'il faut absolument réunir l'assentiment de tout le monde avant de prendre une décision, vous n'apprendrez jamais à tenir compte de vos besoins ni à décider en connaissance de cause.

Notre réponse « scientifique » à ce dilemme est de vous encourager à passer sous l'échelle ! Vous ne provoquerez pas de cataclysme pour autant. Eleanor Roosevelt déclarait : « Nous gagnons du courage et de la confiance en nous en réalisant des choses dont nous pensons être incapables. » Pour se confronter à ses croyances superstitieuses et à ses peurs, il faut considérer les comportements qu'on cherchait à éviter à la lumière du raisonnement et non de l'émotion. Et vous verrez que le plus souvent, il n'y avait pas de quoi avoir peur. Le psychologue Albert Ellis a inventé la méthode ABC, une thérapie rationnelle-émotive pour aider ses patients à se détacher de leurs émotions et à penser rationnellement.

- **A comme activateur** : identifiez l'événement qui déclenche votre peur d'agir d'une manière qui se révélerait pourtant plus satisfaisante pour vous. Exemple : « Chaque fois que je dois prendre la parole en public, mon cœur se met à battre la chamade, mes mains deviennent moites et je commence à transpirer. »
- **B comme base de croyance :** quelle est la croyance qui se trouve à l'origine de votre anxiété ? Pour reprendre le même exemple, vous vous dites peut-être : « Je vais devenir muette et aucun son ne sortira de ma bouche. »
- **C comme conséquences :** que se passe-t-il quand vous adoptez cette croyance irrationnelle ? Toujours dans le même exemple : « J'évite de parler en public, quel qu'en soit le coût. »
- **D comme discuter cette croyance irrationnelle :** posez-vous des questions telles que : « Pourquoi serais-je incapable de parler ? » ou « S'est-il *jamais* produit, quand je parlais, que rien ne sorte de ma bouche ? Il sort *toujours* quelque chose de ma bouche ! »

- **E comme efficacité du nouveau schéma de pensée** : remplacez votre croyance irrationnelle par un raisonnement – « Si je me prépare et si je m'exerce, il n'y a pas de raison pour que je n'arrive pas à prendre la parole en public. Même si je n'aime pas ça, je suis capable de réussir. »

APPLICATION PRATIQUE

- **Identifiez vos croyances et vos comportements superstitieux.** Quelles croyances vous empêchent de progresser avec confiance vers vos objectifs ? Dressez-en la liste par écrit, de manière à les visualiser au lieu de les tourner inlassablement dans votre tête.
- **Accordez-vous la permission de passer sous l'échelle.** Les filles sympas peuvent passer leur vie entière à attendre qu'une « figure d'autorité » (un parent, un frère ou une sœur, un conjoint, etc.) les autorise à agir différemment ou à prendre le contre-pied de ce que l'on attend d'elles. En tant que lectrice de ce livre, vous êtes une femme adulte qui a le droit de choisir comment elle va se comporter. Vous êtes la seule à pouvoir affronter vos peurs et vos croyances superstitieuses. Courage !
- **Cultivez le sens de l'humour.** L'aptitude à rire de soi et de ses faiblesses est en partie ce qui fait de nous des êtres humains. Savoir prendre les choses avec légèreté et se moquer de ses propres travers est le meilleur moyen de surmonter les comportements superstitieux qui nous tiennent en otage.
- **Pensez de manière rationnelle.** Appliquez la méthode Ellis ou inventez votre propre système d'autopersuasion pour vous débarrasser de vos croyances irrationnelles et adopter des schémas de pensée réalistes et rationnels qui travaillent pour vous plutôt que contre vous. Si nécessaire, demandez à une personne de confiance de vous aider à découvrir des alternatives logiques à vos superstitions. Rappelez-vous : *nous ne pouvons voir que ce que nous voyons !*

Tactique 9

Évaluez l'auteur du message

Les filles sympas peuvent se montrer naïves. Comme elles s'imaginent que les autres agissent dans leur meilleur intérêt, elles prennent les critiques négatives au pied de la lettre. Elles ne se posent pas la question de savoir si l'interlocuteur a des intentions cachées. Ou, ce qui est pire, s'il est autorisé ou suffisamment qualifié pour émettre un jugement valide.

L'expression « retour d'information ou remontée de l'information » a été créée dans les années 1920 par des spécialistes du génie électrique. Aujourd'hui, elle a le sens de fournir une évaluation, positive ou négative. Quand votre interlocuteur tait délibérément les aspects positifs (ce qui est dommage, car cela encouragerait des comportements efficaces de votre part) pour ne souligner que les défauts, c'est mauvais signe. Soyez en alerte quand des gens qui « veulent seulement vous aider » critiquent votre coupe de cheveux, vos amis, votre manière d'éduquer vos enfants, ou vos performances professionnelles – en insistant sur ce que vous devriez faire au lieu de donner leur avis sur ce que vous avez réalisé concrètement.

Le retour d'information est par nature subjectif – il reflète une opinion, ni plus ni moins ! Quand bien même vous devez le solliciter parce qu'il constitue un outil indispensable pour progresser, ne l'acceptez pas et ne l'exploitez pas sans esprit critique et sans discernement.

APPLICATION PRATIQUE

- **Tenez compte des circonstances.** Avez-vous sollicité un retour d'information ? Dans ce cas, la personne qui vous le donne répond à votre demande et il n'y a pas la moindre équivoque. En revanche, quand quelqu'un vous donne son avis sans que vous ayez manifesté l'intention de le connaître, demandez-vous ce que cela cache. S'il s'agit de votre patron et de l'évaluation de vos performances, pas de problème. Mais si c'est un collègue qui critique votre aptitude à communiquer juste avant votre intervention en réunion, vous avez sans doute affaire à une tentative de déstabilisation. Enfin, lorsqu'il se produit de manière inattendue, dans un cocktail autour d'une coupe de champagne, méfiez-vous.
- **Soyez attentive au mode de transmission du retour d'information.** L'avez-vous reçu par courriel, par écrit, ou par téléphone ou en face-à-face ? Comment était-il formulé ? Le ton employé était-il respectueux ? La confidentialité a-t-elle été respectée ? Vous a-t-on clairement expliqué quels comportements vous deviez modifier ?
- **Déterminez s'il répond à un schéma.** Vous est-il strictement destiné ou vous est-il délivré en présence de tiers ? Son auteur insiste-il systématiquement devant les autres sur ce que vous devez changer ?
- **Interrogez-vous sur la légitimité de l'auteur du message.** Possède-t-il l'expertise ou l'expérience voulue ? Votre décoratrice vous conseille de revoir l'aménagement de votre appartement, assurez-vous que son style est en phase avec le vôtre. Si un ami vous reproche de mal gérer votre entreprise, demandez-vous si la sienne réalise des bénéfices.
- **Fiez-vous à votre instinct.** Vous avez parfois l'impression que quelque chose sonne faux dans ce qu'on vous dit. Remerciez de l'information apportée et prenez le temps de décider si vous devez en tenir compte.

Tactique 10

Définissez clairement ce que vous voulez

Les filles sympas ne réalisent pas toujours qu'elles doivent savoir ce qu'elles veulent pour avoir des chances de l'obtenir. Prenons le cas de Corinne qui travaillait sur un projet dans une équipe totalement désorganisée. Le chef d'équipe n'assumait pas ses responsabilités, il ne s'investissait pas assez dans son rôle et, comme si cela ne suffisait pas, il était désagréable avec ses coéquipiers. Corinne entretenait d'excellents rapports avec Robert, le supérieur hiérarchique du chef d'équipe ; elle évoqua avec lui la situation, mais rien ne changea. Pourquoi ? Tout simplement parce qu'elle n'avait pas fait clairement comprendre à Robert ce qu'elle attendait de lui. Voulait-elle être affectée à un autre projet ? Souhaitait-elle qu'il discute du problème avec le chef d'équipe ? Corinne avait décrit avec force détails ce qui n'allait pas, mais elle n'avait pas fixé d'objectif particulier. Robert s'était donc contenté de l'écouter avec empathie.

Dans toute situation, la première étape est de définir les résultats auxquels on veut aboutir. Ces résultats Smart, selon une formule bien connue des praticiens de l'entreprise auxquels nous l'avons empruntée, sont :

- **Spécifiques :** au lieu d'annoncer « Je veux que mes relations avec mon père s'améliorent », ce qui sonne vague et peu volontariste, soyez plus précise quant à ce que vous voulez. Dites plutôt : « Je veux voir mon père une fois par semaine et réussir à discuter avec lui sans que nous nous disputions. »
- **Mesurables :** vous ne saurez pas si vous avez réussi tant que vous n'aurez pas évalué concrètement les résultats obtenus. C'est

pourquoi la précision est un élément crucial. Si vous fixez un but spécifique, il vous sera plus facile de vérifier si vous avez progressé. Dans l'exemple ci-dessus, le critère de mesure est évident : vous savez si dans la semaine écoulée, vous avez effectivement pu discuter sereinement avec votre père – et si votre niveau de stress a diminué, un autre signe de réussite !

- **Appropriés :** les résultats auxquels vous voulez parvenir doivent aussi correspondre à vos valeurs. S'il est vital pour vous d'entretenir de bonnes relations avec votre père, votre objectif d'avoir avec lui une discussion non conflictuelle au moins une fois par semaine paraît cohérent. Mais si votre père se trouve au seuil de la mort et que vous voulez le voir une fois par semaine uniquement pour sécuriser votre part d'héritage, le critère de cohérence n'est évidemment plus respecté.
- **Réalistes :** si le résultat souhaité se situe à votre portée ou si vous pouvez l'atteindre d'une manière ou d'une autre, il paraît réaliste. Dans notre exemple : si vous tentez d'éviter toute dispute avec votre père en changeant systématiquement de sujet quand la discussion risque de s'envenimer, et s'il se montre coopératif, votre objectif semble réaliste. À l'inverse, s'il cherche constamment les occasions d'affrontement en dépit de vos efforts, le résultat que vous espérez ne se concrétisera jamais.
- **Temporellement délimités :** évaluez les délais à envisager pour obtenir le résultat attendu. Il peut vous être utile de savoir à l'avance que trois ou quatre discussions seront nécessaires avant de trouver un terrain d'entente avec votre père. Le fait d'inscrire votre objectif dans le temps accroît son urgence.

Quelques situations dans lesquelles l'approche Smart peut être exploitée

Situation	Résultat Smart possible
Votre mari n'apprécie pas du tout votre meilleure amie.	Vous reconnaissez qu'elle a des défauts et vous proposez de la voir seule, sans exercer de pression sur votre mari pour qu'il participe à vos rencontres.
La compagnie d'assurance refuse votre demande de dommages-intérêts.	Pour faire valoir votre droit, vous devez vous renseigner sur la procédure à suivre et vous procurer les imprimés adéquats.
Vous n'avez pas fermé l'œil de la nuit parce que les occupants de la chambre d'en face faisaient trop de bruit. Vous avez appelé la réception de l'hôtel pour vous plaindre, mais le vacarme a continué.	Vous demandez d'être partiellement remboursée ou d'être créditée de points de fidélité supplémentaires pour compenser votre nuit blanche.

APPLICATION PRATIQUE

- **Utilisez l'approche Smart pour définir le résultat à obtenir.** Elle est facile à mémoriser et couvre tous les aspects essentiels. Notez les cinq éléments sur un bristol que vous conserverez à proximité pour le consulter le cas échéant.
- **Renseignez-vous auprès de votre entourage.** Si vous ne parvenez pas à déterminer le résultat à obtenir, faites une enquête autour de vous pour savoir comment les autres ont formulé leur objectif dans un cas semblable au vôtre. Profitez donc de l'expérience d'autrui sans chercher à réinventer la roue.
- **Adressez-vous toujours à la personne qui a la décision finale.** Vous n'obtiendrez jamais ce que vous voulez si vous ne vous adressez pas à la personne qui a l'autorité pour vous le donner. Posez-vous la question : « Mon interlocuteur a-t-il la possibilité de réponde à ma demande ? » Si ce n'est pas le cas, trouvez la

personne idoine. Les filles sympas n'osent pas toujours solliciter les autorités compétentes par peur de vexer leur interlocuteur d'origine « en passant au-dessus de sa tête ». Un bon conseil : débarrassez-vous de ces faux scrupules.

Tactique 11

Utilisez votre créneau d'excellence

Amélie est l'amie des enfants. Il s'est avéré très tôt qu'elle savait s'y prendre avec eux et ils l'adorent. Lorsque le moment de choisir un métier est venu, elle s'est tout naturellement tournée vers l'enseignement. Linda possède un véritable don pour l'organisation. Quand elle a décidé de travailler à domicile le temps d'élever ses enfants, elle a utilisé les talents qu'elle avait développés en tant que responsable de projet pour démarrer une activité d'assistante virtuelle. Elle a réussi un triple pari : garder le contact avec le monde du travail, exercer un métier compatible avec ses responsabilités de mère de famille et gagner correctement sa vie.

L'une et l'autre prouvent qu'en appliquant ses points forts dans la vie professionnelle à sa vie personnelle – et vice versa –, on tient une combinaison gagnante. Voici une autre histoire, tout aussi exemplaire : celle d'Emma et de son dilemme. Au début de son mariage, la jeune femme était prête à tout pour s'entendre avec Joanne, sa belle-mère ; malheureusement, elle ne parvenait pas à l'aimer. En fait, elle redoutait les moments qu'il lui fallait passer avec elle et les réduisait au strict minimum. Joanne est pourtant une femme intelligente, pétrie de bonnes intentions, mais elle a aussi une fâcheuse propension à se mettre en avant et à se comporter de manière mélodramatique. Elle a besoin d'attirer l'attention sur elle et d'être le centre des conversations. En outre, elle a la désagréable habitude (selon la jeune femme), de prendre le visage d'Emma entre ses mains. Le mari de cette dernière se garde bien d'intervenir ; il se contente de manifester sa désapprobation en levant les yeux au ciel quand sa mère ne regarde pas. Forte de son expérience de coach en entreprise, Emma a entrepris de « coacher » gentiment sa belle-mère pour mettre en valeur ses qualités et atténuer les aspects négatifs de sa personnalité. Sachant que Joanne est cultivée, elle lui a suggéré de lire des livres et de voir des films dont elles pourraient parler toutes les deux. Et lorsque Joanne, fidèle à son habitude, tentait de dévier la conversation à son avantage, Emma la remettait en douceur sur les rails comme elle le faisait avec ses collègues qui avaient tendance à se disperser. Bien sûr, Joanne ne sera jamais l'amie qu'Emma aurait choisie, mais grâce à son savoir-faire, la jeune femme a atteint son objectif – entretenir avec sa belle-mère des relations harmonieuses.

Que vous soyez PDG, femme au foyer, chef d'entreprise ou quoi que ce soit d'autre, le fait de savoir que vous excellez dans un domaine vous donne confiance en vous. Et la confiance en soi est aussi ce qui fait la différence entre une fille sympa et une femme qui gagne.

APPLICATION PRATIQUE

- **Pensez à ce que vous *adorez* faire.** En règle générale, on excelle dans ce qu'on aime faire. On y consacre plus de temps et d'énergie, et les résultats sont à la hauteur des efforts.
- **Remémorez-vous les compliments que vous avez reçus.** Dans quels domaines avez-vous la réputation d'être la meilleure ? Si vous ne vous en souvenez pas, demandez aux autres de vous le rappeler.
- **Tenez un journal pour relater vos succès.** Ne dressez pas seulement la liste de vos domaines d'expertise, donnez des exemples concrets. Si vous avez reçu une évaluation de performance positive, notez-le dans votre journal. Ce sera un témoignage précieux de vos acquis professionnels et cela vous servira pour vous évaluer vous-même. Et sur un plan personnel, cela peut aussi vous redonner du courage quand il le faut.

- **Soyez créative.** Réfléchissez aux situations dans lesquelles vous pouvez utiliser votre expertise. Vous vous rendrez peut-être compte que les compétences qui vous ont permis de décrocher votre dernière promotion pourraient aussi vous servir à résoudre un problème personnel qui vous préoccupe, et vice-versa !

Tactique 12

Identifiez vous-même vos lacunes pour les combler

Les filles sympas s'emploient trop souvent à combler des lacunes que les autres leur prêtent. L'une entame un régime amaigrissant parce que ses amis font des commentaires sur son embonpoint. L'autre s'épuise à tenter de progresser dans la hiérarchie sur l'incitation de son mari, alors qu'elle n'a aucune envie d'assumer davantage de responsabilités. La troisième passe des heures à éplucher et à mouliner des légumes pour satisfaire une belle-mère exigeante sur la qualité de la nourriture donnée à son petit-fils. Quand vous consacrez autant de temps et d'énergie à tenter de combler des lacunes que *d'autres* vous prêtent, vous n'en avez plus suffisamment pour remédier à celles qui vous empêchent de réussir.

Souvenez-vous que le mieux est l'ennemi du bien. Si vous êtes célibataire et heureuse ainsi, refusez d'aller sur les sites de rencontre comme vous le conseille votre mère. Mais si vous voulez rencontrer l'âme sœur, prenez l'initiative.

Astrid était si réfractaire aux mathématiques (le terme scientifique est « dyscalculie »), que les questions relatives à l'argent la plongeaient quotidiennement dans l'embarras. Au restaurant, par exemple, elle demandait toujours à quelqu'un d'autre de vérifier l'addition parce qu'elle manquait de confiance en elle pour le faire. Son mari réglait toutes les factures, gérait les investissements et s'occupait des impôts. Cette lacune dans ses compétences la perturbait au point qu'elle décida de la combler. Elle reprit les bases et s'exerça à des calculs simples. Le fait d'avoir identifié elle-même ses manques incita Astrid à y remédier, ce qui lui permit de jouer un rôle dans la gestion des finances familiales au lieu de demeurer spectatrice. Vous aussi, vous devez identifier et combler vous-même vos lacunes, au lieu de vous polariser sur celles que les autres vous prêtent.

APPLICATION PRATIQUE

- **Prenez conscience de vos manques.** Si vous voulez être plus à l'aise en société, vous devez peut-être apprendre à maîtriser les règles du savoir-vivre. Si vous voulez préparer votre retraite, renseignez-vous d'abord sur les plans d'épargne proposés par votre employeur. N'ayez pas honte de vos lacunes – efforcez-vous plutôt de les combler.
- **Exercez-vous.** Une lacune peut être simplement une compétence latente qui n'a pas été exploitée. Si vous ne vous affirmez pas assez à votre goût, exercez-vous à prendre la parole en public. Si vous avez l'angoisse de la page blanche, commencez par écrire quelques mots à titre d'essai – quitte à corriger et à compléter votre texte par la suite.

Tactique 13

Visez loin

Connaissez-vous la célèbre citation de Laurel Thatcher Ulrich : « Les femmes bien élevées font rarement l'Histoire[1] » ? Il n'est pas indispensable d'être une future Marie Curie ou de vouloir devenir la première femme président de la République pour apprécier ce message. Les filles sympas vivent leur existence dans un espace étroitement défini – en général délimité par les autres. Leur crainte de déplaire à leur entourage les empêche non seulement de dépasser ces frontières, mais aussi de vouloir s'en approcher. Mieux vaut la sécurité, raisonnent-elles, que le risque de se perdre.

Pensez aux sports d'équipe. Remporte-t-on la partie en restant au milieu du terrain ? Non, bien sûr. On gagne en visant les limites. Prenons l'exemple du tennis. Si vous placez systématiquement votre balle de service au milieu du carré de votre adversaire, vous marquerez peu de points. Il sera trop facile pour lui de la renvoyer. Mais si vous visez les coins, vous avez plus de chances de gagner.

Ce faisant, vous prenez le risque que votre balle sorte du carré et que le point vous échappe. Êtes-vous prête à tenter votre chance pour gagner le point, le jeu ou le match ? Êtes-vous assez habile du coup droit pour que votre balle atterrisse à l'intérieur des limites ? Possédez-vous suffisamment de points d'avance pour ne pas compromettre votre victoire ? Telles sont les questions à vous poser

1. Professeur à Harvard, spécialiste de l'histoire des femmes et de la naissance des États-Unis. Cette citation est le titre d'un de ses ouvrages paru en 2007, non traduit en français (NdT).

quand vous décidez de viser loin, dans la vie comme sur un court de tennis. La plupart du temps, le risque en vaut la peine. Voici quelques conseils pour faire ce que *vous* voulez, et non ce que *les autres* attendent de vous.

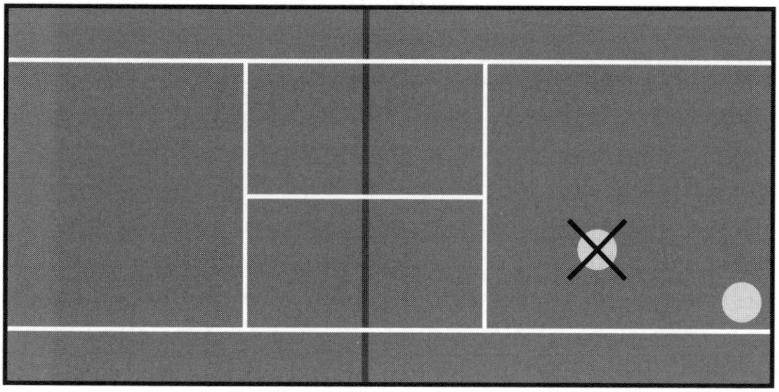

APPLICATION PRATIQUE

- **Évaluez le risque que vous prenez en dépassant les limites.** Ce n'est pas compliqué de savoir si le coup est gagnant ou si le risque est démesuré. Avez-vous apprécié les conséquences possibles si vous échouez ? La récompense à attendre si vous réussissez ? La probabilité que votre pari réussisse ? Si la récompense est supérieure aux conséquences et si la probabilité de réussite vous paraît convenable, alors n'hésitez pas.
- **Développez les compétences qui vous permettront de gagner.** Si vous n'avez pas le talent nécessaire pour placer votre revers au coin de la ligne de fond, commencez par viser juste à côté du centre. Lorsque vous maîtriserez la technique, vous pourrez essayer de viser plus loin et plus large.

Tactique 14

Avancez pas à pas

Stéphanie avait un budget très serré et n'allait pas souvent au restaurant. Lorsqu'elle s'accordait ce plaisir, elle était toujours réticente à renvoyer un plat qui n'était pas préparé comme elle l'avait commandé. Mais un jour, elle décida que si elle ne pouvait s'offrir le restaurant qu'une seule fois par mois, elle méritait au moins d'être bien traitée. Lorsque l'occasion se présenta de nouveau, elle exposa poliment le problème au serveur et renvoya le plat à la cuisine. Cela peut vous sembler insignifiant, mais Stéphanie en retira une immense satisfaction d'amour-propre, elle acquit plus de confiance en elle, ce qui lui donna le courage de s'affirmer dans d'autres circonstances.

Lorsque vous prenez la résolution de vous affirmer davantage, n'essayez pas de le faire dans plusieurs domaines en même temps. Sélectionnez-en un ou deux sur lesquels vous vous concentrerez. Vous pouvez atteindre votre but sans modifier vos comportements de manière spectaculaire.

Mélanie, par exemple, a remarqué que son mari n'accepte jamais de faire quelque chose qu'il n'a pas envie de faire, alors qu'elle-même, comme beaucoup de filles sympas, dit toujours « oui » à presque tout. Déterminée à changer de comportement, Mélanie décida de s'exercer à dire « non » lorsque la situation présentait peu de risque pour elle ; par exemple, au supermarché, quand la caissière lui a demandé de faire un don charitable pour une cause qu'elle n'avait pas envie de soutenir. Au début, elle éprouvait des difficultés à refuser un service ou une faveur à un ami ou à quelqu'un de sa famille, mais son acharnement a fini par payer. De fille sympa toujours d'accord, elle se transforma peu à peu en « gagnante » capable de dire « non » tout en conservant des relations cordiales avec les autres.

Que le changement envisagé soit important ou minime, il requiert de la constance et de la discipline. Obtenir la vie que vous voulez est un long voyage, mais il vaut la peine d'être entrepris.

APPLICATION PRATIQUE

- **Admettez que les vielles habitudes ont la vie dure.** Des études montrent qu'il faut au moins trente jours pour rompre définitivement avec une habitude. Soyez patiente avec vous-même. Si vous retombez dans votre ancien travers, recommencez *sans* vous faire de reproches.
- **Soyez votre propre coach.** Soyez consciente des efforts que vous faites chaque jour pour vous rapprocher de votre but. Notez les situations dans lesquelles vous n'avez pas été à la hauteur, afin d'anticiper les suivantes et de mieux vous y préparer. Quand les choses ne marchent pas aussi bien que vous le voulez, ajustez votre stratégie mais ne renoncez pas.
- **Faites le compte de vos succès.** Célébrez chaque réussite au moment où elle survient. Mélanie, par exemple, mettait son point d'honneur à se congratuler intérieurement chaque fois qu'elle avait réussi à ne pas dire « oui » tout de suite, même si au final elle capitulait. Ce n'est pas seulement une stratégie pour « se faire du bien » ; le fait de se concentrer sur une victoire, aussi infime soit-elle, en engendre d'autres. C'est crucial lorsque l'objectif concerne un changement à long terme.

Stratégie II

Établissez des relations constructives

Les tactiques associées à la stratégie II consistent principalement à :

- Déterminer dans quelles circonstances et avec qui il est profitable d'établir une relation.
- Équilibrer vos besoins et ceux des autres.
- Admettre qu'une relation comporte des hauts et des bas et que la réciprocité est la condition *sine qua non* pour qu'elle perdure.

Si vous ne devez retenir qu'une leçon de cette stratégie, que ce soit celle-ci : quand vous avez besoin d'établir une relation avec quelqu'un, c'est déjà trop tard. Voilà pourquoi il est important de consacrer chaque jour une partie de votre temps à créer des relations fortes – avec vos voisins, les professeurs de vos enfants, vos collègues, les membres de votre famille, vos amis et avec tous ceux que les hasards de la vie placent sur votre chemin, même si vous pensez ne jamais les revoir. Ainsi les relations existeront déjà au moment où vous les solliciterez. L'histoire de la publication de ce livre en est la meilleure illustration.

Nous recevons souvent des ouvrages sous forme d'épreuves, de la part d'éditeurs et d'auteurs nous demandant un commentaire à des fins promotionnelles. Même lorsque nous ne sommes pas enthousiasmées par le texte, nous nous efforçons de lui trouver des qualités et de proposer des commentaires positifs. Ce travail de lecture et de rédaction exige du temps, mais nous apprécions que d'autres nous rendent la pareille concernant nos propres publications et nous estimons que la réciprocité est la moindre des choses.

Les éditeurs de Random House envoient régulièrement des épreuves à Lois sans avoir eu le moindre contact par téléphone avec elle, ni l'avoir jamais rencontrée. Lorsque notre agent littéraire leur a transmis le projet de ce livre, ils l'ont lu immédiatement, bien qu'il ne corresponde pas à ce qu'ils publient en général. Ils ont pris le temps de réfléchir aux moyens d'en réaliser une adaptation plus fidèle à l'esprit de leurs collections. Finalement, ils nous ont suggéré de l'inclure dans la série des « Filles sympas ».

Après un certain nombre de courriels, de rencontres et d'échanges par téléphone, Ces filles sympas qui n'osent pas s'affirmer a vu le jour. Tout cela a été rendu possible grâce aux rapports de respect mutuel et de sincérité que nous avions noués au fil des années. Voilà comment une relation épisodique par courriel a débouché sur la publication d'un ouvrage, pour le plus grand bénéfice des parties prenantes.

Certaines personnes n'ont aucune difficulté à établir des relations, d'autres y sont moins habiles. Comme vous l'apprendrez dans ce chapitre, il existe plusieurs formes de relations, dont chacune a un intérêt. On ne vous demande pas de jurer une amitié éternelle au concessionnaire qui vous vend une voiture tous les trois, cinq ou dix ans, mais même ce type d'interaction est une relation à part entière – et à ce titre, elle suppose d'investir du temps et de l'énergie. Vous découvrirez également dans ce chapitre que toutes les relations ne sont pas égales entre elles. Les filles sympas voudraient que tout le monde les aime, elles ont tendance à considérer chaque relation avec le même sérieux. Les femmes qui gagnent, elles, établissent des distinctions ; elles savent ce qui est essentiel et agissent en conséquence pour que chaque relation leur apporte un bénéfice. Cette stratégie vous révélera comment.

Tactique 15

Acceptez l'idée que toutes les relations ne sont pas équivalentes

Les filles sympas sont souvent animées d'une soif inextinguible d'être aimées. Elles s'imaginent devoir consacrer la même somme de temps et d'énergie à *chaque personne* avec laquelle elles entrent en contact. Elles passent autant de temps à discuter avec la vendeuse du grand magasin qu'avec leur voisin de palier. Ou elles se dérangent pour prêter main-forte à une collègue qu'elles connaissent à peine, comme elles le feraient pour une amie proche ou un membre de leur famille. Toutes les relations sont importantes et méritent de l'attention, mais pour devenir une femme qui gagne, vous devez aussi être capable de faire la différence entre une relation personnelle et une relation purement transactionnelle.

Supposons que vous ayez l'intention d'effectuer un achat important, par exemple une voiture. Le prix justifiant que vous consacriez du temps à vous préparer à l'interaction, vous lancez des recherches sur Internet. Après avoir sélectionné votre véhicule et pris connaissance de la gamme de prix, vous vous rendez chez le concessionnaire le plus proche. Avant d'entrer et d'entamer la discussion avec le vendeur, posez-vous la question : « Quel est l'aboutissement idéal de cette interaction ? »

Si vous devez rester courtoise et polie, personne n'exige que vous vous montriez excessivement amicale avec votre interlocuteur. Il n'a pas à vous aimer. Vous n'allez pas l'inviter à passer Noël avec votre famille. Vous attendez seulement de lui qu'il vous vende une voiture correcte, à un prix équitable. Vous êtes suffisamment réaliste pour connaître les limites exactes de votre relation : il est là pour vendre des voitures et vous êtes là pour en acheter une. C'est ce qu'on appelle une « situation transactionnelle ».

Si vous admettez clairement le principe que la relation est transactionnelle, vous allez :

- être mieux préparée à évoquer l'incontournable question du prix ;
- ne pas vous sentir obligée de prendre une décision avant d'y être prête ;
- être capable de prendre congé si vous n'obtenez pas un prix qui vous convient.

Dès lors que vous savez ce que vous recherchez, il devient facile de reconnaître les situations transactionnelles pour ce qu'elles sont et d'y répondre de manière appropriée. Un autre exemple de situation de ce type est l'échange avec une vendeuse qui refuse de vous accorder la remise à laquelle vous avez droit. Dans la mesure où il s'agit là encore d'une situation transactionnelle, vous exigerez calmement de parler au chef de rayon pour arriver au résultat souhaité. Dans la même veine, si vous vous rendez compte que vous connaissez mieux le fonctionnement de votre ordinateur que le technicien de la hotline, vous lui demanderez sans état d'âme de vous passer directement un spécialiste de la panne que vous avez diagnostiquée. Troisième cas de figure : si vous avez face à vous une cliente qui exige bruyamment une prestation indue, vous n'hésiterez pas à rester ferme sur votre position.

En bref, vous avez plus de chance d'arriver au résultat escompté si vous n'investissez pas davantage qu'il n'est nécessaire dans une relation vouée à être passagère. Ne vous mettez pas en peine simplement parce que vous voulez qu'on vous aime.

A contrario, dans certaines circonstances, il est préférable de miser sur un type de relation plus personnel ; par exemple, avec l'institutrice de votre enfant. Vous n'avez pas forcément l'intention d'en faire votre meilleure amie, mais il n'est pas inutile de développer avec elle des relations plus étroites. Échangez quelques mots avec elle quand vous venez chercher votre enfant, proposez d'accompagner une sortie scolaire. Pourquoi devez-vous agir ainsi ? Parce que si vous entretenez des rapports cordiaux avec elle, cela facilitera la vie de votre enfant dans sa classe. Il se peut que le courant ne passe pas entre elle et vous ; nous verrons ultérieurement comment résoudre ce type de problème. S'il y a une autre personne avec laquelle le fait d'entretenir une relation personnelle, même superficielle, est bénéfique pour vous, c'est la secrétaire de votre dentiste ou de votre médecin. Elle tient l'agenda du praticien et peut, si vous êtes en bons termes avec elle, vous accorder un rendez-vous dans le créneau horaire qui vous convient. Investissez dans cette relation, en lui dédiant votre sourire le plus chaleureux ou en lui posant des questions sur son week-end. Là encore, il ne s'agit pas de se faire aimer, mais de cultiver une relation qui pourra vous être bénéfique.

APPLICATION PRATIQUE

- **Faites la différence entre les situations transactionnelles et les relations personnelles.** Seules les filles sympas s'efforcent de s'investir de manière égale dans toutes leurs relations. En évaluant l'intérêt, la durée, la profondeur et le but de votre interaction avec une personne, vous saurez à quel degré vous investir dans la relation.
- **Plus la transaction est de courte durée, moins il est intéressant de construire une véritable relation.** Il ne s'agit pas de se montrer impolie ou désagréable, mais si l'interaction est rapide (par exemple, l'achat d'une écharpe à un vendeur de rue), prolonger l'interaction risque de vous pénaliser en vous faisant passer pour quelqu'un de facile à berner. Vous devez toujours vous poser cette question : « Quelles sont les probabilités que je revoie un jour cette personne ? » À l'inverse, si vous êtes appelée à avoir régulièrement affaire à elle, investissez du temps et de l'énergie dans la relation. Cela concerne les collègues de bureau, tous ceux qui nous fournissent un service (médecins, garagistes, enseignants), sans oublier les amis et la famille.

- **Si l'enjeu est important, investissez-vous davantage.** Cela ressemble à une évidence, mais curieusement, les filles sympas ont tendance à l'oublier. Reprenons notre exemple : même si l'écharpe vous plaît beaucoup, votre vie ne sera pas changée si vos tentatives pour obtenir une réduction de 5 euros échouent. À l'opposé, vous ne pourriez vivre sans famille et sans amis. Ce sont donc ces relations indispensables qui méritent tout votre temps et toute votre attention.

Tactique 16

Choisissez votre entourage avec sagesse et perspicacité

Quand vous réfléchissez à ce qui fait qu'une vie est réussie, vous convenez que les relations proches sont sans doute le facteur le plus déterminant. Certes, nous ne choisissons pas tous ceux qui nous entourent – nos parents, nos frères et sœurs, nos collègues –, mais nous avons la possibilité de le faire pour d'autres types de relations dans notre vie d'adulte.

En premier sont concernés les amis et le conjoint. Hormis eux, quiconque a le pouvoir de vous causer de la joie ou de la souffrance est quelqu'un à choisir avec soin – par exemple, votre patron, la nourrice de vos enfants, votre associé etc. Tels qu'ils sont, ils resteront : ne vous imaginez pas qu'ils changeront sous votre influence. C'est une idée de fille sympa et elle est totalement fausse. Votre futur employeur qui vous fait attendre trois quarts d'heure sans s'excuser ni s'expliquer ne vous témoignera pas plus de respect quand vous travaillerez avec lui. Le propriétaire qui a la réputation de ne pas tenir ses engagements vis-à-vis de ses locataires fera traîner en longueur la réparation de votre chaudière. L'homme marié qui vous jure que son mariage n'est plus qu'une union de convenances ne quittera jamais sa femme pour vous, et s'il le fait, comment savoir s'il ne racontera pas la même histoire plus tard, à une autre femme ?

Les femmes qui gagnent savent décrypter le caractère des gens qu'elles fréquentent. Comment juger du caractère d'une personne ? Simplement en observant ses comportements. Quand il promet de vous rappeler, tient-il vraiment parole ? Continue-t-elle à arriver en retard, sachant que cela vous met en colère ? Comment sont ses amis (qui se ressemble s'assemble) ? Comment traite-t-elle le portier, la serveuse, l'huissier de service ? Range-t-il le chariot du supermarché à sa place après l'avoir utilisé, ou bien le laisse-t-il n'importe où sur le parking ? Se vante-t-elle haut et fort de bénéficier de réductions d'impôts ? Tous ces détails sont révélateurs de la personnalité. Comme le veut le dicton : parler est facile, agir est plus difficile. N'admettez dans votre vie que ceux qui mettent leurs actions en accord avec leurs paroles.

Vanessa, une jeune femme d'une vingtaine d'années, ne montre pas cette sagesse et cette perspicacité dans le choix de ses amis. Ravissante, dynamique et intelligente, elle ne manque pas de prétendants. Malheureusement, elle ne sait pas faire le tri ! Un homme qu'elle venait de rencontrer lui avait donné rendez-vous dans un café. Le jour convenu, elle l'attendit en vain. Déçue, elle décida néanmoins de lui donner redonner sa chance. Mais plusieurs fois au cours de leur relation, ce scénario se reproduisit. Il ne respectait pas ses engagements et malgré tout, elle continua à lui faire confiance.

Un mot, maintenant, à propos des relations que la vie vous impose – par exemple, vos beaux-parents ou vos voisins. Si elles deviennent trop toxiques, la seule solution est d'y mettre un terme. C'est une décision douloureuse, mais salutaire. Les filles sympas restent trop longtemps piégées dans des relations abusives ou qui ne leur conviennent pas, alors que les femmes qui gagnent savent qu'elles ont d'autres choix.

APPLICATION PRATIQUE

- **Faites une enquête.** L'Internet est une source d'informations sur pratiquement tout le monde. Utilisez-le ! Si vous envisagez de faire entrer de nouveaux venus dans votre cercle de relations – un homme dont vous venez de faire la connaissance, un collègue que vous voulez intégrer à votre équipe, un médecin ou un thérapeute auquel vous comptez faire appel –, allez sur Google. Mais ne vous arrêtez pas là ; exploitez vos réseaux personnels pour obtenir le maximum d'informations.

- **Ne négligez pas les signaux d'alerte.** Tout indice laissant supposer des conduites illégales ou immorales doit vous convaincre de prendre la fuite. De même en ce qui concerne la violence ou la consommation de substances addictives. Les éclats de colère, l'apathie ou le refus de discuter de problèmes graves n'augurent pas non plus de relations saines à long terme.
- **Considérez les amitiés trop rapides avec scepticisme.** On se laisse si aisément flatter par l'attention dont on est l'objet qu'on perd tout esprit critique. Si quelqu'un vous jure une amitié éternelle trois minutes après avoir fait votre connaissance, méfiez-vous.
- **Ne tombez pas dans le piège de l'indulgence.** On entend souvent des femmes dire : « Cet homme est parfait sauf...... » (à vous de compléter). Celle qui affirme cela ajoute en général qu'avec son amour et son soutien, il finira par changer. Admettons. Mais si vous croyez cela, vous courez droit à l'échec et vous aurez le cœur brisé. Un loup ne devient jamais un agneau.
- **Examinez les raisons de vos choix.** Si vous avez besoin que les autres aient besoin de vous, vous rencontrerez beaucoup de gens dans le besoin au cours de votre vie. Si vous volez sans cesse au secours des autres, vous passerez votre temps à materner des perdants. Faites un effort d'introspection pour comprendre les raisons des choix que vous faites et pourquoi vous persistez dans des relations que vous feriez mieux d'éviter.

Tactique 17

Sachez apprécier ceux qui vous entourent

Tout le monde sait que la vie est injuste. On ne choisit pas toujours les gens avec lesquels on est obligé de cohabiter chaque jour. Les filles sympas acceptent passivement cet état de fait et, confrontées à des relations qui leur sont imposées, elles se croient à tort obligées de mettre en sourdine leurs intérêts et leurs désirs.

Prenons un cas banal : votre enfant ne s'entend pas avec son institutrice. Elle n'est ni particulièrement autoritaire, ni injuste, mais elle l'intimide tellement qu'il ne veut plus aller à l'école. La directrice, à laquelle vous en avez parlé, refuse de le mettre dans une autre classe. Quelle solution vous reste-t-il ? Vous pourriez déposer un recours auprès des instances administratives, mais cela prendrait du temps. Ou inscrire votre enfant dans une autre école, avec le risque que le changement le perturbe et sans garantie qu'il s'entende avec sa nouvelle institutrice. Une autre alternative serait de le scolariser à domicile. Certes, vous voulez le bien de votre fils/fille, mais vous n'avez pas l'intention d'y laisser votre équilibre mental. Il ne reste plus qu'une seule solution : faire l'effort de créer avec l'institutrice une relation « suffisamment bonne » pour que votre enfant termine l'année scolaire sans encombre. Bref, vous pouvez choisir de supporter la situation telle qu'elle se présente et d'en tirer le meilleur parti possible.

Nous nous trouvons souvent dans des situations semblables, où nous sommes plus ou moins contraintes de supporter des gens que nous préférerions éviter. Ce peut être une colocataire dont vous avez hérité ; vous ne l'auriez jamais choisie, mais l'appartement est bien situé, le loyer abordable, et vous avez besoin de vous loger rapidement. Ou alors un patron caractériel ; mais le salaire est attractif, les avantages annexes substantiels et le poste vous donnera l'occasion d'acquérir de nouvelles compétences. Ou encore vous êtes mariée à un homme que vous n'aimez plus, mais vous ne voulez pas divorcer pour diverses raisons.

C'est justement le cas de Sophie. Il n'y a jamais eu de passion entre elle et Daniel, mais leur mariage les satisfaisait. Après la naissance des enfants, leurs relations ont commencé à se distendre jusqu'à devenir inexistantes. Sophie n'envisageait pourtant pas de se séparer de Daniel. Ayant vécu le divorce de ses parents, elle voulait que ses enfants aient une vraie vie de famille. Daniel et elles étant calmes par nature, ils ne se disputaient jamais, de sorte qu'il ne régnait chez eux ni rancœur, ni drame. Et puis il fallait tenir compte des réalités financières – car même si les frais de procédure sont raisonnables, le divorce entraîne une baisse de niveau de vie importante pour l'un comme pour l'autre. Elle estimait donc préférable de s'accommoder de la situation. Au lieu de se morfondre et de se plaindre, elle décida d'en tirer le meilleur parti possible. Elle renonça définitivement à ses rêves de passion éternelle pour une relation fondée sur l'amitié et le respect. Daniel et elle continuèrent à prendre en commun toutes les décisions concernant les enfants et les aspects matériels, mais ils cessèrent d'investir émotionnellement dans leur couple.

Lorsqu'il n'y a pas d'alternative possible, les « gagnantes » comme Sophie exploitent au mieux la réalité telle qu'elle est. En fin de compte, le fait de ne pas choisir *est* un choix en soi. Et il se justifie pleinement lorsqu'il procède de raisons valables. Cela dit, lorsqu'on prend la décision de persévérer dans une relation qui n'a rien d'idéal, encore faut-il l'assumer avec sérénité.

APPLICATION PRATIQUE

- **Recensez les alternatives offertes.** Réfléchissez avant d'agir. Posez-vous la question : « Que pourrais-je faire d'autre ? » Dans certains cas, vous devez d'abord connaître vos droits – le savoir donne le pouvoir. Ensuite, vous pourrez éliminer les alternatives impraticables ou celles qui sont pires que le *statu quo*.

- **Contentez-vous de ce que vous avez.** Lorsque vous avez décidé de vous contenter de ce qui existe, cessez de gémir que la situation n'est pas idéale. Peu le sont.
- **Tirez parti de la situation.** Les femmes qui gagnent ne se contentent pas d'exploiter au mieux une relation imparfaite, elles trouvent le moyen d'encourager les autres à les imiter. Ainsi, dans nos exemples : on pourrait croire que l'institutrice a toutes les cartes en main, mais il est probable qu'elle préférerait que vous n'alertiez pas la directrice. Suggérez que vous envisagez cette éventualité et elle assouplira son attitude vis-à-vis de votre enfant. De même, si votre colocataire a besoin de vous pour payer le loyer, elle fera sans doute l'effort ne plus laisser traîner ses vêtements dans le salon.
- **Reconsidérez vos choix en fonction des évolutions.** La vie est essentiellement une dynamique. Réexaminez périodiquement vos choix à la lumière des changements intervenus. Si votre colocataire a un nouveau petit ami insupportable et qu'il passe de plus en plus de temps dans l'appartement, envisagez un plan B. Si vous gagnez au loto, inscrivez votre enfant dans la meilleure école privée de la ville. Mais si vous maintenez votre choix initial après avoir considéré les autres options possibles, assumez-le jusqu'au bout.

Tactique 18

Haïssez le péché mais aimez le pécheur

Il n'est *jamais* justifié de traiter les autres avec dédain, manque de respect ou dérision. Si vous vous vengez de quelqu'un qui vous méprise en le méprisant à votre tour, vous vous abaissez à son niveau. Bien sûr, il n'est pas toujours facile de se comporter avec noblesse dans toutes les situations. Chacun éprouve de temps à autre le besoin de soulager sa colère par quelques mots bien sentis. Cela nous arrive à nous aussi (nous ne prétendons pas être irréprochables !). Mais chaque fois que nous choisissons d'accorder à quelqu'un le bénéfice du doute – il peut se trouver dans un mauvais jour ou avoir une conception des choses différente de la nôtre –, nous ne le regrettons pas. Inversement, lorsque nous laissons nos émotions prendre le dessus et lorsque nous traitons quelqu'un avec peu de respect, nous n'en sommes pas fières.

Portez sur les autres ce « *regard positif inconditionnel* », cher au psychologue Carl Rogers, respectez-les indépendamment de leur attitude ou de la manière dont ils vous traitent. En d'autres termes, appliquez la maxime : haïr le péché mais aimer le pécheur. Personne ne vous oblige à tolérer un comportement inapproprié ou à considérer tous ceux que vous rencontrez comme vos meilleurs amis, même quand ils vous traitent mal. Bien au contraire. C'est ce que ferait une fille sympa. Cela signifie simplement que vous devez respecter les autres, quels que soient leurs paroles et leurs actes. Il ne s'agit pas uniquement d'une exigence morale (quoique...) ; c'est aussi le meilleur moyen de les inciter à vous faire confiance et à vous respecter. Vous vous souvenez sans doute de cette personne qui vous avait d'abord insultée pour s'excuser quand elle a compris que vous n'aviez pas de mauvaises intentions à son égard. Ou de cette autre, à laquelle vous aviez témoigné du respect bien qu'elle vous ait mal traitée et qui, par la suite, est venue spontanément à votre secours ou vous a apporté un soutien inattendu...

Contrairement à ce qu'on pense, il n'est pas si facile d'aimer le pécheur. Bien qu'elles donnent cette impression, en réalité, les filles sympas réagissent au manque de respect par :

- **Un comportement passif-agressif :** elles sourient à leur interlocuteur puis le critiquent derrière son dos, ou acceptent d'effectuer une tâche mais ne l'exécutent jamais. Les filles sympas se réfugient dans cette attitude quand elles se sentent désarmées et ne veulent pas prendre le risque d'avouer ce qu'elles pensent vraiment. C'est une manière indirecte d'obtenir ce qu'elles veulent ou de se venger.
- **Un comportement de retenue :** elles refusent délibérément de donner à l'autre la réponse, l'information, l'amour ou l'attention dont il a besoin. C'est une manière d'éluder une confrontation difficile. Cette attitude, apparemment non conflictuelle, provoque en fait une cassure dans la relation à cause du non-dit qui se glisse entre la fille sympa et l'interlocuteur – ce non-dit étant précisément à l'origine de son embarras et la raison de son attitude.
- **Un comportement passif :** elles se réfugient dans l'inaction, avec à terme le risque de sombrer dans la dépression ou dans un sentiment de dévalorisation qui les empêche d'obtenir ce qu'elles désirent vraiment.

Les réactions de ce type engendrent un cercle vicieux. Voici le cas d'une femme en butte à l'entreprise de dénigrement de sa belle-sœur qui la critique sans cesse devant les autres membres de la famille et qui l'ignore délibérément. En mesure de rétorsion, elle décide de ne plus lui accorder la moindre attention lors des réunions de famille – ce qui renforce l'attitude négative de la première. La tension ainsi créée provoque des disputes avec le mari qui ne comprend pas l'antagonisme entre sa femme et sa sœur. Ou encore cette autre femme, sous les ordres d'un patron qui prend plaisir à l'humilier en public.

Ne sachant comment gérer la situation, elle répond par une attitude passive-agressive. Elle accepte certaines tâches qu'elle « oublie » ensuite fort opportunément d'accomplir. Résultat : toutes les promotions vont aux autres. Dans ces situations, les filles sympas sont toujours les perdantes. Changez de comportement pour avoir un regard positif inconditionnel quelle que soit la situation.

APPLICATION PRATIQUE

- **Tenez compte des circonstances.** Le stress ou l'anxiété agissent sur nos comportements. Quand quelqu'un se montre désagréable, demandez-vous si ces facteurs n'entrent pas en ligne de compte. Le fait d'en avoir pris conscience vous aidera à réagir de manière positive.
- **Pratiquez le conditionnement mental.** C'est le moment d'adopter un mantra et de vous y tenir. Dites plusieurs fois à voix haute : « Je suis quelqu'un de bien et je traite les autres avec respect. » À force de le répéter, vous aurez moins tendance à exploser.
- **Prenez momentanément de la distance.** Lois raconte volontiers une scène qui s'est déroulée lors de l'aménagement de sa maison. L'un des ouvriers la mettait hors d'elle par son incapacité à se rappeler ce qu'ils avaient décidé lors de leurs discussions précédentes. Un matin, il entreprit de lui exposer en détail les travaux qui seraient effectués dans la journée – il s'avéra qu'ils ne correspondaient pas du tout à ce qui avait été décidé d'un commun accord quelques jours auparavant. Lois, sur le point d'exploser et pressentant qu'elle allait dire des paroles qu'elle regretterait ensuite, lui demanda simplement de l'excuser quelques instants. Elle profita de ce répit pour se calmer et reprendre l'échange en termes courtois.

Tactique 19

Partez du principe que les autres ont de bonnes intentions

Nous avons trop souvent tendance à suspecter des intentions mauvaises là où il n'y en a pas, ou à échafauder des histoires négatives pour expliquer des comportements que nous ne comprenons pas. Surtout lorsque nous ne disposons pas d'informations susceptibles de prouver le contraire. Supposons par exemple qu'un matin, votre voisin ne réponde pas à votre salut. Sans savoir pourquoi il vous a ignorée, vous l'accusez de froideur ou d'impolitesse alors qu'il ne vous a pas entendue, tout simplement. La prochaine fois que vous le croiserez, vous marquerez votre mécontentement en l'ignorant à votre tour. Et rapidement la situation tournera à la rivalité de voisinage sans réel motif. Autre exemple : quelqu'un passe devant vous dans la file d'attente à la caisse du supermarché. Soupçonnant cette personne d'intentions négatives, vous murmurez assez fort pour qu'elle vous entende : « Certaines se croient trop bien pour faire la queue comme tout le monde. » Dans les deux cas, vous vous mettez vous-même dans un état d'esprit négatif qui va influencer toutes vos interactions de la journée, sans changer ni améliorer la situation.

Lisa Schenk, spécialiste de la communication, explique pourquoi il est plus courant de soupçonner les autres d'intentions mauvaises que de motivations positives.

> *Nous avons tendance à expliquer nos comportements fautifs par des variables ou des situations externes et à mettre les conduites négatives des autres sur le compte de traits de*

caractère ou de variables internes. Exemple : quand je change brusquement de file sur l'autoroute, je considère la situation à travers mon expérience. J'explique que j'ai juste jeté un coup d'œil sur mon portable, que j'avais peur de manquer la sortie ou que je devais me dépêcher pour aller chercher ma fille à son cours de claquettes. Mais si un automobiliste coupe la file devant moi, je le juge impoli, agressif, voire narcissique – bref, je le condamne sans appel. Nous estimons que nos motivations sont louables et qu'elles justifient nos comportements. Mais lorsque nous sommes confrontés à des attitudes négatives chez les autres, nous les attribuons à un défaut de caractère.

Comment aurait évolué la situation si vous vous étiez dit : « Peut-être le voisin ne m'a-t-il pas entendue ? » N'aurait-il pas été plus satisfaisant pour vous-même de supposer que la cliente passée devant vous était préoccupée et ne vous avait pas vue, et de lui signaler calmement : « Excusez-moi, vous n'avez sans doute pas vu que j'étais avant vous » au lieu de l'abreuver de paroles désobligeantes ? En accordant aux autres le bénéfice du doute, on sauve nombre de relations. Vous pensez peut-être qu'*il y a des gens vraiment grossiers, qui n'ont pas de circonstances atténuantes*. Il est vrai que les autres ne sont pas tout le temps animés des meilleures intentions, mais à moins d'en avoir la confirmation objective, on ne doit pas leur prêter des motivations négatives.

Julie venait de se lier d'amitié avec Claire. Toutes deux avaient des enfants du même âge et une passion commune pour le jardinage. Julie attachait beaucoup de prix à leur relation naissante et voulait vraiment l'approfondir. Mais chaque fois qu'elle téléphonait, en ayant soin d'appeler au milieu de la matinée quand les enfants étaient en classe, Claire abrégeait la conversation. En fille sympa, Julie pensa que ses appels n'étaient pas bienvenus. Un jour, Claire fit allusion à un cours qu'elle suivait. Julie l'interrogea sur le contenu et sur les horaires du cours. Il s'avéra qu'il avait lieu trois fois par semaine, le matin, quasiment à l'heure à laquelle elle téléphonait. Claire ne cherchait pas du tout à l'éviter, elle était simplement obligée d'écourter la discussion pour ne pas se mettre en retard.

APPLICATION PRATIQUE

- **Informez-vous avant de tirer des conclusions définitives.** Les filles sympas hésitent à poser des questions par peur de paraître indiscrètes ou intrusives. Pour que les relations avec une autre personne soient sincères, il faut avoir le courage de lui demander les raisons de son comportement. Dire par exemple : « Quand je t'ai croisée ce matin dans le hall, je t'ai trouvée distante. Est-ce que tout va bien ? »
- **Reconnaissez votre part de responsabilité.** S'il est absurde de vous sentir seule responsable quand une relation ne se développe pas comme vous le souhaitez, reconnaissez néanmoins que vous avez une part de responsabilité. Si une de vos amies ne vous a pas rappelée, au lieu de tirer définitivement un trait sur votre amitié, laissez-lui un message ou envoyez un courriel du style : « Je me demande si j'ai fait quelque chose qui t'a vexée. Je n'ai pas de nouvelles de ta part. » Ainsi encouragée à la franchise, votre amie vous dira ce qu'elle vous reproche le cas échéant, ou s'excusera simplement de ne pas vous avoir rappelée parce qu'elle était trop occupée. Et si elle ne saisit pas la perche que vous lui tendez, vous aurez au moins la conscience tranquille.
- **Ne confondez pas l'indulgence et la faiblesse.** On peut partir du principe que les autres ont de bonnes intentions sans pour autant tout accepter. Si un fournisseur surfacture sa prestation, vous pouvez supposer le pire – qu'il vous prend pour une cliente facile à berner. Ou vous pouvez dire : « Il y a certainement un malentendu. Sur le devis, vous indiquez 100 euros et maintenant vous facturez 150 euros. Comment s'explique la différence ? » Adoptez une tournure positive, l'autre ne se mettra pas sur la défensive et votre message passera mieux.
- **Abordez les autres en sachant qu'ils sont des êtres humains complexes.** Nous ignorons tout de la vie des autres. Les hommes sont le produit de leur éducation, des situations qu'ils ont vécues et de bien d'autres facteurs. Cela dit, vous n'avez pas forcément besoin de connaître tous ces détails pour décider d'être indulgente envers eux. Leur accorder le bénéfice du doute ne vous coûte rien et contribue à des relations harmonieuses et productives.

Tactique 20

Vivez chaque instant en étant pleinement présente

L'écrivain Anne Morrow Lindberg a dit un jour : « Si vous vous abandonnez complètement aux instants qui passent, vous en retirerez toute la richesse. » Vous ne pourrez pas établir de relations gratifiantes, mutuellement bénéfiques avec une personne, si vous ne vous consacrez pas totalement à elle au moment où elle se trouve avec vous. À une époque où nous sommes constamment submergés de sollicitations de toutes sortes, il n'est pas facile d'être attentif à chaque instant.

Combien de fois votre enfant a-t-il tenté de mobiliser votre attention alors que vous étiez accaparée par les tâches ménagères à faire en rentrant le soir ? Combien de fois une amie a-t-elle eu besoin de s'épancher, sans que vous trouviez le temps de l'écouter comme il l'aurait fallu ? Dans notre monde survolté et saturé d'informations, nous pensons qu'en effectuant plusieurs tâches simultanément nous exploitons au maximum le temps dont nous disposons, alors qu'en réalité cela nous rend moins efficaces, pis encore, cela nuit à notre capacité d'établir de vraies relations avec les autres.

Sarah se demandait toujours pourquoi elle avait tant de mal à convaincre ses collègues de coopérer à ses projets. Ils renâclaient, ne tenaient pas leurs promesses et dans certains cas, sabotaient ses efforts. Si son supérieur la félicitait de son zèle et de ses résultats, il apparaissait clairement que ses collègues n'aimaient pas travailler avec elle. Elle réalisa avec stupeur qu'ils la jugeaient distante et autocentrée – si investie dans son travail qu'elle semblait toujours ailleurs.

Avec l'aide d'un coach, Sarah apprit à être davantage présente pour les autres, sans perdre trop de temps ni négliger son travail. S'attarder dans le bureau d'une collègue dont l'enfant est souffrant pour demander des nouvelles – et écouter vraiment la réponse –, voilà ce qui s'appelle être pleinement présente dans l'instant. Délaisser le clavier de l'ordinateur pour prendre le temps de répondre à la question d'un enfant au lieu de marmonner quelques mots à la va-vite, est une autre manière d'affirmer sa présence. Ou encore consacrer quelques minutes à assister au cocktail de départ d'un collègue au lieu de s'enfermer dans son bureau pour continuer à travailler... Cela ne se compte pas en heures, mais en minutes par semaine – et si vous ne vous autorisez pas à perdre ces quelques minutes, vous ne réussirez jamais à bâtir des relations qui vous aideront à atteindre vos objectifs.

APPLICATION PRATIQUE

- **Recourez à l'autopersuasion pour changer de rythme.** Lorsque vous êtes interrompue au milieu d'une activité, ne vous laissez pas distraire, dites-vous : « Je dois être totalement présente dans ce que je fais. » Le « faire » et l'« être présente » s'enchaînent suivant une logique qui à la longue devient une seconde nature.
- **Pratiquez la méditation.** On ne peut pas à la fois méditer et penser à mille choses différentes. La méditation vous aidera à trouver en vous-même les ressources pour vivre pleinement dans l'instant. Elle renforcera aussi vos capacités d'attention. Si vous êtes novice en la matière, inscrivez-vous à un atelier ou intégrez un groupe de méditation, vous y apprendrez comment vivre intensément le moment présent.
- **Cessez d'être un humain « qui fait ».** Si vous avez l'impression que les journées sont trop courtes, il est temps de revoir votre mode de vie. Vous êtes essentiellement un être humain, avant d'être un humain « qui fait ». En courant toujours après une tâche

à faire, vous n'avez plus de temps à consacrer à vos relations avec les autres, et vous vous privez des bénéfices que vous pourriez en retirer. Identifiez une ou deux prétendues « obligations » à rayer de votre liste ou à remettre à plus tard, afin de libérer quelques minutes à consacrer à ceux qui donnent du sens à votre vie.

- **Soyez à l'écoute des métamessages.** On ne peut être pleinement présent si on ne prend pas le temps d'écouter l'autre exprimer ses besoins et ses attentes. L'interaction se transforme en affrontement quand l'un des interlocuteurs, ou les deux, ignorent délibérément les métamessages – toutes ces informations qui font partie du ressenti ou de l'implicite sans être exprimées. Vous ne les entendrez pas si vous ne vous abandonnez pas complètement au moment qui passe.
- **Avertissez votre interlocuteur que vous ne pourrez pas être totalement avec lui.** Dans certains cas, il est impossible de s'interrompre pour accorder à l'autre toute l'attention qu'il mérite. Ne le laissez pas partir avec l'idée qu'il est incompris ou méprisé, dites-lui franchement que le moment est inopportun, mais que vous êtes disposée à l'écouter plus tard. Proposez lui de le revoir (quelques heures plus tard, pas dans plusieurs jours) pour discuter à tête reposée.

Tactique 21

Donnez aux autres la possibilité de sauver les apparences

Obtenir ce que vous voulez d'une relation à long terme suppose d'avoir la courtoisie d'aider l'autre à sauver les apparences quand l'occasion se présente. Même si vous êtes tentée de rappeler à votre collègue que vous l'aviez mise en garde contre la réaction du client quand elle a rendu son projet en retard, évitez de le lui rappeler ; c'est contre-productif pour votre relation. Elle ne vous remerciera pas de votre franchise en vous soutenant au moment où vous en aurez besoin ! Insister sur le fait que vous aviez raison et que l'autre avait tort ne contribue pas à améliorer la relation, même si c'est la vérité et même si votre remarque participe d'une bonne intention.

Une personne qui se sent acculée se place sur la défensive et se met en colère. Pour protéger son ego, elle se retranche sur ses positions. Elle s'accroche à ce qui lui reste de dignité pour tenter de sauver les apparences. Hélène a vécu cette situation quand sa fille a refusé de rompre avec un petit ami dont l'infidélité ne laissait aucun doute. Hélène, qui avait ouvertement manifesté sa désapprobation à propos de cette relation, a fini par comprendre que l'attitude de sa fille était une réaction à sa franchise. Plus elle la mettait en garde contre les défauts du garçon, plus sa fille le défendait. En restant avec lui, elle voulait principalement prouver à sa mère qu'elle avait tort. Évidemment, cette décision allait à l'encontre de l'intérêt de la jeune fille elle-même et pénalisait la relation mère-fille – une situation qui aurait été évitée si Hélène avait gardé son opinion pour elle et permis ainsi à sa fille de préserver les apparences.

On peut aussi aider l'autre à conserver sa dignité sans s'obliger à taire ce qu'on pense, en acceptant ses excuses et en lui donnant l'occasion de s'expliquer. Quand Sabine a attrapé une mauvaise grippe, non seulement son petit ami n'a pas proposé de l'aider, mais il a eu l'audace de la prévenir qu'il ne lui rendrait pas visite tant qu'elle serait souffrante. Lorsqu'elle a été guérie, il s'est excusé de l'avoir abandonnée en lui expliquant qu'il avait eu peur d'être contaminé et qu'il ne pouvait pas se permettre de s'absenter de son travail pour maladie. La jeune femme avait toutes les raisons d'être furieuse, mais elle accepta ses excuses et l'assura qu'elle comprenait ses arguments.

Les gagnantes ont l'intelligence de ne pas « enfoncer le clou ». Elles gagnent le respect de l'autre, car même si cela reste implicite, il leur sait gré de pouvoir se tirer d'affaire sans rougir.

APPLICATION PRATIQUE

- **Évitez de claironner « Je vous l'avais bien dit ! »** Si grande que soit la tentation, abstenez-vous : votre relation risque d'en souffrir. L'autre vous en fera grief et, à l'instar de la fille d'Hélène, persistera dans son attitude pour se défendre.
- **Ne renoncez pas à ce qui est important pour vous dans le but de ménager l'ego de l'autre.** Si votre conjoint s'est montré odieux envers votre meilleure amie, vous estimerez inévitable d'en parler avec lui. Le chagrin de votre amie pèse plus lourd que le risque de vexer votre conjoint. Mais si sa grand-mère de 98 ans persiste à vous appeler par un autre prénom que le vôtre, ne vous donnez pas la peine de rectifier.
- **Méfiez-vous des gens qui ont en permanence besoin de sauver les apparences.** Si vous aidez constamment quelqu'un à sauvegarder sa dignité, cela cache peut-être quelque chose de plus grave ; n'hésitez pas à aborder directement la question avec lui

– pour son bien. Si votre frère boit un peu trop et insulte votre conjoint aux réunions de famille, il a peut-être tout simplement un problème d'alcoolisme. Au début, il sera furieux si vous lui en parlez ouvertement, mais à terme, il vous saura gré de votre aide et vous respectera.

Tactique 22

Sortez de votre zone de confort

Très tôt, les filles construisent leurs relations en privilégiant les points qu'elles ont en commun avec les autres. Contrairement aux garçons moins regardants sur ceux qu'ils admettent dans leur cercle d'amis, les filles ont déjà l'habitude de former des cliques quand elles entrent au collège. Si les garçons se comportent comme des tyrans dans la cour de récréation, les filles, elles, recourent à des armes plus insidieuses – de nature psychologique – pour humilier et exclure celles qu'elles jugent indignes de leur amitié. C'est cette fameuse « mesquinerie » dont on parle tant à propos des femmes.

Ces mêmes comportements se retrouvent sous une forme atténuée (espérons-le) chez l'adulte. Nous gardons cette tendance à rechercher la compagnie des individus qui nous semblent familiers – qui partagent nos valeurs, nos croyances, nos centres d'intérêt. Il nous est d'autant plus facile de bâtir des relations avec eux qu'ils nous ressemblent. Et puis il y a ceux auxquels nous ne reconnaissons aucune qualité, la plupart du temps parce qu'ils sont trop différents de nous. Nous ne traverserions pas la rue pour leur venir en aide. Et ça c'est désolant !

Lorsque nous nous entourons exclusivement de gens qui partagent nos opinions et nos valeurs, nous nous privons de la possibilité de voir le monde à partir de perspectives différentes. Résultat, nous vivons dans un univers rétréci ; il nous manque la diversité qui aide à prendre des décisions en connaissance de cause, le talent qui complète le nôtre, et les contacts qui nous permettraient d'atteindre nos objectifs personnels et professionnels. Les femmes qui gagnent savent qu'on ne juge pas un livre à sa couverture, et lancent leurs filets le plus loin possible lorsqu'il s'agit de ramener d'autres personnes dans leur cercle.

Lois raconte une histoire vécue il y a près de trente ans. Elle était à peine installée dans l'avion qui la ramenait d'un voyage d'affaires lorsqu'une dame d'un certain âge, élégante, à l'air distingué, prit place à côté d'elle. Fatiguée par sa longue journée, Lois se fit mentalement cette réflexion : « C'est le genre de femme qui n'a jamais travaillé un seul jour dans sa vie. Pourvu qu'elle ne fasse pas la conversation pendant tout le voyage. » Pour parer cette éventualité, elle s'immergea dans un livre et n'en leva les yeux qu'au moment de l'atterrissage. En refermant son propre livre, la dame lui dit avoir remarqué qu'elle utilisait une carte de visite professionnelle du groupe Arco comme marque-page. Lois confirma d'un signe de tête et la vieille dame de poursuivre : « Comme le monde est petit. Mon mari est président d'Arco. Il m'attend à l'arrivée. »

Ce fut ce que Carol appelle « un moment V8 » (nous verrons pourquoi dans la tactique 66). À cause d'un préjugé sans fondement, Lois s'était privée d'interagir avec quelqu'un qui non seulement paraissait agréable, mais qui aurait pu en outre l'introduire à des personnes intéressantes pour sa carrière. Elle retint la leçon et ne commit plus jamais la même erreur.

APPLICATION PRATIQUE

- **Ne formulez pas de jugement hâtif sur les gens que vous rencontrez.** Ce n'est pas une bonne idée de porter un jugement quand on manque d'information, en particulier lorsqu'il s'agit de gens qui peuvent sembler différents de vous. Si quelque chose vous gêne chez une personne, ne vous détournez pas d'elle, essayez au contraire de mieux la connaître.
- **N'écartez pas d'emblée ceux qui vous paraissent « étranges ».** Vous assistez à une réunion de copropriété et une des personnes présentes émet une suggestion si bizarre que tout le monde lève les yeux au ciel. Vous pensez, vous aussi, que sa proposition n'a

ni queue ni tête. Mais au lieu d'en rester là, vous vous demandez ce qui l'a conduite à formuler cette proposition et ce qu'elle en attend. À la réflexion, son raisonnement est peut-être dicté par son expérience personnelle et pourrait déboucher sur une idée qui n'est pas si stupide que ça...

- **Faites preuve de tolérance.** Le copain de classe de votre mari n'est sans doute pas le type de personne que vous auriez choisi d'intégrer dans votre cercle d'amis. Certes, il a le cœur sur la main, il est gentil avec vos enfants et son amitié avec votre époux ne date pas d'hier. Mais c'est un incorrigible bavard qui ne sait jamais s'arrêter de parler ! Heureusement, ses qualités surpassent ses défauts. Suivez l'exemple de notre collègue et amie le Dr Pam Erhardt : « Construisez un pont et passez au-dessus. » Trouvez le moyen de conserver le contact tout en fixant des limites et sachez en même temps apprécier sa singularité.

Tactique 23

Appliquez le principe de réciprocité

Il est inhérent à toute relation, qu'il s'agisse du mariage, de l'amitié ou de partenariat dans les affaires. Dans la terminologie du droit, on emploie la locution latine *quid pro quo* pour désigner le concept fondé sur l'échange d'une chose de valeur contre une autre chose d'égale valeur. Cela ne s'applique pas seulement à l'argent, mais à des biens immatériels comme l'attention, l'affection, le temps ou une faveur. Toute relation doit reposer sur ce principe de réciprocité naturelle.

Caroline et Julien sont tombés amoureux, se sont fiancés et ont commencé à rêver d'une maison remplie d'enfants. Sans que la question fût précisément abordée, il allait de soi que Caroline se consacrerait entièrement à leur éducation. Issus tous les deux de familles nombreuses où la mère restait au foyer, ils n'envisageaient pas l'avenir autrement. Effectuons maintenant un rapide saut en avant, et retrouvons-les cinq ans plus tard. Leur premier bébé vient de s'annoncer. Ils sont submergés de joie, mais Caroline a un secret bien gardé : après avoir travaillé pendant sept ans, elle ne sait plus très bien si elle veut toujours être cette mère au foyer dont ils parlaient quelques années auparavant.

Des amies proches qui ont abandonné leur carrière lui ont avoué qu'elles se sentaient marginalisées, et qu'elles étaient même parfois devenues dépressives. Elles aimaient leurs enfants, mais elles regrettaient tout ce que leur apportait l'exercice de leur profession. Craignant de se laisser prendre au piège, Caroline comprit qu'elle voulait à la fois être mère *et* conserver son activité. Elle était donc sur le point de renier le principe de réciprocité sur lequel ils s'étaient mis d'accord avant leur mariage. Ce changement créa temporairement des tensions dans leur couple parce que Julien avait l'impression d'avoir été trahi. La déception, la colère ou la désillusion se produisent fréquemment lorsque l'un des deux ne respecte plus le principe de réciprocité.

La relation entre employeur et employé est le cas le plus simple de rapport fondé sur l'échange réciproque : paiement contre travail. Dans d'autres types de relation, le principe du donnant-donnant plus subtil et plus complexe peut engendrer des malentendus, comme dans le cas de Julien et de Caroline.

Quand on est une fille sympa, on trouve ce procédé quelque peu répugnant. À l'inverse, une femme qui gagne sait parfaitement en exploiter les termes à son profit. Une cliente de Lois a récemment téléphoné pour lui demander d'intervenir à titre gracieux devant le personnel de son entreprise. Elle travaille dans un groupe qui ne manque pas de ressources financières, mais en convaincant Lois de fournir une prestation gratuite, elle marquait des points aux yeux de ses supérieurs et faisait avancer sa carrière. Ce que Lois avait fort bien compris. Au cours de leur discussion, Lois lui fit comprendre sans insister, mais de manière non équivoque qu'elle acceptait de ne pas facturer sa prestation en échange d'un service le moment venu.

Si vous ne maîtrisez pas les règles du principe de réciprocité, vous risquez de faire capoter vos échanges avec les autres, qu'ils soient implicites ou explicites.

APPLICATION PRATIQUE

- **Définissez les termes de l'échange.** Pensez un instant aux gens qui comptent dans votre vie. Que reçoivent-ils *de votre part ?* Que recevez-vous *d'eux ?* L'échange est-il équitable ? Si vous avez l'impression de donner plus que vous ne recevez, vous êtes escroquée. À l'inverse, si vous recevez trop par rapport à ce que vous donnez, cela nourrit des tensions et un ressentiment qui risquent de nuire à votre relation.

- **Décryptez les attentes de l'autre en matière de réciprocité.** Vous avez une amie qui se trouve au chômage et chaque fois que vous allez au restaurant, vous réglez l'addition. En échange vous attendez d'elle qu'elle vous rende service. Mais quand vous lui demandez de garder vos enfants le temps d'une soirée, elle vous répond qu'elle est trop occupée. Vous pensez qu'elle manque de générosité et de reconnaissance à votre égard. Au lieu d'être simplement égoïste, comme vous le supposez, elle envisage peut-être différemment le principe de réciprocité qui sous-tend votre relation. Nous verrons ultérieurement quelle solution productive apporter à ce type d'ambiguïté. Pour le moment, gardez présent à l'esprit qu'un malentendu ou qu'une divergence dans la compréhension de ce principe peut causer des tensions dans *toute forme* de relation.
- **Indiquez clairement vos propres intentions.** N'ayez pas peur d'avouer franchement ce que vous entendez donner et ce que vous voulez recevoir.

Tactique 24

Donnez plus que vous ne recevez

Vous venez de découvrir la tactique 23 et vous pensez sans doute que le but d'une relation est de garantir l'égalité dans le principe de réciprocité quelle que soit la situation. En réalité, ce n'est pas possible. Les femmes qui gagnent savent qu'en donnant plus, elles reçoivent toujours davantage. Peut-être pas dans l'immédiat, ni directement de la personne à laquelle elles donnent ; mais à terme, leur générosité porte ses fruits.

Notre amie Hortense donne de sa personne sans compter – elle siège à un nombre incalculable de comités, elle s'occupe de jeunes en difficulté, elle est prodigue de son temps et de son argent pour les causes qu'elle défend. Mais si vous lui posez la question, elle vous avouera qu'à chaque fois qu'elle donne, elle reçoit davantage en retour. Parfois, sous la forme d'une augmentation de salaire inespérée, d'une aide au moment où elle en a besoin, ou d'un cadeau inattendu. Hortense sait que le monde fonctionne comme cela. On ne construit pas des relations fructueuses en gardant la main fermée ou en ayant le cœur sec.

Voici quelques exemples de personnes qui pratiquent l'art de donner plus qu'ils ne reçoivent et qui disposent en échange d'un riche réseau de relations :

- Jeremy est professeur à la Drucker School of Business de Claremont, en Californie. Ses étudiants l'adorent parce qu'il est toujours disponible pour discuter avec eux des projets sur lesquels ils travaillent ou des problèmes qu'ils rencontrent. Lorsque Jeremy a appris qu'il avait besoin d'une transplantation rénale, personne dans sa famille ne voulait lui donner un rein. En revanche, vingt de ses étudiants se sont portés volontaires pour subir les tests médicaux. Une de ses étudiantes, déclarée compatible, a accepté d'être le donneur.

- Diane était responsable de la stratégie d'une des unités d'un groupe international. Une collègue occupant la même fonction dans une autre unité rencontrait chaque année des difficultés au moment de définir les orientations stratégiques. Sans rien attendre en retour, Diane l'a aidée pendant des années. Lorsqu'elle quitta l'entreprise pour monter son cabinet de conseil, il lui fallait se créer une nouvelle clientèle. Un jour, cette collègue lui téléphona pour lui donner les coordonnées d'un de ses amis à la recherche d'un consultant. Non seulement Diane décrocha le contrat, mais au cours des années qui suivirent, elle en obtint d'autres grâce à cette ex-collègue.
- Vanessa était le type de voisine toujours prête à donner un coup de main. Elle faisait la cuisine pour remplacer une mère de famille hospitalisée, gardait des enfants quand leurs parents travaillaient tard, faisait souvent les courses pour les personnes âgées du quartier. Son mari se retrouva en chômage de longue durée et craignait de ne plus pouvoir payer les traites de leur maison. Un jour, un chèque de banque de 10000 euros arriva par le courrier. Ils ne surent jamais qui l'avait envoyé...

Les femmes qui gagnent ne donnent pas plus qu'elles ne reçoivent dans l'espoir d'obtenir un bénéfice en retour. Elles le font parce qu'elles savent que toute relation solide repose sur le don. Les filles sympas, en revanche, commettent l'erreur de donner pour de mauvaises raisons – parce qu'elles ont peur de dire « non », parce qu'elles veulent qu'on les aime, ou parce qu'elles se sentent coupables de refuser. Quand on donne ainsi, en se laissant exploiter par les autres, on finit par épuiser ses ressources et par éprouver du ressentiment. Nous verrons dans la stratégie III, « Gérer les attentes des autres » comment les « gagnantes » évitent ces pièges.

APPLICATION PRATIQUE

- **Sortez de votre routine pour aller à la rencontre des autres.** Nous sommes tous très occupés et nous disposons d'un temps et d'une énergie limités. Mais si vous voulez construire des relations mutuellement bénéfiques, faites l'effort d'aller vers les autres. Cet investissement vous rapportera d'énormes dividendes au moment où vous vous y attendez le moins et où vous en avez le plus besoin.
- **Privilégiez la qualité sur la quantité.** Il n'est pas indispensable de donner beaucoup de son temps ni des sommes considérables. Faites en sorte que votre don compte vraiment, en aidant les gens ou les causes qui vous sont chers.
- **N'ayez pas peur de proposer votre aide.** Trop souvent, nous n'osons pas offrir de l'aide, par peur d'embarrasser ou de vexer l'autre. Même si la personne en détresse décline votre offre, elle se souviendra de votre générosité.
- **Récoltez plus de créances que vous ne pouvez en encaisser.** Lorsque vous venez au secours de quelqu'un, il devient votre débiteur – il vous doit une faveur en retour. Pour que votre solde soit toujours créditeur, prêtez beaucoup pour recevoir beaucoup le moment venu.

Tactique 25

Supportez les coûts accessoires

Dans une relation suivie, chaque partie accumule des actifs. Les femmes qui gagnent s'en servent non seulement de levier pour obtenir ce qu'elles veulent (nous verrons comment un peu plus tard), mais elles reconnaissent aussi à l'autre la part qui lui revient et elles sont capables de réduire leurs propres exigences le cas échéant. Voici trois exemples à méditer :

- Le mari d'Alice avait la désagréable habitude de la « corriger » quand elle racontait une histoire. Si Alice rapportait qu'un incident avait eu lieu le mardi, il l'interrompait, disant qu'en fait, il s'était produit le mercredi. Alice lui reprochait de saper ses effets et en éprouvait de l'amertume. Puis elle comprit que son attitude participait d'une bonne intention ; il avait le souci de l'exactitude et était lui-même très rigoureux. En outre, il possédait tant d'autres qualités qu'Alice décida de ne plus lui tenir rigueur de ses interventions. Il ne lui en coûta pas beaucoup et cette marque de bonne volonté fut bénéfique à leur couple.
- Sandra était en route avec une amie vers une ville qu'elle avait visitée quelque temps auparavant. Mais son amie, qui conduisait, ne la connaissait pas et se fiait au GPS. Le système les guida sur une route qui faisait un détour d'au moins une heure. Sandra se garda de dire à son amie que le chemin indiqué par le GPS était nettement plus long, estimant que cela était sans importance. Faire une heure de route en plus était quantité négligeable et Sandra décida de ne pas intervenir.

- Céline avait une collègue qui arrivait avec un quart d'heure de retard tous les matins. Elle était donc obligée de prendre ses communications en attendant. Bien sûr, cela l'agaçait, mais sa collègue était par ailleurs quelqu'un de charmant, avec qui il était agréable de travailler. Elle soutenait toujours les propositions de Céline pendant les réunions, l'aidait dans les moments difficiles et était toujours prête à la remplacer quand un de ses enfants était malade. Tout bien pesé, répondre au téléphone à sa place représentait un coût minimal par rapport au bénéfice que Céline en retirait.

Les femmes qui gagnent reconnaissent la vertu du sacrifice et savent faire des choix. Si le coût est minime pour un bénéfice considérable, c'est ce qu'on appelle un « investissement rentable ».

APPLICATION PRATIQUE

- **Distinguez entre un service rendu et une faveur.** Dans le premier cas, on exploite une relation dans laquelle on a beaucoup donné. On s'attend donc légitimement à percevoir tôt ou tard un bénéfice en retour. Une faveur, en revanche, est une chose que quelqu'un fait pour vous uniquement par bonté d'âme. Quand vous sollicitez une faveur, vous devez être émotionnellement préparée à essuyer un refus. Et si l'autre décline votre demande, cela signifie peut-être que votre relation n'est pas aussi solide que vous le pensiez.
- **Ne faites pas de chèque sans provision.** Si vous retirez de l'argent alors que votre compte n'est pas suffisamment approvisionné, vous supporterez des frais de découvert, et si la somme est élevée, votre banquier décidera peut-être de clore votre compte. De la même manière, à trop vouloir retirer d'une relation, ou trop prématurément, vous risquez de la mettre en péril.
- **Quand vous décidez d'être indulgente, tirez-en profit.** Il n'est pas inutile de dire à l'autre que vous avez décidé de « passer l'éponge » et d'expliquer la raison – faute de quoi il risque de ne

pas le remarquer et vous perdrez l'occasion d'exploiter votre avantage. Alice, par exemple, a expliqué clairement à son mari pourquoi elle avait décidé de fermer les yeux sur sa manie de rectifier, afin de lui montrer qu'elle attache du prix à leur relation. En retour, il lui a été reconnaissant de son effort et sa gratitude représentait pour Alice une dette, dont elle pouvait ultérieurement tirer parti.

Tactique 26

Faites preuve de bienveillance

La bienveillance est sans doute l'élément le plus absent de bon nombre de relations. Anne-Carole se demande toujours pourquoi les autres membres de son association sont aussi réticents à coopérer avec elle. Elle s'investit sans compter dans son activité de bénévolat, n'épargnant si ses efforts, ni son temps. Mais lorsqu'elle demande des volontaires pour l'accompagner dans un projet, personne ne lève la main.

Quand on voit comment elle se comporte lors des réunions, on comprend immédiatement pourquoi. Elle est têtue, cassante, parfois même impolie. Quand un autre membre du comité de direction avance une suggestion qu'elle n'approuve pas, elle n'hésite pas à déclarer : « C'est une idée stupide parce que... » Et quand elle organise un événement destiné à lever des fonds, elle oublie de remercier publiquement ceux qui l'ont préparé avec elle. Anne-Carole finit par travailler deux fois plus qu'elle ne le devrait, parce que personne ne veut l'aider compte tenu de son intransigeance et de son absence de diplomatie.

La bienveillance est une qualité difficile à définir mais que l'on reconnaît sans peine quand on en bénéficie. Il est clair qu'Anne-Carole en est dépourvue. L'ouvrier fatigué de sa journée qui cède son siège dans le métro à une vieille dame, le patron qui ne sanctionne pas l'erreur commise, l'adolescent qui laisse sa place dans la file d'attente du supermarché à une jeune femme qui porte un enfant en bas âge, font acte de bienveillance.

La bienveillance est synonyme d'attention à l'autre ; elle n'appartient pas au domaine de l'action. Il ne s'agit pas d'agir ou d'intervenir au profit de quelqu'un. Le cas de Véronique est exemplaire. Au cours d'un déjeuner entre amies, l'une des convives, une ancienne obèse qui venait de perdre un certain nombre de kilos se tourna vers elle en lui disant : « J'ai une armoire remplie de vêtements qui ne me vont plus. Est-ce que tu les veux ? » Véronique, qui n'était pas réellement plus enveloppée qu'elle, se sentit insultée et faillit répondre : « Je nagerai dans tes anciens vêtements, ils sont trois fois trop grands pour moi ! » Mais elle s'abstint. Elle se contenta de sourire et de dire : « Je vais réfléchir. » Et la conversation se poursuivit. Une scène pénible avait été évitée de justesse.

Si Véronique avait été une fille sympa, au sens où nous l'entendons, elle se serait crue obligée d'accepter l'offre parce qu'elle participait d'une bonne intention. Mais elle se serait sentie humiliée. On peut se montrer bienveillant et conserver l'estime de soi ; ce n'est pas incompatible. Après le déjeuner, rien n'empêchait Véronique de prendre son amie à part et de lui expliquer ce que sa proposition avait d'humiliant, et cela n'aurait pas pour autant gâché leur relation.

La bienveillance s'exprime de plusieurs manières : en félicitant un collaborateur pour le travail qu'il a effectué, en n'attirant pas l'attention des autres sur les imperfections de quelqu'un, en agissant avec diplomatie, parfois simplement en s'abstenant de donner son opinion quand le moment est mal choisi. Elle ne coûte rien, mais renforce l'estime de soi et aide à bâtir des relations solides. Qui pourrait refuser l'amitié d'une personne bienveillante ?

APPLICATION PRATIQUE

- **N'accordez pas d'importance à ce qui n'en vaut pas la peine.** Votre belle-sœur lance une remarque sarcastique sur vos qualités de cordon bleu (ou sur leur absence) au cours d'un dîner de Noël que vous avez préparé avec soin. Vous ouvrez la bouche pour lui répondre qu'elle n'est pas non plus l'égale de Bocuse, mais vous dites finalement : « Je mets peut-être du temps, mais je finis quand même par apprendre ! » Voilà une répartie pleine de grâce. En faisant une scène, vous auriez gâché la soirée de tout le monde. En outre, tout au fond de vous-même, vous savez que votre dîner était réussi.

- **Traitez les problèmes avec rigueur et les gens avec douceur.** Comme le conseille cette maxime japonaise, il faut s'attaquer aux erreurs pour les prévenir et les rectifier sans montrer du doigt ceux qui les ont commises. La prochaine fois que votre mari oubliera d'acheter le pain en rentrant du bureau, faites l'effort de dire : « Tu as dû avoir une journée difficile. Comment faire pour que tu y penses la prochaine fois ? » Cette proposition témoigne de votre bienveillance. Ce n'est pas en l'accueillant avec des reproches que vous aurez du pain pour le dîner.
- **N'humiliez *jamais* quelqu'un en public**. Ce n'est pas admissible. Traitez la question qui vous préoccupe en tête-à-tête avec la personne concernée (nous verrons plus tard comment mener ce type de dialogue), mais l'humilier ou la mettre dans l'embarras n'est pas la bonne solution. Un jour, au cours d'une réunion, Charlotte a essuyé publiquement un blâme pour une erreur commise par une collègue qui était également présente. Elle a écouté calmement, sans accepter la responsabilité qu'on voulait lui faire endosser, mais sans désigner ouvertement la fautive. Ce qui était plutôt élégant de sa part. Après la réunion, elle a exposé à celui qui l'avait prise à partie l'indignité de son attitude. Il ne s'est pas excusé, mais soyez certaine qu'il n'a jamais recommencé.
- **Ne vous abaissez pas à un niveau qui n'est pas le vôtre**. Nous connaissons tous des gens qui se comportent comme un éléphant dans un magasin de porcelaine. Ils manquent d'autodiscipline et la bienveillance est une notion qui leur est étrangère. Lorsque vous devez les combattre, ne vous engagez pas sur leur propre terrain, vous remporterez rarement la victoire et vous serez contrainte de vous abaisser à leur niveau. Les femmes qui gagnent restent bienveillantes, même vis-à-vis de ceux qui ne le sont pas.

Tactique 27

Cherchez à déceler ce que cache le besoin exprimé par l'autre

Comme nous l'avons montré dans la tactique 23, « Appliquez le principe de réciprocité », chaque partie doit voir ses besoins au moins partiellement satisfaits pour que la relation perdure. Mais comment y parvenir quand vos besoins et ceux de l'autre paraissent inconciliables ? En fait, vous devez d'abord comprendre l'origine d'un besoin et ce qu'il cache avant de chercher ensemble à le satisfaire. La scène suivante (extraite du livre de Robert House, *Expériences du comportement managérial et organisationnel*, non traduit) est révélatrice :

> *Deux sœurs étaient en train de préparer leur dessert favori la veille d'une fête de famille. La soirée était déjà avancée quand elles s'aperçurent qu'elles avaient chacune besoin d'une orange, mais qu'il n'en restait qu'une seule dans le placard. Compte tenu de l'heure, tous les magasins étaient fermés. L'aînée déclara que l'orange lui revenait de droit parce que son cake aux fruits était le gâteau favori de la famille. La cadette arguait au contraire que la famille préférait de loin sa tarte à l'orange.*

Quand bien même les deux sœurs auraient eu la sagesse d'éviter le sujet des préférences familiales en matière de dessert (ce genre de débat se termine mal en général), chacune aurait fermement campé sur ses positions et affirmé qu'elle avait absolument besoin de l'orange. Que pouvaient-elles faire ? Pour ramener la paix et pour désamorcer le conflit, elles auraient pu se résoudre à la couper en deux parties égales – mais cela n'aurait pas résolu le problème dans la mesure où chaque recette exigeait une orange entière.

Elles décidèrent de s'interroger mutuellement pour comprendre les raisons profondes de leur attitude – autrement dit, elles voulaient savoir pourquoi chacune avait besoin de l'orange. Il s'avéra que l'aînée avait besoin de l'écorce et la cadette du jus. Tout s'arrangeait donc à merveille, mais il avait fallu qu'elles posent la question pour se rendre compte qu'aucune n'avait besoin du fruit tout entier. Résultat ? Une solution gagnant-gagnant.

Laurène appliqua le même principe après avoir attendu pendant cinq ans que son ami se décide à lui poser la question qu'elle attendait tant. À bout de patience, elle sonda les raisons de sa réticence pour le mariage. En tant qu'enfant de parents divorcés et en homme avisé qui travaillait dur pour accumuler un capital, il s'inquiétait à l'idée qu'en cas de séparation, il ne lui resterait pour subsister que la moitié de ses avoirs. Connaissant enfin les raisons qui se cachaient derrière son comportement, et comme elle avait toujours l'intention de l'épouser, Laurène lui proposa de rédiger un contrat de mariage.

Charlotte et sa colocataire envisageaient d'avoir un animal de compagnie, mais ne parvenaient pas à se mettre d'accord. Charlotte voulait un chien, l'autre préférait un poisson. La discussion aurait pu se poursuivre indéfiniment, mais au bout d'un certain temps, il devint clair pour toutes les deux que le souci majeur de la colocataire était d'avoir un animal dont l'entretien nécessite peu de travail et monopolise le moins de temps possible. Charlotte, quant à elle, avait besoin d'un animal à cajoler pour se réconforter après sa journée de travail. Elles optèrent pour la seule solution raisonnable : acheter chacune son propre animal.

APPLICATION PRATIQUE

- **Partagez vos préoccupations.** Ne vous enfermez pas avec entêtement dans votre position et ne partez pas du principe que votre interlocuteur lit dans vos pensées. Ne parlez pas seulement de ce que vous voulez, exprimez aussi les raisons qui dictent vos désirs.

- **Demandez aux autres de vous dire ce qui est important pour eux.** Vous ne pouvez pas savoir ce qu'ils ont en tête. Encouragez-les à vous expliquer leurs motivations et leurs désirs.
- **Trouvez des solutions ensemble.** Quand chacun s'engage à tenir compte des besoins de l'autre, la relation prospère. Ne cherchez pas à résoudre les problèmes seule. Si vous prenez la décision de trouver vous-même la solution, elle devient *votre* solution, ce qui n'encourage pas l'autre à s'investir pour la mettre en œuvre.

Tactique 28

Avouez vos erreurs

Pendant la journée portes ouvertes, Anne et Elisabeth étaient responsables du stand de l'école maternelle. Conçu à l'intention des futurs élèves et de leurs parents, c'était un événement majeur dans la vie du groupe scolaire. Son organisation demandait du travail, avec de multiples détails à gérer en un temps limité. Compte tenu des délais imposés par l'imprimeur, elles avaient retourné le bon à tirer du carton d'invitation sans demander l'accord des autres membres du comité d'organisation, ni celui du directeur de l'école. Malheureusement, le texte comportait une erreur. Ennuyées à la perspective de devoir se justifier et de s'exposer à des critiques alors qu'elles avaient travaillé dur, elles tentèrent de masquer leur bévue et ne prirent pas la peine de s'excuser. L'événement se déroula sans accroc, mais leur candidature ne fut pas retenue l'année suivante. L'incident avait laissé des traces...

Il est important de savoir reconnaître ses erreurs, surtout dans une relation qui implique la famille, les amis ou le conjoint. Il n'existe pas de relation solide et durable sans sincérité, ni confiance. Ce qui suppose d'être capable d'avouer ses fautes.

Nora et Margot, amies de longue date, ont failli gâcher irrémédiablement leur amitié, parce que Margot refusait d'admettre qu'elle jalousait la réussite professionnelle de Nora. Lorsqu'elle comprit que ce sentiment nuisait à leur relation, elle l'avoua à Nora qui lui pardonna. Si elle ne s'était pas excusée, leur amitié n'aurait sans doute pas résisté.

Les filles sympas confessent aussi parfois leurs faux pas. Mais ce qui les distingue des femmes qui gagnent est que ces dernières sont capables d'admettre leurs erreurs avec grâce, sans se *dévaloriser elles-mêmes.* Elles savent qu'on peut reconnaître un manquement sans sacrifier l'estime de soi ou s'humilier volontairement. Il suffit d'avouer et de regretter sa faute en toute simplicité.

APPLICATION PRATIQUE

- **Ne remettez pas à plus tard.** Reconnaissez votre erreur dès que vous en prenez conscience. Plus vous attendez, plus l'aveu sera difficile. Et cela ne concerne pas seulement les relations entre adultes. Si vous êtes parent, n'hésitez pas à admettre devant vos enfants que vous avez fait une erreur. C'est une excellente méthode pour leur apprendre à avouer les leurs.
- **Reconnaissez votre erreur sans l'exagérer ni la minimiser.** Le type de faute et ses conséquences éventuelles devraient dicter la manière dont vous présentez vos excuses. Si vous avez déçu un collègue en rendant votre travail en retard, dites : « J'ai dépassé la limite fixée. Voici ce que je propose de faire pour réparer. » Si vous vous êtes mise en colère au bureau, déclarez : « J'ai réagi trop vivement et je le regrette sincèrement. » Cela devrait suffire. Mais si vous avez commis une faute qui a blessé ou causé du tort à quelqu'un, prenez le temps d'avoir une longue conversation avec cette personne, en lui montrant que vous avez compris la gravité de la situation et que vous désirez sincèrement vous amender.
- **Mettez vos actes en accord avec vos paroles.** La sincérité est primordiale. Faites en sorte que votre ton et que votre langage corporel coïncident avec votre message et le renforcent. Si vous dites : « Je suis désolée » sans regarder l'autre directement dans les yeux, votre excuse sonnera faux.

Tactique 29

Si trois personnes affirment que vous êtes ivre, allez vous coucher

Emma s'étonnait que ses amis ne la rappellent jamais et se demandait pourquoi c'était toujours elle qui proposait une sortie au restaurant ou au cinéma. Une de ses amies se décida un jour à retourner son appel mais ce ne fut pas pour accepter son invitation à prendre un café. Elle lui avoua avec courage ce que tout le monde pensait mais n'osait dire : l'attitude déplaisante d'Emma rebutait les gens et ne leur donnait pas envie de la fréquenter. Emma tendait à monopoliser la discussion, s'intéressait peu à ce que ses interlocuteurs avaient à dire et colportait volontiers des rumeurs à leur sujet.

Aussi difficile que ce fût à entendre, cela força Emma à repenser à ses dernières rencontres avec des amies qui n'avaient plus donné signe de vie ensuite. L'une avait remarqué en plaisantant « qu'elle prenait tout l'oxygène de la pièce », une autre avait répondu à un de ses commentaires sur une amie commune qu'elle n'aimait pas rapporter des ragots sur les gens. À l'époque, Emma n'avait pas prêté attention à ces détails qu'elle jugeait sans importance. Mais en constatant que trois personnes faisaient à peu près les mêmes commentaires à son égard, elle réalisa qu'elle aurait dû les prendre au sérieux.

Il est pénible d'essuyer des critiques, mais c'est un mal nécessaire quand on veut établir des relations constructives. Vous vous souvenez sans doute de la tactique 6, « Méfiez-vous de votre talon d'Achille », et de la fenêtre de Johari ; nous avons vu que le seul moyen de se débarrasser des points aveugles qui nous empêchent d'entretenir des relations solides est d'avoir une information en retour. Vous vous demandez sans doute : « Pourquoi devrais-je me soucier de ce que les autres pensent de moi ? C'est une préoccupation qui concerne plutôt les filles sympas. » Ce n'est pas tout à fait vrai, car la perception *est* la réalité. On peut ignorer une critique isolée, mais quand elle se répète et provient de sources différentes, il vaut mieux en tenir compte. Si *trois personnes affirment que vous êtes ivre, allez vous coucher.*

APPLICATION PRATIQUE

- **Soyez attentive au langage corporel des autres.** Il trahit la manière dont ils nous perçoivent. Les femmes qui gagnent savent observer et décrypter les indices non verbaux qui traduisent ce que leur interlocuteur pense vraiment. Si plusieurs personnes lèvent les yeux au ciel quand vous mentionnez votre fils/fille pour la énième fois au cours de la conversation, cela signifie que vous les ennuyez. Mieux vaut passer à un sujet qui intéressera tout le monde. Autre cas : dans une soirée, tous vos interlocuteurs remarquent les uns après les autres une personne à l'autre bout de la pièce, à laquelle ils ont justement quelque chose à dire. De deux choses l'une, soit votre déodorant commence à ne plus faire d'effet, soit votre conversation n'est pas palpitante.
- **Ne sollicitez pas seulement des informations en retour, exploitez-les.** Nous avons déjà vu qu'il est bon de solliciter un retour d'information. Dans nos relations avec les autres, l'information est une composante cruciale. Lorsque ses amis ont dit à Emma qu'elle « prenait tout l'oxygène de la pièce », elle aurait dû répondre : « Peux-tu m'expliquer comment, de manière plus précise ? » Évitez de dire : « Comment ça ? » ou « Quand est-ce que j'ai fait ça ? » Ce type de question met l'autre sur la défensive au lieu de contribuer à clarifier le problème.
- **Regardez-vous avec les yeux des autres.** Essayez de découvrir quand et pour quelles raisons vous adoptez des comportements

néfastes. Imaginez que vous regardez un reportage vidéo vous représentant dans vos activités quotidiennes : ici, on dirait que vous avez tendance à interrompre les autres… Là, que vous parlez trop alors que la moitié des mots suffiraient pour faire passer votre message… Il faut d'abord que vous vous voyiez telle que les autres vous voient pour envisager de changer et réfléchir à la stratégie adéquate.

- **Laissez les critiques s'exprimer.** La plupart des gens adorent critiquer. C'est le moment de les laisser faire. Dites à vos proches que vous essayez de changer, et demandez-leur de vous prévenir quand vous ferez fausse route. Imaginez l'heureuse surprise de votre époux quand vous lui direz par exemple : « Je me rends compte que je te bombarde de questions le soir quand tu rentres et que cela t'ennuie. Je vais m'efforcer de trouver un moment plus propice pour discuter. Tu me rendrais service en m'alertant chaque fois que tu me vois retomber dans ma vieille habitude. »

Tactique 30

Fiez-vous à votre instinct

Certaines filles sympas ont perdu l'habitude de suivre leur instinct depuis si longtemps qu'elles ne l'entendent même plus. D'autres écoutent le leur, mais elles ont si peu confiance en elles qu'elles réfléchissent après coup et agissent à l'opposé de ce qu'il leur dicte. Imaginons que vous vous présentez à un entretien d'embauche. Votre instinct vous dit que votre future patronne est très probablement une adepte du micromanagement – et vous détestez les micromanagers… Néanmoins, vous acceptez le poste. Le travail est intéressant et le salaire attractif. Comment pourriez-vous décemment expliquer votre refus ? Autre exemple : au lieu d'écouter la petite voix dans un coin de votre tête qui vous dit que cet homme est un macho irresponsable, vous continuez à croire qu'il va changer. Apprenez à avoir suffisamment confiance en vous pour écouter votre voix intérieure.

Dans nos relations avec les autres, il n'y a pas de réponse unique, mais plusieurs options possibles et parmi celles-ci, il existe forcément une solution qui nous convient. Les informations dont nous disposons, aussi complètes soient-elles, ne nous fournissent jamais toutes les pièces du puzzle. Quand vous devez prendre la décision d'entamer, de poursuivre ou de rompre une relation, faites confiance à votre instinct. C'est votre meilleur guide.

Le jour où Christine découvrit, preuves à l'appui, que son mari la trompait, son univers s'écroula. Elle lui demanda des explications, il admit son infidélité et ils se séparèrent. Mais elle l'aimait toujours et entendait bien le récupérer. En dépit du scepticisme et de l'opposition de ses amis, Christine était intimement persuadée qu'il pourrait changer. Elle entreprit de le reconquérir. Elle l'accueillit de nouveau sous son toit contre la promesse de consulter un conseiller conjugal avec elle dans le but de réparer leur relation. Cela fait maintenant trois ans, et même si Christine n'oublie pas les souffrances endurées, ils vivent heureux ensemble.

Comment Christine a-t-elle renversé la situation pour arriver à cet heureux dénouement ? Elle se connaissait elle-même suffisamment pour savoir qu'en dépit de ce qui s'était passé, elle voulait sauver son mariage. Elle était convaincue que son mari l'aimait encore et qu'il ne commettrait plus d'écart. Elle prit conseil d'un avocat pour protéger ses intérêts financiers et demanda l'avis de ses amis les plus proches. Mais en fin de compte, elle suivit son instinct et obtint ce qu'elle voulait. Dans une situation semblable, une autre femme aurait peut-être pris une autre décision, mais ce fut celle qui convenait à Christine.

Lorsque nous ne laissons pas parler notre instinct, nous nous fermons à des opportunités merveilleuses ou nous nous aveuglons délibérément à nos risques et périls. Le père d'Eugénie lui a dit un jour : « Dans notre famille, on se marie exclusivement avec des gens de confession catholique. » Heureusement, elle ne l'a pas écouté, et vit heureuse depuis trente-trois ans avec le mari qu'elle s'est choisie. Les femmes qui réussissent leur vie pèsent soigneusement les faits, demandent conseil à leur famille et à leurs amis ; mais à la fin, elles suivent leur cœur.

Les filles sympas peuvent aussi laisser passer des opportunités professionnelles ou ne pas saisir la chance qui passe, faute d'écouter leur instinct. Exemple : vous rencontrez un client potentiel ou un coach avec lequel vous vous sentez en confiance. Malheureusement, vous ne poursuivez pas la relation parce que vous restez sourde à ce que vous dicte votre instinct. Une fille sympa qui n'écoute pas son instinct court au-devant de dangers quand elle refuse de tenir compte de certains signaux d'alarme. C'est ce qui se passe quand vous sentez intuitivement qu'une collègue guigne votre poste et sabote votre travail, mais que vous refusez de l'admettre. Vous risquez tôt ou tard de vous retrouver en situation de victime. De même, si vous avez l'impression que votre baby-sitter n'est pas suffisamment attentive, fiez-vous à votre instinct, ne mettez pas votre enfant en danger.

Les gagnantes écoutent leur intuition, et lorsqu'elles ont la sensation d'être exclues, rabaissées ou méprisées, elles n'attendent pas passivement que les choses changent : elles passent à l'action.

APPLICATION PRATIQUE

- **Identifiez les influences qui étouffent votre voix intérieure.** Dans votre entourage, quelles sont les voix qui parlent plus fort que votre intuition ? Votre meilleure amie prétend-elle vous dicter avec qui vous devriez sortir ? Votre père sait-il mieux que vous comment vous faire apprécier de votre patron ? Leur contribution vous est sans doute précieuse, mais écoutez d'abord votre intuition.
- **Décelez vos points faibles.** Existe-t-il des aspects de votre vie dans lesquels vous faites moins confiance à votre instinct ? Certaines femmes suivent leur intuition dans la vie professionnelle, mais ne savent pas à quel saint se vouer dans leur vie amoureuse. D'autres n'ont pas confiance en leurs capacités d'être mère et cherchent des conseils dans les livres de psychologie ou s'inspirent de l'exemple de leurs amies pour élever leurs enfants. Si vous réussissez à déceler vos points faibles, vous serez plus attentive aux décisions que vous prenez dans les domaines concernés.
- **Donnez du temps au temps.** Quand vous avez une décision difficile à prendre, ne vous pressez pas sous l'influence des autres. Donnez-vous le temps d'exploiter les informations que vous possédez et de laisser votre instinct s'exprimer.
- **Décidez sans réfléchir trop longtemps.** Plus vous ruminez, plus vous risquez d'aller à l'encontre de ce que vous dicte votre intuition. Vous savez ce qu'on dit des questionnaires à choix multiples : la première réponse est généralement la bonne.

Tactique 31

Partez quand il est encore temps

Il est difficile de sortir d'une relation dans laquelle on s'est engagé, même s'il s'agit d'une relation transactionnelle. Le dilemme classique des « coûts cachés » est un phénomène psychologique qui nous pousse à continuer d'investir dans des projets (ou dans des relations) dont l'issue est incertaine (pour ne pas dire négative). Nous essayons à tout prix de protéger notre investissement initial, quelle qu'en soit la nature (temps, argent, effort). Exemple : vous attendez depuis dix minutes au moins sur le quai de la gare ou à l'arrêt de l'autobus. Au bout d'un certain temps, vous réalisez que vous arriveriez plus vite à destination en marchant ou en prenant un taxi, mais vous continuez à attendre sous prétexte que vous avez déjà investi beaucoup de temps. En réfléchissant, il est facile de conclure qu'à de rares exceptions près, les coûts cachés ne devraient pas peser sur nos décisions.

Prenons un autre exemple : vous allez acheter un ordinateur ou une voiture. Au moment où vous comprenez que le vendeur n'a pas l'intention de réduire le prix à un niveau acceptable pour votre portefeuille, il devient absurde de continuer à marchander. Vous ne récupérerez jamais l'essence que vous avez consommée pour venir ou les heures de sommeil dont vous vous êtes privée pour arriver à l'ouverture du magasin. Abandonnez avant de subir d'autres pertes !

La décision de partir est encore plus difficile à prendre lorsqu'il s'agit d'une situation personnelle où les émotions entrent en jeu. Peu d'entre nous (sauf, peut-être les sociopathes) quittent d'un pas léger une relation dans laquelle elles ont investi du temps et de l'énergie morale – même s'il s'agit d'une relation mineure. Les filles sympas doivent en outre résister à la pression des autres qui sont persuadés qu'elles maintiendront la relation, même si celle-ci n'est plus satisfaisante. Les femmes qui gagnent savent faire la distinction entre les relations auxquelles il faut consacrer du temps et des efforts, et celles qui ne méritent pas l'investissement.

Amélie s'est trouvée confrontée à ce dilemme quand son amitié avec Isabelle s'est détériorée. Les deux femmes étaient étroitement liées pendant leur enfance, mais leurs chemins avaient divergé après l'adolescence. Amélie pensait qu'elles ne partageaient plus rien, à l'exception du passé. Pourtant, elle continuait à entretenir leur relation par respect pour leur histoire commune. Elle se le reprochait constamment, mais persistait.

Les femmes qui gagnent investissent dans leurs relations et s'efforcent de les renforcer tant qu'elles reposent sur la réciprocité, le respect mutuel et l'authenticité. Mais lorsque ce n'est plus le cas et que l'évolution de la relation est irréversible, elles n'hésitent pas à partir.

Pendant des années, Morgane avait effectué des heures supplémentaires sans jamais se plaindre. En récompense, elle recevait les félicitations de son patron au moment de l'évaluation annuelle. Chaque année il lui promettait en outre une promotion qui n'arrivait jamais. Lorsqu'elle évoquait la question, il trouvait une excuse : la période était mal choisie, la situation économique imposait des restrictions, etc. Année après année, il l'assurait qu'il ferait son possible l'année suivante. Finalement, Morgane comprit que rien ne changerait et elle quitta l'entreprise. Son seul regret en partant fut d'avoir attendu aussi longtemps.

Vous vous souvenez de Laurène dont le petit ami ne voulait pas entendre parler de mariage parce qu'il craignait de se retrouver sans le sou en cas de divorce. Elle avait proposé d'établir un contrat de mariage de manière à protéger ses actifs dans le cas d'une séparation. Il s'avéra que cette solution ne le convainquait pas non plus et comme Laurène voulait fonder une famille, elle n'eut pas d'autre alternative que de le quitter.

Les femmes qui gagnent coupent le lien sans le moindre remords quand elles comprennent que la relation ne leur apporte pas ce qu'elles souhaitent. Elles ne considèrent pas l'espoir comme une stratégie porteuse.

APPLICATION PRATIQUE

- **Tentez l'impossible.** Il est toujours douloureux de mettre fin à une relation. Si vous avez fait tout ce qui était en votre pouvoir et que la situation ne s'améliore pas, sollicitez l'aide d'une tierce personne autorisée (un conseiller conjugal, un professionnel des RH). Prenez soin de vérifier ses qualifications et procédez avec prudence – après tout, personne ne connaît votre relation mieux que vous.
- **Retenez les aspects positifs de la relation.** Lorsque vous pensez qu'une relation était catastrophique et qu'elle ne vous a apporté aucune satisfaction, prenez le temps de la considérer avec objectivité. Dressez la liste des aspects positifs, des leçons que vous en avez tirées, et rappelez-vous les erreurs commises pour ne pas les répéter à l'avenir.
- **Ne regardez pas en arrière.** Aussi tentant que cela soit, n'essayez pas de recoller les morceaux, même si la rupture vous a laissée exsangue, si vous êtes esseulée, si vous ressentez un grand vide dans votre existence. Quatre-vingt-dix-neuf fois sur cent, il faut laisser votre ex (époux, ami ou amie, patron) rester un(e) ex. Reprendre la relation ne vous rendra pas plus heureuse que vous ne l'étiez lors de la tentative précédente. Le désir de renouer avec le passé est fréquent à certaines périodes, notamment au moment de Noël et des fêtes de fin d'année quand on redoute la solitude.

Stratégie III

Gérez les attentes des autres

Les tactiques associées à la stratégie III consistent principalement à :
• Définir ce qui est acceptable pour vous. • Vous affirmer et partager vos attentes. • Garder le cap pour sauvegarder vos intérêts.

L'erreur majeure des filles sympas est de croire qu'elles doivent être tout, pour tout le monde, tout le temps. Dans leur tentative éperdue de plaire, elles disent « oui » lorsqu'elles devraient dire « non », elles permettent aux autres d'exploiter leur gentillesse et agissent à leur corps défendant simplement pour ne pas mettre la relation en péril. Les filles sympas ne savent pas exprimer ce qui leur tient à cœur, elles hésitent à demander de l'aide lorsqu'elles en ont besoin et attendent des autres qu'ils les traitent avec la courtoisie et le respect qu'elles leur témoignent.

Les femmes qui gagnent, en revanche, savent que leur temps, leur expertise et leurs ressources financières sont limités et qu'elles doivent les utiliser avec soin et de manière ciblée pour ne pas perdre de vue leurs objectifs. Elles décident elles-mêmes de ce qu'elles veulent et de qu'elles refusent au lieu de laisser les autres choisir à leur place. Elles ne sont pas pour autant égoïstes ou autocentrées ; elles incluent simplement leurs besoins et leurs désirs dans l'équation.

Il vous sera peut-être difficile de gérer les attentes des autres si vous les avez inconsciemment habitués à faire passer leurs besoins avant les vôtres. Si vous ne savez pas encore faire entendre votre voix, les tactiques que nous proposons vous sembleront ingrates à mettre en œuvre. Non seulement vous aurez l'impression d'abandonner les gens, mais eux-mêmes se chargeront aussi de vous le rappeler ! Ne vous inquiétez pas, nous vous fournirons la parade dans la stratégie V, « Surmontez les obstacles et les résistances ». Pour le moment, nous vous encourageons à acquérir les techniques exposées dans cette stratégie ; elles complèteront utilement votre boîte à outils.

Tactique 32

Dressez des barrières pour vous protéger

Si vous êtes une fille sympa, vous érigez des barrières qui ne vous protègent pas, car elles sont flexibles et perméables. Vos enfants savent parfaitement comment obtenir ce qu'*ils* veulent de vous. Votre mère parvient à vous culpabiliser, même lorsque vous avez fait de votre mieux pour répondre à *ses attentes*. Votre meilleure amie mobilise tant et si bien votre compassion que vous négligez vos propres intérêts. Eleanor Roosevelt avait coutume de dire : « Personne ne peut vous obliger à vous sentir inférieure sans votre consentement. »

Non seulement les barrières sont essentielles à votre santé mentale et physique, mais leur existence favorise de saines relations entre les autres et vous. Vous savez ainsi ce que vous pouvez et ce que vous ne pouvez pas faire, ce que vous acceptez et ce que vous refusez. Elles indiquent aux autres l'étendue de votre pouvoir, quand vous exercerez ce pouvoir et si vous décidez de l'exercer. Les filles sympas s'en méfient, parce qu'elles y voient une source de désillusion pour les autres. Et dans certains cas, elles ont raison. Les barrières qu'on dresse entre soi et les autres peuvent provoquer des déceptions, mais elles permettent aussi de rester authentiquement soi-même.

Natalie a 26 ans. Juive d'origine iranienne, elle travaille comme agent de change. Elle vient d'un foyer traditionnel : sa mère restait à la maison et son père était tailleur. La réussite professionnelle de Natalie les comble de fierté, mais chaque vendredi soir, lorsqu'ils se réunissent pour célébrer le shabbat en famille, ils réitèrent leurs regrets qu'elle ne soit pas encore mariée et mère de famille. Cela a atteint un point tel que Natalie ne veut plus aller dîner chez eux le vendredi soir, de peur d'entendre leurs reproches. Elle sait qu'elle fondera une famille un jour ou l'autre, mais pour l'instant, elle donne la priorité à sa carrière. Pour couper court au conflit, elle prétexte qu'elle a du travail et qu'elle ne peut pas venir.

Natalie est l'exemple même de la fille sympa qui n'a pas encore établi de barrière entre les autres et elle. En mentant au sujet de sa charge de travail, elle ne fait qu'ajouter à sa culpabilité envers des parents si bien intentionnés. La meilleure tactique serait d'avouer son embarras et d'exprimer ce qu'elle ressent avec tact, en disant par exemple : « Je veux me marier et avoir des enfants, mais ce n'est pas encore le bon moment. Cette discussion perpétuelle n'y changera rien et elle m'incite à éviter les dîners en famille. J'aimerais que nous la laissions de côté pour profiter du temps que nous passons ensemble. »

APPLICATION PRATIQUE

- **Identifiez ce qui vous gêne.** Vous savez que quelqu'un a outrepassé les limites fixées lorsque vous ressentez un malaise face à cette personne ou au cours de la discussion. Écoutez vos sentiments et ne cherchez pas à les masquer.
- **Conservez votre sérénité.** Il est inutile de minimiser ou d'exagérer la situation. Gardez votre équilibre émotionnel et exprimez clairement vos pensées et vos sentiments. Ne versez pas dans le drame, ne vous enfermez pas non plus dans votre tour d'ivoire. Restez fidèle à vous-même.
- **Réfugiez-vous dans le silence en cas de nécessité.** Si vous vous sentez entraînée dans une situation ou dans une discussion gênante, ou si on vous demande quelque chose qui vous embarrasse, vous êtes en droit de ne pas répondre. Dites par exemple : « Je vais y réfléchir », ou répondez par le silence. Si votre interlocuteur insiste, déclarez : « J'ai effectivement réfléchi à ce que vous avez suggéré, mais cela m'embarrasse. » Et s'il persiste, vous pouvez soit lui expliquer les raisons de votre gêne, soit répondre

sobrement : « Je suis certaine que vous comprendrez que je ne souhaite pas poursuivre la discussion. »

- **Prenez conscience des éléments déclencheurs.** Apprenez à identifier le point au-delà duquel vous explosez. Certaines femmes acceptent sans problème qu'on les questionne sur leur âge, alors que d'autres considèrent cela comme une atteinte à leur personne. Soyez attentive à votre moi *véritable*, ne le confondez pas avec le moi qu'on vous demande d'afficher ou qu'on vous a imposé quand vous étiez enfant. Soyez en accord avec l'adulte que vous êtes devenue et qui continue d'évoluer.

Tactique 33

Soyez intraitable sur la bienséance

Il existe une frontière nette entre la bienséance et l'impolitesse. Les femmes qui gagnent ne s'y trompent pas et ne tolèrent aucun comportement déplacé. Camille, Frédérique et Victoire avaient décidé de prendre quelques jours de repos. En arrivant sur leur lieu de vacances, elles s'installèrent dans un restaurant de bord de mer pour déjeuner. À peine avaient-elles pris place, qu'un inconnu visiblement éméché vint s'asseoir à leur table et commença à engager la conversation. Camille lui signala qu'elles préféraient rester entre elles et le pria poliment de les laisser. Interloqué, il lui demanda si elle parlait sérieusement. Camille ayant confirmé, il se leva. Frédérique et Victoire étaient muettes d'étonnement mais en même temps soulagées que Camille ait agi ainsi. Elles étaient ennuyées par l'intrusion de cet homme, mais elles n'auraient jamais osé lui demander de partir.

Juliette, à l'inverse, supporte sans se révolter des attitudes inadmissibles. Il est vrai que sa situation est plus délicate dans la mesure où la cause du problème est sa propre mère. La jeune femme, mère de deux enfants en bas âge, travaille comme architecte dans le cabinet qu'elle a fondé avec son mari et un associé. Elle envisage de réduire son activité à trois jours par semaine, afin de consacrer davantage de temps à sa vie de famille. Son mari et leur associé approuvent d'autant plus ce projet que la crise économique a entraîné un ralentissement des affaires. « Alors, direz-vous, où se situe le problème ? » La mère de Juliette s'oppose violemment à son idée. Elle estime que la jeune femme ne devrait pas lever le pied, même pour une courte période. Juliette qui a toujours tenu compte de ses conseils finit par douter. Elle s'interroge sur le bien-fondé de sa décision et a peur de décevoir sa mère. Le comportement de celle-ci est inadmissible; après tout, sa fille est une adulte qui a le droit de décider de sa vie. Mais les scrupules de Juliette qui n'ose pas en discuter ouvertement renforcent encore son emprise sur elle.

Voici un autre exemple : Chloé a une amie, Fanny, qui l'épuise littéralement par ses coups de fil à répétition. Elle l'appelle pratiquement tous les jours pour se plaindre de son sort. Son mariage va à vau-l'eau, ses enfants se comportent comme des sauvageons, elle déteste son travail et ne supporte plus son patron. Fanny attend toujours de son amie qu'elle abandonne ce qu'elle est en train de faire pour l'écouter. Chloé est désolée pour elle et lui a conseillé de consulter. Mais Fanny fait la sourde oreille et continue à la harceler de ses appels.

Quand un comportement inadapté représente une menace pour elle, la gagnante passe à l'action. Elle impose un changement d'attitude, ou fixe des limites à ne pas dépasser. Quelle que soit l'origine du comportement répréhensible – votre adolescent qui défie votre autorité, un collègue impoli lors d'une réunion, un client désagréable en public –, il ne cessera pas de lui-même si vous n'intervenez pas. Plus tôt vous vous attaquerez au problème, plus il se résoudra rapidement.

APPLICATION PRATIQUE

- **Tenez compte de l'intensité de la relation avant d'agir.** Lorsque la relation est de nature transactionnelle, votre seuil de tolérance peut et devrait être relativement bas. Camille n'a pas débattu longtemps avec elle-même avant de prier l'importun de les laisser tranquilles. Mais s'il s'agit de votre patron, d'une collègue, d'un client, d'un membre de votre famille ou d'un ami, la confrontation nécessitera davantage de préparation et de diplomatie.
- **Réfléchissez aux conséquences qu'engendrerait votre inaction.** Si vous tolérez une attitude inadmissible, cela aura un impact sur

l'idée que vous vous faites de vous-même, et sur la suite de votre relation. Si Chloé ne se résout pas rapidement à dire à Fanny qu'elle ne peut plus continuer à l'écouter se plaindre pendant des heures, par simple instinct de conservation, elle cessera de prendre les communications ou les messages venant d'elle. Et leur amitié finira par se briser parce que Chloé n'aura pas eu le courage d'intervenir à temps pour la sauver.

- **Soyez patiente en cas de rechute.** Même si le coupable a accepté de changer et s'il est de bonne foi, il risque de retomber dans son comportement négatif. Il ne faut pas vous en étonner : le changement est un processus qui demande du temps.

Tactique 34

Ne laissez pas votre famille empiéter sur votre territoire

En matière de limites ou de territoire, on distingue :

- La famille « **enchevêtrée** » : dans cette configuration, chacun agit et prend des décisions en impliquant largement les autres membres. Les étrangers ne « pénètrent » pas facilement ce type de famille en raison des barrières infranchissables qu'elle dresse autour d'elle pour se protéger des intrusions.
- La famille **désengagée** : les membres interviennent peu, voire pas du tout, dans la vie des autres membres et entretiennent des rapports distants les uns avec les autres.
- La famille **engagée** : les membres se sentent concernés par la vie des autres membres, mais s'encouragent néanmoins mutuellement à prendre des décisions autonomes et à établir des relations indépendantes avec des personnes extérieures.

Dans la famille engagée, chacun respecte les limites posées et soutient les décisions des autres membres, de sorte qu'il n'existe pas de problème de territoire. La famille désengagée ne rencontre pas non plus ce type de problème (elle en a d'autres !), dans la mesure où les barrières dont chacun s'entoure sont rigides et clairement définies, parfois même au point que les uns ne savent pas toujours ce qui se passe dans la vie des autres. En revanche, si vous provenez d'une famille enchevêtrée, le respect des frontières est pour vous une question déterminante. Il est probable qu'un ou deux membres de votre famille essaient en permanence de vous impliquer dans *leurs propres* problèmes et dans *leurs* décisions, et qu'ils veulent aussi continuellement vous conseiller sur ce que vous devez penser ou faire.

La télévision offre un excellent aperçu des différences entre la famille enchevêtrée et la famille engagée (de par sa nature, la famille désengagée n'est pas spectaculaire, ce qui explique qu'elle est peu représentée dans les séries et dans les films). Pour comprendre les machinations qui se déroulent au sein d'une famille enchevêtrée, regardez la série américaine *Brothers&Sisters*. La mère intervient dans tous les aspects de la vie de ses enfants adultes, les frères et sœurs sont incapables de garder des secrets et tous franchissent allègrement les frontières établies par les autres. Des comportements qui, au départ, visaient à soutenir et à aider les autres, finissent par dégénérer et empiètent sur les libertés de chacun.

À l'inverse, dans la série *Sept à la maison*, chaque membre de la famille a sa propre personnalité que les autres respectent. Les parents sont là pour chacun des enfants, tout en leur laissant la latitude de faire eux-mêmes leurs propres expériences et de devenir adultes. En psychologie, le processus qui consiste à devenir ce que l'on est se nomme *l'individuation*. Il représente une étape critique dans le développement de l'individu, et en ce qui nous concerne, pour évoluer du statut de la fille sympa vers celui de la femme adulte. Malheureusement, il est peu actif chez les femmes issues de familles enchevêtrées.

Ce qui ne veut pas dire que ces familles ne sont pas aimantes et attentionnées. Mais cela a un coût. Pour déterminer si vous appartenez à une famille dite « enchevêtrée », posez-vous les questions suivantes :

- Ma famille a-t-elle une attitude compréhensive et non punitive quand je ne fais pas ce qui est prescrit ?
- Ma famille respecte-t-elle mon besoin de solitude et d'intimité dans certains domaines ?
- Ma famille soutient-elle mes décisions, même si elle ne les comprend pas ou si elle ne les approuve pas ?
- Ma famille m'encourage-t-elle à établir des relations avec des gens de l'extérieur ?

- Ma famille accueille-t-elle volontiers les étrangers (amis, conjoints, beaux-fils, belles-filles, compagnons/compagnes) et les intègre-t-elle ?
- Ma famille reste-t-elle en retrait pour tout ce qui concerne l'éducation de mes enfants et les relations avec mon conjoint ?
- Les membres de ma famille sont-ils capables d'être en désaccord sans que cela engendre des drames ?
- Les membres de ma famille sont-ils respectueux des différences individuelles en matière d'orientation sexuelle, d'éducation, ou de statut socio-économique ?

Si vous avez répondu négativement à trois questions au moins, il est temps d'établir au sein de votre famille des frontières qui vous permettent de devenir une adulte à part entière. Les conseils qui suivent vous aideront à fixer des limites à la fois claires et acceptables.

APPLICATION PRATIQUE

- **Endurcissez-vous.** Les filles sympas n'aiment pas décevoir, mais c'est parfois indispensable quand les attentes des autres sont inappropriées ou exorbitantes. Débarrassez-vous de l'idée que vous devez prendre soin de tout le monde. Votre devoir est de vous occuper de *vous-même* – avec grâce, compétence et gentillesse.
- **Choisissez vos combats.** Vous préféreriez aller voir le film dont tout le monde parle au lieu de vous rendre au dîner d'anniversaire de votre tante de 80 ans. Mais vous savez qu'elle serait très déçue. Vous renoncez donc à votre séance de cinéma pour faire acte de présence auprès d'elle. Finalement, vous n'allez pas vous battre pour un enjeu mineur. Voici un autre exemple : maintenant que vous êtes mère de famille, vous n'avez plus envie de passer toutes les fêtes de famille chez votre mère. Mais lorsque vous lui dites que vous préférez inviter toute la famille chez vous, elle se met en colère et vous accuse de briser les traditions. Là, en revanche, vous devez vous battre : si vous devez supporter sa colère, son

silence réprobateur, ses tentatives pour vous culpabiliser, simplement parce que vous voulez créer votre propre tradition familiale, votre combat est justifié.

- **Alertez les autres sur les conséquences d'un comportement inapproprié.** Si votre grand-oncle Jean (ou quiconque) gâche les réunions de famille en buvant plus que de raison et en faisant des remarques méchantes sur tout le monde, expliquez clairement que tant qu'il continuera à se comporter de la sorte, vous n'y participerez plus. Dites simplement (quand il est encore sobre) : « Je suis mal à l'aise avec les gens qui boivent trop et je n'ai pas envie de supporter (ni de faire subir aux miens) une situation désagréable. » Vous remarquerez que le message commence par « je ». Il sera peut-être vexé, mais votre logique est imparable.
- **Prenez le mal à sa racine.** Dès que votre sœur a vent du moindre ragot sur quelqu'un, elle met toute la famille au courant. Si vous voulez qu'elle cesse d'agir ainsi (car si elle vous parle des autres, elle leur raconte aussi ce qui vous concerne), vous devez couper le mal à la racine. Au lieu de l'écouter, interrompez-la gentiment par ces mots : « Tu sais que je n'aime pas parler derrière le dos des gens. Raconte-moi plutôt ce que tu fais en ce moment. »

Tactique 35

Ne jouez pas les martyres

En psychologie, la notion de *gains secondaires* se rapporte à une situation négative en apparence, dont la victime tire en fait un bénéfice. Prenons l'exemple d'une femme mariée à un coureur de jupons. Elle souffre de ses infidélités, mais ne se décide pas à le quitter, car pour atténuer son sentiment de culpabilité, le mari volage la couvre de cadeaux et lui offre des voyages somptueux. En outre, par compassion, ses amies redoublent d'attention et d'affection pour elle. Cette épouse délaissée a donc tout intérêt à se conduire en martyre pour tirer profit de ces bénéfices secondaires.

Si les filles sympas se comportent volontiers en martyres, les femmes qui gagnent, elles, ne jouent pas cette carte. Les premières l'utilisent pour échapper au stress, à l'indécision et à la responsabilité qui accompagnent l'autonomie et la prise en charge de leur propre vie. Elles préfèrent être des esclaves soumises, plutôt que de faire des choix difficiles pour s'échapper de situations dans lesquelles leurs besoins et leurs désirs ne sont pas satisfaits. Et elles veulent profiter des gains secondaires que leur procure leur statut de martyre. Voici quelques scénarios typiques : peut-être vous reconnaîtrez-vous (vous ou d'autres) dans certaines situations.

La martyre dit ou pense...	Mais elle bénéficie de gains secondaires sous forme de...
« Je suis si occupée que je ne quitte jamais le bureau avant 20 heures. Personne ne travaille autant que moi. »	Félicitations de sa hiérarchie, respect de la part de ses pairs. Elle évite aussi d'affronter les problèmes qui l'attendent à la maison en retardant son retour.
« Les frais de scolarité des enfants me coûtent une fortune. Depuis qu'ils fréquentent une école privée, je ne peux même plus me permettre de partir en vacances. »	Sentiment d'envie de la part des amis et des membres de la famille qui ne peuvent pas offrir les cours d'une école privée à leurs enfants ; occasion de se vanter.
« Mes amis n'apprécient pas les efforts que je fais pour leur préparer un bon dîner d'anniversaire. »	Sympathie de la part de la famille qui juge ces amis égoïstes, générosité des amis qui vont la couvrir de cadeaux à son prochain anniversaire.
« Je vais emmener les enfants à la plage pour que tu puisses participer à ta sortie moto. Je déjeunerai avec mes amies un autre jour. »	Reconnaissance du mari, gratitude des enfants.
« Si je n'accueille pas les enfants du quartier à la maison, ils ne savent pas où aller jouer. »	Remerciements des parents, des autres enfants et des siens.
« Quand je déjeune avec mon amie, c'est moi qui règle l'addition, parce qu'elle ne peut pas se permettre de payer le restaurant. »	Gratification de l'ego (« J'ai les moyens de régler l'addition et je suis généreuse »), gratitude de l'amie, occasion de se vanter.

APPLICATION PRATIQUE

- **Demandez directement ce que vous voulez au lieu de tourner autour du pot.** Si votre mari est avare de compliments et si vos amis ne vous remercient pas de ce que vous faites pour eux, ne mendiez pas leurs attentions. Faites-leur savoir sans détour que vous appréciez de temps à autre de recevoir des remerciements et des félicitations. Cela ne veut pas dire que vous avez une trop haute idée de vous-même, c'est une réaction humaine, tout simplement.

- **Analysez vos motivations.** Comme tout un chacun, vous aimez rendre service parce que vous y trouvez une gratification d'amour-propre. Ce qui est tout à fait normal. Il y a seulement un problème si vous le faites à contrecœur et si vous prenez des airs de martyre. C'est une réaction typique de fille sympa qui veut que les autres l'aiment pour ce qu'elle *fait* et non pour ce qu'elle *est*.
- **Examinez tous les choix.** Les filles sympas adoptent des solutions qu'elles regrettent ensuite parce qu'elles ne voient pas les différents choix qui s'offrent à elles. N'hésitez pas à solliciter l'aide de quelqu'un pour recenser les alternatives possibles. Au lieu de vous plaindre que tout le monde compte toujours sur vous pour organiser les soirées entre copains, demandez à votre meilleure amie : « Comment faire pour casser le schéma habituel sans fâcher tout le monde ? » À deux, vous trouverez certainement la solution pour vous éviter de vous sacrifier une fois de plus. Et vous ne jouerez plus les martyres !

Tactique 36

Distribuez les rôles à l'avance

Charlotte avait préparé l'essentiel de la présentation au client, mais le jour du rendez-vous, non seulement son patron prit l'initiative, mais il ne lui laissa pas la parole un seul instant. Charlotte se sentait inutile – le client devait sans doute se demander pourquoi elle assistait à la réunion ! Et bien entendu, après la réunion, le client prit l'habitude d'appeler directement son patron au lieu de traiter avec elle. Dans la mesure où il ne la considérait pas comme un interlocuteur de choix, Charlotte n'eut jamais la possibilité de développer leur relation. La frustration qu'elle en éprouva rejaillit aussi sur ses rapports avec son patron.

La majorité des problèmes qui surviennent dans une relation naissent de la confusion des rôles. Le patron de Charlotte ne lui ayant pas assigné de rôle spécifique, en fille sympa, elle n'essaya pas de réagir. Elle lui chercha même des justifications : il lui confierait une mission au moment où il l'estimerait prête, il était très occupé. Elle ne devait pas en faire un drame. Un jour ou l'autre, elle aurait gain de cause. Or, dans la vie professionnelle comme dans la vie personnelle, il ne faut pas s'attendre à obtenir quelque chose si on ne le demande pas.

Mais cela fonctionne aussi en sens inverse. On nous confie parfois des rôles que nous n'avons pas réclamés et dont nous ne voulons pas. Lorsque cela se produit, une fille sympa ne se plaint jamais. Elle accepte simplement les rôles qu'on lui destine sans poser de question.

Isabelle et Thomas avaient décidé d'emménager ensemble. Sans savoir pourquoi, Isabelle finit par prendre en charge la comptabilité (elle réglait les factures) et la logistique (elle veillait à ce que tout fonctionne dans la maison et se chargeait de faire réparer ce qui devait l'être). Ils n'avaient jamais abordé la question de la répartition des rôles – c'était ainsi, tout simplement. Isabelle détestait ces responsabilités, mais n'osait pas en parler et continuait à les assurer. Mais avec le temps, sa frustration grandit.

Les femmes qui gagnent savent qu'il est important de clarifier les rôles à l'avance pour éviter une cascade de malentendus. Sandrine avait été promue à la tête de son équipe, mais sa nomination ne faisait pas l'unanimité. Certains estimaient qu'ils étaient plus qualifiés qu'elle, d'autres n'étaient pas intéressés par le poste, mais ne voulaient pas non plus que Sandrine l'occupe. Soucieuse d'être prise au sérieux, Sandrine comprit qu'elle devait s'affirmer et se faire accepter dans son nouveau rôle. Désormais, c'était elle le patron, elle n'était plus un membre de l'équipe parmi les autres. Elle prit deux initiatives. Elle demanda tout d'abord à son supérieur d'expliquer à l'équipe pour quelles raisons elle avait été choisie. Puis elle organisa des entretiens en tête-à-tête. Lors de ces rencontres, elle fit clairement comprendre à chacun qu'elle comptait sur son soutien et qu'elle accueillerait volontiers les suggestions, mais que la décision finale restait de son ressort. Deux ou trois irréductibles manifestèrent vaguement leur mécontentement, mais par le biais de ces conversations Sandrine s'était imposée dans sa nouvelle fonction et avait acquis le respect qu'elle méritait.

Voici un autre exemple : Lili et son ami se disputaient continuellement lorsqu'il s'agissait de passer la soirée chez des amis. Lili avait prévu de voir untel ou unetelle, alors que son ami de son côté avait déjà pris des arrangements avec d'autres copains. Ils finirent par décider que Lili, seule, se chargerait de l'organisation de leur vie sociale – un rôle qui lui convenait parfaitement. Ce nouveau mode de fonctionnement facilita leur vie et leur évita de devoir s'excuser auprès d'amis d'avoir déjà pris des engagements ailleurs. Encore fallait-il qu'ils se mettent d'accord sur les amis à voir – mais ça, c'est une autre histoire !

Le fait de clarifier les rôles renforce la relation dans la mesure où chacun a la possibilité de choisir le rôle qui correspond à ses aptitudes ou à ses désirs. Cela évite aussi les dissensions. Mais pour que le processus fonctionne, il faut que chacun joue le jeu et que le partage des responsabilités soit révisé à intervalles réguliers.

APPLICATION PRATIQUE

- **Jouez sur vos points forts.** Choisissez le rôle qui vous convient. Vous vous faciliterez la vie en acceptant des fonctions qui s'appuient sur vos compétences (voir la tactique 11, « Utilisez votre créneau d'excellence »), ce qui ne doit pas vous empêcher de vous lancer des défis quand la situation le permet. Même si vous êtes spécialiste de l'événementiel, par exemple, intéressez-vous à d'autres missions pour enrichir votre expertise.
- **N'hésitez pas à réclamer le rôle que vous voulez.** Si vous vous sentez taillée pour le rôle, expliquez clairement que vous voulez l'assumer. N'attendez pas qu'il vous tombe du ciel. Par exemple, si vous sentez que vous avez les compétences pour être l'exécutrice testamentaire de vos parents, parlez-en franchement avec vos frères et sœurs.
- **Apprenez à déléguer.** Quand vous acceptez un rôle défini, vous devez forcément renoncer à d'autres attributions pour les confier à ceux qui ont les aptitudes correspondantes. En d'autres termes, vous devez déléguer. Quelles tâches acceptez-vous de transmettre sans regret ? Dans quel type de décision voulez-vous conserver la prérogative ? Quelles sont les problématiques à examiner en commun ? Il est tout aussi important de définir les contenus que de répartir les rôles entre les acteurs.

Tactique 37

Donnez à chacun sa part de responsabilité

Les filles sympas assument tout : elles font plus que la part qui leur revient, chez elles, au bureau, et à vrai dire, partout où elles passent. Ne sachant pas dire « non », elles ont rarement le luxe de prendre soin d'elles-mêmes car elles sont trop occupées à gérer mille choses. Elles ne veulent pas forcément se poser en martyres, mais dès qu'elles aperçoivent quelque chose à faire, elles préfèrent le faire elles-mêmes plutôt que de risquer de décevoir quelqu'un ou de demander de l'aide.

Au bureau, par exemple, la fille sympa sort de la réunion hebdomadaire du lundi matin en ayant hérité de la majeure partie des tâches. Bien qu'elle soit aussi surchargée que les autres (et même davantage), elle accepte toutes les missions qu'on lui propose. Si une collègue lui demande de l'aide, elle vole immédiatement à son secours, flattée d'être sollicitée. Et s'il y a un projet dont personne ne veut, elle se porte volontaire.

À la maison, c'est exactement pareil. Même si elle travaille à l'extérieur, elle effectue la majorité des tâches ménagères. Outre l'éducation des enfants, elle prend en charge les parents âgés et s'occupe aussi des animaux domestiques. Ses amis comptent sur elle pour réserver au restaurant sous prétexte qu'ils sont débordés, et quatre fois sur cinq, elle les véhicule parce qu'ils n'ont pas eu le temps de mettre de l'essence dans leur voiture. Comment s'étonner, dans ces conditions, que les filles sympas soient épuisées ! Les femmes qui gagnent savent faire entendre leur voix. Si elles apportent volontiers leur contribution, elles attendent aussi des autres qu'ils prennent leur part de responsabilité.

Marie est issue d'une famille de trois enfants. Elle est la seule à n'avoir jamais quitté la ville où vit encore leur mère. Lorsque celle-ci est devenue veuve, Marie a pris l'habitude de s'occuper d'elle. Avec les années, la jeune femme, mère de famille et salariée à plein temps, commençait à trouver que cela représentait une charge de plus en plus difficile à assumer seule. Elle en a discuté avec son frère et sa sœur, laquelle a accepté d'aider leur mère à gérer ses finances, une tâche qu'elle pouvait aisément mener à bien, même en étant éloignée. Marie n'a pas réussi à convaincre son frère de participer, du moins a-t-elle fait l'impossible pour le mettre devant ses responsabilités. On n'obtient pas toujours ce qu'on veut ; l'essentiel est d'être fière de la manière dont on se conduit et dont on a géré la situation.

Marianne a renoué avec la vie active après s'être consacrée à sa famille pendant plusieurs années. Elle a eu une conversation franche avec son mari concernant le partage des responsabilités. Dans la mesure où ils travaillent tous les deux à plein temps, ils se sont mis d'accord pour engager une employée de maison et pour conduire les enfants à leurs activités à tour de rôle en fonction de leur emploi de temps. Néanmoins, Marianne continue d'assurer plus de la moitié des tâches, dont l'entretien du linge, les courses et la préparation des repas. Pour le moment, cette répartition lui convient et elle arrive à tout gérer. Elle sait qu'elle peut en rediscuter avec son mari le cas échéant.

La négociation en famille et avec les amis ne se passe pas toujours sans heurts. Mais quand on est une femme qui gagne, on réussit toujours à trouver un accord gagnant-gagnant.

APPLICATION PRATIQUE

- **Donnez-vous le droit de changer les habitudes.** Ce n'est pas parce que vous assumez tout depuis toujours que vous devez continuer. Sachez cependant qu'il ne vous sera pas facile de modifier le *statu* *quo*, dans la mesure où vos collègues, votre famille, et vos amis apprécient que vous en fassiez toujours plus pour qu'ils puissent en faire toujours moins.

- **Attendez que d'autres se portent volontaires.** Gardez votre sang-froid quand on demande des volontaires, résistez à la tentation de lever la main la première. Si vous ne vous manifestez pas, vous serez peut-être agréablement étonnée.
- **Demandez de l'aide.** Si vous savez que vous avez besoin d'aide, n'hésitez pas à appeler au secours. Réfléchissez éventuellement à plusieurs au moyen de répartir équitablement les tâches. Au bureau, si vous acceptez des responsabilités supplémentaires, énoncez clairement et de manière professionnelle les limites à ne pas dépasser. À la maison, restez concentrée sur les faits sans jouer sur la corde affective.
- **Acceptez l'idée que les autres puissent adopter une manière de procéder différente de la vôtre.** Et, à vrai dire, c'est tant mieux ! Apprenez à être moins rigide. Si vous ne voulez pas être toujours celle qui fait la lessive, acceptez que vos sous-vêtements blancs virent occasionnellement au gris, parce que votre mari a mélangé le blanc et le linge de couleur. De même, si vous voulez partager la corvée des courses, ne reprochez pas à votre fille d'avoir acheté une confiture de framboises qui coûte deux fois plus cher que celle que vous prenez d'habitude.
- **Ne sous-estimez pas l'effort des autres en matière de partage des responsabilités.** Encouragez les comportements que vous voulez voir adoptés. Si vous pensez : « Pourquoi remercier mon fils chaque fois qu'il range sa chambre, alors que c'est son devoir de le faire ? », vous risquez de briser définitivement sa bonne volonté. Dans quelques pages, nous parlerons du pouvoir du renforcement positif.

Tactique 38

Parents, conduisez-vous en parents

Les filles sympas ont des difficultés avec la parentalité. Elles aiment leurs enfants, mais de manière préjudiciable pour eux. Elles confondent le rôle de mère avec celui d'amie. Elles tremblent à l'idée de les gronder ou de leur fixer des limites, car elles craignent de ne plus être aimées. Mais cette attitude est à la fois nocive pour leurs enfants et pour elles-mêmes, elle les prive du respect qu'elles méritent.

Lorsque les enfants de Lucie étaient jeunes, elle leur répétait sans cesse qu'ils auraient de nombreux amis au cours de leur vie, mais qu'ils n'avaient qu'une seule mère. En soulignant cette distinction, elle accomplissait un acte doublement bénéfique : pour eux et pour elle-même. Ses enfants ont compris très tôt qu'elle ne plaisantait pas quand elle décidait d'appliquer les règles qu'elle avait édictées. Et en ce qui la concerne, cela la rappelait à ses responsabilités de détentrice de l'autorité et la confortait dans l'idée que le rôle de mère oblige parfois à se rendre impopulaire. Ce qui ne pose pas de problème sachant que la mère agit normalement dans l'intérêt de l'enfant.

Peu de conversations sont plus délicates que celles qui opposent un enfant et un adulte ayant des divergences d'opinion. Il y a bien davantage en jeu que le sujet lui-même – notamment les conséquences résiduelles sur la relation. Si une mère se conduit en fille sympa et cède à sa fille ce qu'elle veut, le problème à court terme sera résolu – autrement dit le conflit –, mais au détriment du véritable objectif qui est de faire de sa fille une adulte équilibrée et autonome.

Nicole, une mère divorcée, a dû prendre des sanctions contre sa fille de 18 ans qui avait organisé une soirée à leur domicile, alors qu'elle s'absentait et l'avait formellement interdit. Non seulement Valérie, la fille, avait désobéi, mais pour ne rien arranger, les voisins ont dit le lendemain à Nicole que les jeunes avaient bu de l'alcool. Lorsqu'elle décida de suspendre l'abonnement du portable de Valérie en guise de punition, celle-ci furieuse, l'accusa de réagir avec excès. Selon elle, elle avait juste réuni quelques amis qui avaient partagé deux ou trois bières avant de poursuivre la soirée ailleurs. Valérie ajouta que tous les parents de ses amis autorisaient les soirées chez eux et que Nicole ruinait sa vie en la punissant aussi sévèrement. Mais Nicole demeura inflexible jusqu'à ce que Valérie comprenne la leçon. Si elle avait cédé pour ne pas rendre Valérie malheureuse ou pour éviter sa colère, elle se serait épargné des désagréments à court terme, mais elle aurait envoyé à sa fille un message signifiant qu'elle ne l'aimait pas suffisamment pour faire appliquer une règle destinée à la protéger. Valérie aurait sans doute été momentanément satisfaite d'avoir gagné, mais un jour ou l'autre, elle aurait reproché à sa mère de ne pas avoir joué son rôle de parent.

APPLICATION PRATIQUE

- **Fixez-vous un objectif réaliste.** Si votre adolescent vous dit qu'il veut se faire tatouer, vous ne pourrez sans doute pas lui extorquer la promesse d'y renoncer pour toute la vie. Vous réussirez au mieux à le convaincre d'attendre l'âge de 18 ans. Rien ne vous empêche d'en reparler avec lui à ce moment-là, en espérant que les expériences qu'il aura faites entre-temps l'auront fait réfléchir.
- **Choisissez l'heure et le lieu adéquats.** N'abordez pas un sujet délicat ou grave avec votre fille quand vous la ramenez de son cours de danse en voiture, après une journée fatigante et au milieu des embouteillages. Mettez toutes les chances de votre côté en prenant le temps de discuter dans un endroit où vous serez toutes les deux détendues, reposées et réceptives.

- **Suivez l'exemple des scouts.** Réfléchissez aux arguments qui vous seront opposés et préparez-vous à les contrer en expliquant votre position, mais aussi les raisons sur lesquelles elle se fonde. Votre enfant peut ne pas être d'accord, mais il comprendra mieux vos préoccupations – une connaissance qui lui servira probablement plus tard dans la vie.
- **Prévoyez sur quels ressorts ils vont jouer.** Même s'ils donnent l'impression de vivre sur une autre planète, vos enfants sont attentifs à vos arguments. Ils vous connaissent bien et vont probablement utiliser cette connaissance pour obtenir ce qu'ils veulent. Ne les laissez pas jouer sur le registre émotionnel. Vous regretteriez sans doute votre réaction. Si vous vous rendez compte qu'ils appuient sur un point sensible, notamment sur votre sentiment de culpabilité, interrompez la discussion pour vous donner le temps de vous ressaisir.
- **Recherchez ensemble une solution.** Sans rien céder de votre autorité, encouragez votre enfant à rechercher avec vous une solution créative. Quels sont les différents angles sous lesquels on peut envisager le problème ? Peut-on trouver d'autres alternatives ? Par exemple : votre fille voudrait une nouvelle robe pour la fête de son école, mais vous êtes un peu juste financièrement et vous savez que son armoire est déjà pleine à craquer. Après avoir examiné avec vous différentes solutions, elle proposera peut-être de garder plus souvent des enfants pour gagner de l'argent ou pensera à emprunter une robe à sa cousine.
- **Ne leur forcez pas la main.** Le fait d'être parent ne vous autorise pas à vous comporter en tyran. Ce n'est pas parce que vous *pouvez* leur imposer votre solution en tant que parent, que vous *devez* le faire. Même les jeunes enfants réagissent de manière négative à la phrase « Parce que c'est comme ça. » Permettez à vos enfants d'avoir leur mot à dire et écoutez leur point de vue avec respect.

Tactique 39

Pratiquez le renforcement positif intermittent

Quiconque a joué aux machines à sous dans un casino a été soumis, sans le savoir, à un phénomène que les psychologues nomment « le renforcement positif intermittent » – or, tout comportement conditionné ainsi est difficile à modifier. Imaginez que vous vous asseyez devant une machine, que vous glissiez quelques pièces dans la fente et que vous abaissiez la manette. Que se passe-t-il en général ? Eh oui, vous perdez... Vous rejouez, et cette fois vous gagnez, mais vous récoltez quelques pièces de moins que ce que vous avez dépensé. Persuadée que le gros lot est à portée de votre main (ce serait le moment d'appliquer la tactique 31, « Partez tant qu'il est encore temps »), vous persistez, avec le même résultat – quelques pièces qui équivalent à peu près à votre mise. Êtes-vous découragée pour autant ? Pas le moins du monde ! Pourquoi ? Parce que le renforcement positif intermittent dont vous avez fait l'objet vous a incitée à continuer. Les propriétaires de casinos exploitent ce phénomène psychologique pour leur plus grand bénéfice.

L'intérêt du renforcement positif intermittent tient à ceci que vous ne savez pas *quand* vos tentatives seront finalement récompensées. Donc vous persistez. Quand un patron est trop exigeant et ne distribue jamais de compliments, son équipe se décourage et perd sa motivation. Inversement, s'il ne cesse de féliciter tout le monde à n'importe quel propos, son équipe devient imperméable aux louanges. Mais lorsqu'il accorde des félicitations ponctuelles et pour des réalisations précises, elles ont davantage d'impact et la productivité de ses collaborateurs augmente.

Parce qu'elles ont besoin d'être aimées, les filles sympas renforcent des comportements qu'elles préféreraient supprimer. Et si vous êtes une fille sympa, soyez certaine que vos enfants, votre conjoint, vos amis et votre famille sauront l'exploiter à leur avantage. Les jeunes enfants sont particulièrement habiles à ce jeu. Lorsque votre petit dernier de 4 ans réclame un biscuit juste avant le dîner et que vous lui refusez en disant que cela va lui couper l'appétit, il est probable qu'il renouvellera la tentative sous d'autres formes. Et au bout d'un certain temps, par frustration, par lassitude, ou simplement parce qu'il vous dérange, vous lui donnez le biscuit. Vous venez de renforcer positivement son comportement. Désormais, il sait qu'en répétant ce stratagème, il obtiendra le même résultat. À l'inverse, si sa tactique était restée sans effet sur vous, il aurait abandonné ce comportement.

Nous avons présenté le renforcement positif intermittent comme quelque chose de négatif. Il peut l'être effectivement, mais seulement dans les cas où celui qui l'utilise encourage inconsciemment des comportements indésirables. Inversement, vous pouvez l'exploiter consciemment à votre avantage et de manière positive. Quand votre mari accomplit une tâche ménagère pour vous aider, récompensez-le en préparant son plat favori pour le dîner. La prochaine fois que votre fils vous rendra les clefs de la voiture à l'heure que vous lui aviez fixée, donnez-lui la permission de l'emprunter pendant le week-end. En renforçant par intermittence les comportements que vous voulez voir adoptés, vous aurez plus de chances qu'ils soient répétés.

APPLICATION PRATIQUE

- **Dites de ce que vous faites et faites ce que vous dites.** Afficher de la cohérence entre ses paroles et ses actes est le meilleur moyen d'inciter les autres à nous faire confiance. Si vous déclarez à votre mère que vous n'avez pas le temps de recevoir les cousins de province et si son insistance vous fait capituler, vous lui aurez montré que vous êtes incapable de résister à la pression affective.

- **Ne vous laissez pas harceler par les autres.** Vous êtes fière d'avoir fixé des limites, mais vous avez des difficultés à les faire respecter quand on vous amadoue ou qu'on vous culpabilise pour vous faire changer d'avis. Chaque fois que vous vous laissez harceler, vous montrez aux autres qu'ils peuvent toujours arriver à leurs fins. Vous apprendrez à lutter contre ces initiatives menées à vos dépens dans la stratégie V, « Surmontez les obstacles et les résistances ».
- **Récompensez ponctuellement les comportements positifs.** Le mot important ici est *ponctuellement*, car si vous récompensez systématiquement (par des mots ou concrètement) les gens qui respectent vos limites ou vos besoins, ils le prendront comme un dû ou n'y feront plus attention. Et cela n'aura plus d'effet incitatif.

Tactique 40

Ne remettez pas les conversations difficiles au lendemain

Les filles sympas cherchent souvent à éviter les conversations pénibles. Lorsque l'affrontement menace, elles adoptent la devise : « Demain est un autre jour. » En d'autres termes, elles remettent à plus tard la discussion véritable. Mais parfois, elles ne peuvent pas retarder l'échéance. Et plus elles attendent, plus la frustration, la colère et la déception s'accumulent au risque d'aggraver le problème et de faire échouer le dialogue.

Karine, la meilleure amie d'Astrid, semblait prendre ses distances. Elle ne la rappelait plus aussi rapidement qu'elle le faisait avant et elle annulait souvent leurs rendez-vous à la dernière minute. Blessée et perplexe, Astrid ne savait plus quoi faire. En fille sympa qu'elle était, elle supporta la situation sans rien entreprendre. À la longue, faute de communiquer franchement sur le problème, elles s'éloignèrent l'une de l'autre. Aujourd'hui, quand elles se croisent dans des réunions ou des soirées, elles se sentent gênées et mal à l'aise. Même si rien ne garantit qu'une discussion aurait changé quoi que ce fût, Astrid regrette de ne pas avoir eu le courage de crever l'abcès.

Sabine s'est trouvée dans un cas de figure analogue. Depuis peu, sa collègue a changé de comportement à son égard : elle n'assume plus sa part de travail, s'arroge tout le mérite quand une mission est réussie et rend leur cohabitation insupportable. Sabine a compris que si elle laissait faire, la situation empirerait. Elle décida d'en parler à tête reposée avec l'intéressée. L'enjeu était de taille : si elle échouait, les choses deviendraient encore plus difficiles. Elle a préparé son argumentation et s'est exercée à l'exprimer à voix haute. C'est une chose de savoir ce que vous voulez dire ; c'en est une autre de le formaliser. Rien ne vaut la pratique.

Il est toujours tentant d'éviter les conversations difficiles dans l'espoir que les choses s'arrangeront d'elles-mêmes. Ce qui arrive rarement. Et la politique de l'autruche n'est pas une stratégie productive. Inversement, un entretien franc favorise le respect mutuel et renforce la relation.

APPLICATION PRATIQUE

- **Définissez des objectifs accessibles.** Interrogez-vous sur le résultat que vous souhaitez obtenir. Sabine voulait que sa collègue change de comportement, mais puisque cela n'allait pas sans provoquer d'affrontement, elle opta pour un objectif plus réaliste : comprendre les raisons de son attitude négative.
- **Recensez les faits.** Quels sont les faits objectifs ? Que s'est-il passé ? Quand ? À cause de qui ? N'interprétez pas les faits, n'émettez pas de suppositions : contentez-vous d'en dresser la liste.
- **Évaluez votre part de responsabilité.** Si à première vue, vous êtes hors de cause et que l'autre semble coupable, cherchez à voir au-delà des apparences. Soyez honnête avec vous-même – qu'avez-vous fait (ou évité de faire) pour que la situation empire ?
- **Considérez l'autre comme une personne et non comme un ennemi.** Les salauds véritables sont rares. La plupart des gens ne se lèvent pas le matin en se frottant les mains à l'idée de gâcher la journée de ceux qui les entourent (il y a des exceptions...). Lorsque vous devez affronter une conversation déplaisante, rappelez-vous que votre interlocuteur n'est qu'un être humain avec ses faiblesses et ses incertitudes, exactement comme vous.
- **Choisissez la méthode, l'heure et le lieu qui conviennent.** Bien que redoutable, le face-à-face est idéal, parce qu'il permet d'observer le langage corporel de l'autre. Mais choisissez le bon

moment : évitez d'engager une conversation difficile quand vous êtes pressée, fatiguée ou stressée – cela vaut aussi pour votre interlocuteur. Préférez également un endroit calme, propice à la détente et à la réflexion.

- **Exercez-vous à parler à haute voix.** Demandez à une personne de confiance étrangère au problème de vous faire répéter « votre texte ». Enregistrez éventuellement votre prestation pour l'écouter et la visionner plus tard. La répétition et l'exercice donnent de l'aisance et de la confiance en soi.

Tactique 41

Définissez une fourchette de résultats acceptables

Quand elle posa sa candidature, on demanda à Jennifer de décliner ses prétentions de salaire. Elle avait effectué des recherches sur Internet et s'était renseignée auprès d'un syndicat professionnel pour avoir une idée précise de la rémunération à exiger et elle savait que la fourchette allait de 62 000 euros à 78 000 euros. Elle percevait 68 000 euros par an chez son employeur actuel. Pour que le changement en vaille la peine, elle devait augmenter son revenu de 10 % au moins, ce qui donnait 74 800 euros. Elle indiqua à son futur employeur une fourchette de salaires comprise entre 74 800 euros et 80 000 euros. Comme elle s'y attendait, il opta pour un moyen terme et lui proposa 76 500 euros.

Les professionnels de l'immobilier recourent constamment à cette pratique. Supposons que vous disiez à votre agent que votre prix d'achat maximal est de 325 000 euros. Va-t-il vous proposer une liste de maisons valant 325 000 euros ou moins ? Non, évidemment. Il vous présente des biens compris entre 325 000 euros et 395 000 euros. Très rapidement, les maisons qui coûtent 325 000 euros ne peuvent rivaliser avec celles d'un prix plus élevé et vous refaites fébrilement vos comptes pour savoir comment vous allez financer votre achat. Résultat : l'agent immobilier empoche une commission plus importante et vous vous retrouvez propriétaire d'une maison qui coûte beaucoup plus cher que la somme prévue initialement. Si vous lui aviez indiqué une fourchette de prix entre 300 000 euros et 325 000 euros, il se serait probablement limité à des biens correspondant à votre budget.

En établissant une fourchette de résultats acceptables au lieu de présenter une solution unique, vous augmentez vos chances d'obtenir ce que vous voulez. Cela ne vaut pas seulement lors d'une négociation de salaire, mais aussi pour le partage des corvées avec votre conjoint, l'établissement d'un devis avec un artisan, voire pour résoudre un différend avec un ami. Non seulement vous partez d'un terrain commun pour commencer à discuter, mais cela vous oblige à réfléchir soigneusement à toutes les issues possibles, de la moins acceptable à la plus favorable.

Au moment de déterminer la fourchette ou les paramètres des résultats souhaités, il est recommandé d'envisager la solution la plus décevante, mais qui est encore acceptable, et à l'autre extrémité, celle qui paraît inespérée. Supposons que vous soyez en train d'établir des projets de vacances avec des amis. Chacun a une idée précise quant au lieu et aux activités qu'il préfère – du banal à l'exceptionnel. Après vous être renseignée et après avoir comparé les destinations et les coûts, vous concluez que si un séjour de huit jours à la Mamounia de Marrakech représente le *nec plus ultra*, un voyage de deux semaines dans le sud de l'Espagne, en partageant les chambres d'hôtel et la location d'une voiture, a aussi son intérêt. Et quand vous vous réunissez avec vos amis pour en discuter, vous proposez ces deux solutions.

Bien sûr, vous n'obtiendrez pas toujours le résultat idéal. L'employeur peut revenir sur sa décision et trouver vos exigences trop élevées, l'agent immobilier vous dire qu'il n'existe pas de maison à ce prix dans le quartier que vous voulez habiter, et vos amis préférer une destination exotique inabordable pour vous. Mais le fait d'avoir spécifié à l'avance ce que vous pouvez accepter accroît vos chances d'obtenir un résultat qui vous convient.

APPLICATION PRATIQUE

- « **Faites vos devoirs** ». Pour défendre vos objectifs, vous devez pouvoir étayer votre argumentation sur des faits et des chiffres.

Comme le dit l'une de nos amies : « Les faits sont des alliés. » Il est plus facile de mener une discussion fondée sur les faits que sur les émotions.

- **Fixez une fourchette qui vous donne une marge de manœuvre.** C'est particulièrement vrai en matière de négociation. Quand vous cherchez à vendre votre voiture, vous ne demandez pas exactement le prix que vous souhaitez en obtenir. Vous la proposez 10 % plus cher, ce qui laisse à l'acheteur la possibilité de négocier à la baisse et vous permet de réaliser la transaction au prix que vous vouliez. De même, lors d'une embauche, il est courant d'exiger dans un premier temps une série de petits avantages pour les renégocier et les échanger ensuite contre des prestations réduites en nombre, mais substantielles.
- **Soyez prête à rompre la négociation.** Quand vous avez clairement défini les résultats auxquels vous voulez aboutir, il est plus facile de déterminer à quel moment rompre la négociation. Cela vous évitera de faire comme les filles sympas qui acceptent une proposition qu'elles regrettent ensuite.

Tactique 42

Commencez par dire « oui »

C'est une astuce que Lois et moi utilisons couramment pour gérer les attentes des autres. Elle a un effet magique. Lorsque nous sommes en déplacement, il arrive que des clients viennent nous trouver à l'hôtel pour nous demander de modifier des passages entiers de notre intervention. Cela se produit en général tard dans la nuit, alors que nous avons passé la journée à voyager et, bien entendu, leur requête arrive à la dernière minute. Soucieuses de conserver d'excellentes relations avec nos clients, nous ne refusons jamais. Personne n'aime s'entendre dire « non ».

Mais nous ne nous précipitons pas pour remanier notre discours, surtout aux dépens d'un dîner mérité et d'une bonne nuit de repos. Car nous faisons partie des femmes qui gagnent ! Et nous soumettons au client différentes options qu'il peut accepter ou décliner. Nous lui disons par exemple : « Il est possible d'effectuer ces modifications. Nous facturons 500 euros de l'heure pour les changements demandés moins de 48 heures avant notre intervention. Combien de temps souhaitez-vous que nous consacrions à ce travail ? » Quatre-vingt-dix-neuf pour cent des clients estiment que, finalement, ces corrections ne sont pas indispensables. Et quant au 1 % restant, il n'a pas d'autre choix que de récompenser notre effort à sa juste valeur.

Les attentes que vous avez à gérer ne portent pas seulement sur l'aspect financier, elles concernent aussi votre temps et votre énergie. Imaginez que votre meilleure amie vous téléphone paniquée et veuille absolument venir vous voir pour vous raconter ses derniers déboires conjugaux. Vous compatissez sincèrement, mais vous venez de rentrer de voyage, vous devez faire une lessive, sinon vous n'aurez rien de propre à mettre le lendemain pour aller au bureau, et vous n'avez pas encore dîné. Si vous refusez, votre amitié risque d'en pâtir. En acceptant d'emblée, vous ne la décevez pas, ce qui vous permet de continuer à gérer à la fois ses attentes et vos besoins. « Pas de problème, tu peux venir si tu veux, commencez-vous, mais je dois t'avertir que j'ai une réunion importante tôt demain matin et que je vais faire plusieurs lessives, sinon je n'aurai rien à mettre. Je ne suis pas sûre de pouvoir te prêter toute l'attention dont tu as besoin. Si tu préfères, nous pourrons nous voir demain soir, je serai plus disponible. » Elle choisira vraisemblablement la seconde option, ce qui est mieux pour vous deux. Voici quelques exemples de réponses concernant d'autres situations :

- « Je serais ravie d'avoir nos amis à dîner samedi soir. Mais comme je participe à un séminaire toute la journée, il faudra que je fasse appel à un traiteur ou que je réserve au restaurant. »
- « Je suis d'accord pour garder tes enfants mercredi soir. Je ne serai pas chez moi avant 18 heures et j'attends un appel des États-Unis. Je te propose donc de me les amener et de les récupérer quand tu rentreras, ou bien je peux venir chez toi après 20 heures. »

Le seul inconvénient est que cette tactique marche seulement si vous êtes réellement disposée à faire ce qu'on attend de vous et si l'autre ne mord pas à l'hameçon. Car après tout, votre amie pourrait *néanmoins* venir vous voir, et vous feriez vos lessives comme vous l'en avez avertie. Attention : si vous n'avez absolument pas envie qu'elle vienne, ce n'est pas la bonne tactique à utiliser.

APPLICATION PRATIQUE

- **Soyez cohérente avec vous-même.** Il n'est pas correct de commencer par accepter quand, en fait, vous voulez dire « non ». Car cela vous oblige à revenir sur votre déclaration première, au risque de provoquer de part et d'autre colère et déception. Si vous n'avez pas l'intention de faire ce qu'on vous demande, ou si vous ne le pouvez pas, dire « non » est un mal nécessaire. La tactique 43 vous apprendra comment vous sortir diplomatiquement de ce mauvais pas.

- **Acceptez tout en proposant des alternatives.** Faites en sorte de proposer des alternatives satisfaisantes pour vous, ce qui a pour effet de déplacer la responsabilité du choix sur l'autre.
- **N'adoptez pas une attitude passive-agressive.** Le fait de commencer par dire « oui » ne doit pas représenter seulement un subterfuge ou une tentative de manipulation. L'objectif est de conserver des relations positives avec l'autre tout en gérant ses attentes par rapport à vos intentions réelles. Vous lui montrez que vous n'êtes pas quelqu'un dont on peut profiter et vous l'alertez sur les conséquences ou sur le coût de ses exigences. Si vous prenez ses attentes en compte, mais si vous les négligez par la suite ou si vous oubliez délibérément de tenir votre promesse, cela s'appelle avoir un comportement « passif-agressif ».

Tactique 43

Si vous devez refuser, donnez vos raisons et proposez des alternatives

Il y a des moments où un « non » catégorique s'impose. Sachant que votre refus met l'autre dans l'embarras, justifiez-le rationnellement et proposez des alternatives.

À mi-parcours de la rédaction de ce livre, l'éditrice américaine de *Ces filles sympas qui sabotent leur carrière* téléphona à Lois et lui demanda d'effectuer dans les trois jours des révisions pour l'édition en poche qui devait paraître sous peu... Diverses raisons expliquaient ces délais extrêmement courts. Or, non seulement Lois était occupée par l'écriture du présent livre, mais son beau-père qui était hospitalisé réclamait sa présence. Il lui était donc impossible de satisfaire cette exigence.

À contrecœur, elle dut refuser. Suivant ses principes, elle expliqua calmement la situation et ajouta qu'avec un sursis raisonnable, elle serait en mesure de fournir le service demandé. Quelques jours plus tard, l'éditrice reprit contact pour lui dire qu'elle pouvait encore attendre deux semaines. Lois avait obtenu le délai souhaité, l'éditrice reçut les révisions à temps et elles conservèrent d'excellentes relations.

Avant d'accepter de faire quelque chose qui vous pose un réel problème, réfléchissez s'il ne serait pas préférable de refuser en avançant des raisons légitimes et en proposant des alternatives.

APPLICATION PRATIQUE

- **Ne faites pas passer vos besoins systématiquement au second plan.** Vous connaissez sans doute l'adage « Votre problème n'est pas mon problème. » Même si vous n'avez pas l'intention de le dire, du moins pensez-y pour décider si la requête est raisonnable. Il y aura des moments où vous devrez faire l'impasse sur vos besoins pour aider l'autre (et croyez-nous, il vous le revaudra mille fois), mais si vous vous trouvez vous-même dans une situation délicate, il est légitime de refuser.
- **N'hésitez pas à fournir des explications pour « humaniser » votre position.** On demande perpétuellement aux femmes de se justifier. C'est fondamentalement injuste, mais parfois il vaut mieux faire savoir que vous n'êtes pas seulement un être humain « qui travaille », mais un être humain tout simplement, avec ses forces et ses faiblesses. N'exagérez pas non plus dans l'autre sens, vous risqueriez de passer pour quelqu'un qui est incapable d'assumer ses responsabilités. Exposez clairement votre situation pour que les autres apprennent à respecter votre temps et vos priorités.
- **Cherchez des solutions créatives plutôt qu'un compromis.** Un compromis, c'est toujours une situation perdant-perdant. Chacun renonçant à quelque chose qui lui tient à cœur, tout le monde y perd forcément. Si une amie vous invite à vous joindre à sa soirée d'anniversaire dans un restaurant huppé alors que vous n'avez pas un sou, à titre de compromis, vous proposerez d'aller dans un établissement un peu moins cher. En fin de compte, vous aurez sans doute dépensé plus que vous ne vouliez et votre amie sera déçue de ne pas avoir fêté son anniversaire au restaurant qu'elle avait choisi. La solution la plus créative serait de lui proposer d'aller sans vous au restaurant comme elle l'avait prévu, et de l'inviter à dîner chez vous à une autre date.

Tactique 44

Donnez la parole aux faits, laissez les sentiments de côté

Quand son propriétaire refuse de régler les réparations qui lui incombent, la fille sympa typique se contente de le supplier au lieu de lui rappeler ses obligations de bailleur telles qu'elles figurent sur le contrat de location. Et quand un article est exagérément cher dans un magasin, elle renonce à l'acheter au lieu de réclamer une baisse de prix en se basant sur les tarifs affichés sur Internet.

Les faits sont plus convaincants que les sentiments. C'est une réalité. Si votre argumentation est inspirée par vos sentiments, votre interlocuteur peut y opposer ses propres sentiments, mais si vous la fondez sur des faits, la discussion reste concentrée sur le sujet.

Depuis l'adolescence, Myriam veut modifier la forme de son nez en recourant à la chirurgie esthétique. Elle espère ainsi acquérir davantage de confiance en elle. Après avoir consulté plusieurs praticiens, elle a choisi celui qui affichait les meilleures références, mais qui était aussi le plus cher – or, Myriam avait un budget limité. Une fille sympa aurait joué sur la corde sensible, en disant au médecin combien l'intervention était importante pour elle. Ce sont des sentiments. Myriam préféra négocier le coût de l'intervention en fondant son argumentation sur les faits suivants :

- les honoraires du chirurgien étaient de 10 % à 25 % supérieurs à ceux de ses confrères ;
- s'il lui accordait une réduction, elle règlerait l'intervention en une seule fois au lieu de payer en plusieurs versements échelonnés ;

- elle serait disposée à figurer dans des publicités avec une photo la montrant « avant » et « après » l'intervention (ce que nombre de patients refusent) ;
- il déciderait lui-même de la date de l'intervention, à un moment où son planning est peu chargé, pour ne pas avoir à refuser un patient qui paie plein tarif ;
- elle accepterait une opération sans anesthésie, de sorte qu'il pourrait donner une journée de congé à l'anesthésiste. (*Nous plaisantons* !!!)

En faisant intervenir un raisonnement et des données factuelles au lieu de jouer sur l'émotionnel, elle a pu demander à bénéficier d'un tarif préférentiel sans scrupules et sans se sentir coupable.

Personne n'exerce de contrôle sur les faits, ils sont ce qu'ils sont, et restent impartiaux. Lorsque vos attentes diffèrent de celles de la personne avec laquelle vous voulez conclure un accord, réfléchissez comment vous pouvez utiliser les faits pour résoudre vos différends.

Exemples de situations dans lesquelles les faits constituent un argument imparable

Situation	Bénéfice pour vous
Si vous essayez de vous mettre d'accord avec votre conjoint sur la valeur de votre maison parce que vous êtes en train de divorcer, au lieu d'hésiter entre plusieurs évaluations subjectives, faite appel à un professionnel qui vous donnera une estimation basée sur les maisons de même type dans le voisinage.	Quand les émotions sont exacerbées, lors d'un divorce par exemple, laissez les faits trancher d'eux-mêmes. Vous réaliserez ainsi des économies substantielles sur les honoraires d'avocat.
Si un client demande de régler à soixante jours fin de mois au lieu de trente, ne l'interrogez pas sur ses raisons, rappelez-lui simplement que dans votre secteur d'activité, les règlements s'effectuent toujours à trente jours.	Vous réussirez ainsi à maintenir votre trésorerie et à préserver votre relation avec le client.
Si votre dentiste vous cite des honoraires exorbitants, au lieu d'en appeler à ses bons sentiments, faites jouer la concurrence.	Vous ferez réaliser les soins par le dentiste de votre choix sans dépasser votre budget.

APPLICATION PRATIQUE

- **Conservez une trace des faits.** Avec le temps, on oublie la chronologie ou les détails des faits. N'essayez pas de deviner ou de les reconstituer. Tenez un journal, surtout si vous pensez que vous aurez besoin des faits ultérieurement pour étayer votre position. Notez l'incident, la date, la présence éventuelle d'autres personnes, et toutes les informations possibles.
- **Utilisez des faits crédibles et inattaquables.** Quelle que soit votre source, assurez-vous de sa fiabilité. Si vous citez des « faits » qui ne sont pas avérés, on vous reprochera de manquer de rigueur, ou pire, d'être malhonnête. Faites le tri et vérifiez systématiquement les informations que vous trouvez en ligne.
- **Faute de pouvoir vous appuyer sur des faits, référez-vous aux « pratiques en usage ».** Il suffit parfois de se réclamer de la « politique usuelle » ou des « pratiques standard » pour résoudre le problème. Supposons que vous travaillez dans une banque qui impose au personnel de réclamer une pièce d'identité aux clients avant de leur communiquer la situation de leur compte. Le jour où un client furieux vous prendra à partie, vous pourrez vous appuyer sur le règlement et lui expliquer qu'il s'agit d'une mesure de précaution destinée à protéger la clientèle des indiscrétions et des abus.
- **Avant de négocier votre salaire, informez-vous des rémunérations pratiquées pour le même type de poste.** Une femme bien informée a plus de chance d'être prise au sérieux et d'obtenir ce qui lui revient de droit. Effectuez un travail préparatoire pour avoir une idée précise de la fourchette des salaires, des primes et des avantages en usage dans les entreprises concurrentes.

Tactique 45

Faites la chasse au perfectionnisme

Certaines filles sympas réussissent à gérer les attentes des autres, mais oublient de gérer les leurs. Lorsque les choses n'évoluent pas comme elles l'ont prévu, elles tournent leur regard vers l'extérieur pour trouver une explication, alors qu'en fait le problème se situe plus près d'elles qu'elles ne le soupçonnent… Parmi les phrases suivantes, combien s'appliquent à vous (soyez franche !) :

- Je suis souvent déçue parce que les choses ne sont pas faites comme elles le *devraient*.
- J'ai peur qu'on me juge incompétente quand je ne réussis pas aussi bien que je le voudrais.
- Je préfère assumer moi-même la responsabilité d'une mission, au lieu d'en charger quelqu'un qui ne l'accomplira pas correctement.
- Je ne sais jamais à partir de quel moment je peux être satisfaite de mon travail.
- Je passe souvent plus de temps qu'il ne faut sur des projets pour être certaine d'avoir couvert tous les aspects.
- Lorsqu'une mission dans mon domaine d'expertise se présente, je suis généralement la plus qualifiée pour la remplir.
- L'idée que je puisse commettre une erreur me mortifie.
- Je suis la plus impitoyable des critiques pour moi-même.
- Mes parents exigeaient que je sois parfaite.

Quels résultats avez-vous obtenus ? Si peu, voire aucune, de ces affirmations ne s'appliquent à vous, nos félicitations ! Vous savez que vous n'êtes qu'un être humain et la quête de la perfection vous semble un exercice futile. À l'inverse, si vous vous sentez concernée par la plupart de ces propositions, cela signifie que vous ne savez pas gérer les attentes que vous vous fixez. En fait, vous êtes probablement débordée et au bord de l'épuisement. Il est légitime de viser l'excellence, quant à atteindre la perfection, c'est une tout autre histoire...

Le culte de la perfection n'est pas propre aux femmes, mais elles y sont plus sensibles que les hommes. Cela s'explique en partie parce que la société considère les femmes comme imparfaites, simplement parce que ce sont des femmes. Mais il y a d'autres raisons à cela. Nous continuons à être influencées par certains messages reçus dans notre enfance qui faisaient de la perfection le but à atteindre. Nous la cultivons aussi pour compenser nos manques (par exemple, « Je ne suis pas si belle que ça, donc je ne peux pas me permettre d'avoir une maison qui ne soit pas parfaitement tenue »). Et cela sans compter le mythe voulant qu'une femme doive travailler deux fois plus qu'un homme pour qu'on la prenne au sérieux. Ne vous épuisez pas dans une vaine course à la perfection, apprenez plutôt à gérer vos attentes personnelles.

C'est une chose de vouloir qu'une tâche soit correctement réalisée parce que vous la jugez importante. C'en est une autre de retravailler le moindre détail jusqu'à arriver à 100 % de perfection. Votre meilleure amie va se marier et vous a demandé d'être sa demoiselle d'honneur. C'est à vous qu'incombe la responsabilité d'organiser la soirée qui marque l'enterrement de sa vie de jeune fille. Il est normal que vous y consacriez du temps et des efforts pour en faire un événement mémorable. Mais si vous passez des nuits blanches à vous tracasser au sujet de la décoration florale, du buffet et de mille et une choses, la bataille que vous livrez est perdue d'avance. Car la perfection n'existe pas – nous pouvons au mieux espérer l'approcher le plus près possible.

APPLICATION PRATIQUE

- **Soyez réaliste, tenez compte du temps et des ressources dont vous disposez.** Si on vous prévient seulement 24 heures à l'avance que vous devez réaliser le gâteau pour les noces d'or de vos parents, il n'est pas raisonnable d'imaginer que vous présenterez le jour dit une pièce de cinq étages avec meringues et glaçage. Courez plutôt à la pâtisserie la plus proche pour le commander. En revanche, si vous avez le temps nécessaire, laissez vos talents de cordon-bleu s'exprimer (sans viser la perfection).

- **Ne rien planifier, c'est planifier l'échec.** Nous sommes parfois prises entre le souci de la perfection et la pression des délais. Dans le feu de l'action, tout devient à la fois important et urgent. Ne remettez pas à plus tard les projets qui exigent l'excellence. En planifiant à l'avance, vous vous donnez le temps d'adopter une démarche logique, de corriger vos erreurs et d'effectuer des ajustements pour obtenir un résultat de qualité (à défaut de la perfection).
- **Ne vous croyez pas parfaite.** Lois se souvient encore du premier dîner de Noël qu'elle a organisé chez elle. Elle y avait consacré des heures de préparation, dans l'espoir d'un résultat parfait. Mais lorsque sa mère, ses tantes et d'autres parentes arrivèrent dans la cuisine, tout ce qu'elle avait prévu tomba à l'eau. Chacune avait sa propre idée de l'organisation de la fête et du menu. Et ce fut probablement son Noël le plus réussi (il fut presque parfait !).
- **Sollicitez de l'aide.** Lorsqu'elle est poussée à l'extrême, la tendance au perfectionnisme peut être signe d'une névrose obsessive-compulsive. Si votre attention au moindre détail vous fait perdre de vue votre objectif global ou vous empêche de passer du temps sur des choses ou avec des gens qui sont importants pour vous, il est peut-être temps de consulter. Il existe des médicaments, des thérapies, des exercices et d'autres solutions pour vous aider à vivre sans angoisse.

Tactique 46

Apprenez à déléguer

Les filles sympas qui se laissent dominer par la culpabilité s'épuisent à essayer de tout faire elles-mêmes. Et inévitablement, certaines choses passent à la trappe. Par malchance, ce sont souvent celles qui leur tiennent le plus à cœur. Sachant qu'il est impossible de tout contrôler, les femmes qui gagnent sélectionnent les domaines dans lesquels elles préfèrent investir leur temps et leur énergie.

Tiraillée entre un travail exigeant et sa famille, Judith ne savait plus où donner de la tête. Elle n'avait même plus le loisir de voir ses amies ou de faire du sport et était constamment stressée. À la maison, elle passait son temps à rabrouer son mari et ses filles ; il fallait que cela change. Elle se mit à réfléchir aux tâches qu'elle devait effectuer elle-même et à celles qu'il était possible de déléguer. En modifiant ses habitudes de consommation pour réaliser des économies, elle pourrait s'offrir les services d'une femme de ménage. Mais Judith doutait que quelqu'un d'autre puisse être aussi efficace qu'elle. En véritable fille sympa, elle avait des difficultés à lâcher prise.

Les filles sympas peuvent aussi hésiter à déléguer parce qu'elles confondent l'être et l'agir. Elles ont le sentiment d'exister à travers les tâches qu'elles assurent. Une mère de famille qui se charge de toutes les corvées ne gagne pas forcément en respect – au contraire, les autres membres de la famille considèrent tout ce qu'elle fait pour eux comme un dû. Il serait donc préférable qu'elle délègue l'entretien du linge, les courses, la cuisine et le ménage pour se réserver à ce qu'elle peut faire pour ses enfants : parler avec eux et les écouter. Voilà pourquoi tant de mères de famille jouent les chauffeurs avec tant de plaisir, le temps passé en voiture étant un moment privilégié pour communiquer !

Certaines détestent déléguer par suite d'expériences désastreuses. Les femmes qui gagnent ne risquent pas de déconvenue car elles expriment clairement leurs attentes. Brigitte, décoratrice d'intérieur, a engagé Danielle pour l'assister. Un jour, cette dernière s'est trompée de destinataire dans l'envoi d'un projet. Ébranlée par cette mésaventure, Brigitte ne lui a plus accordé sa confiance et a commencé à se conduire en micromanager au lieu de se consacrer à la prospection et aux relations avec la clientèle.

Pour déterminer ce que vous « devez » faire vous-même et ce que vous pouvez déléguer, il suffit de vous poser la question : la réalisation de cette tâche est-elle la manière la plus pertinente d'utiliser mon temps ? Si la réponse est affirmative, continuez. Dans le cas contraire, déléguez.

APPLICATION PRATIQUE

- **Si quelqu'un d'autre est capable d'effectuer la tâche, confiez-la lui.** Même si vous y excellez, et même si vous y trouvez du plaisir, n'hésitez pas à la déléguer, en particulier si l'autre personne peut en retirer un enseignement.
- **Prenez le temps d'expliquer.** On ne peut pas déléguer avec succès sans prendre le temps de fournir à l'autre les informations indispensables. Exposez clairement vos attentes, encouragez les questions.
- **Faites confiance à l'autre.** Prenez du recul et laissez le travailler. Il procédera peut-être différemment de vous, mais attendez le résultat pour juger.

Stratégie IV

Faites passer votre message

Les tactiques associées à la stratégie IV consistent principalement à :

- Trouver sa voix pour se faire entendre.
- Préparer à l'avance les messages difficiles.
- Savoir réagir rapidement.

George Bernard Shaw a dit un jour : « Le problème majeur de la communication, c'est de croire qu'elle a eu lieu. » Cela semble tout particulièrement s'appliquer aux filles sympas, qui sont convaincues de s'exprimer clairement là où elles ne font qu'effleurer le sujet, éluder la question ou diluer le message. Dans notre culture, il est difficile, en tant que femmes, d'envoyer des messages nets et percutants. Si nous empruntons aux hommes leur manière de communiquer, on nous reproche notre arrivisme, notre agressivité et si nous ne haussons pas la voix, on nous ignore purement et simplement. Nous marchons en permanence sur une corde raide : soit nous paraissons trop autoritaires, soit nous restons invisibles.

Mais les femmes qui gagnent maîtrisent si bien l'art « d'envoyer au diable » qu'on se réjouirait presque du voyage ! En d'autres termes, elles disent ce qu'elles pensent tout en respectant l'autre. Pour faire passer votre message, vous devez développer un style de communication qui correspond à votre personnalité, trouver les moyens de vous exprimer clairement et apprendre à décrypter les messages implicites des autres. Dans cette partie, vous découvrirez les tactiques qui vous aideront à atteindre ces objectifs – et bien d'autres – avec confiance et courage.

Tactique 47

Prenez la parole le plus tôt et le plus souvent possible

Tous les enfants, filles ou garçons, apprennent les règles de la politesse. Mais les filles sympas les suivent au pied de la lettre. Elles ne prennent pas la parole sans y être invitées. Elles sont intimidées par les voix masculines sonores. Elles hésitent à donner leur opinion de peur de transgresser des limites ou de paraître ridicules. Et à force d'attendre avant d'exprimer leur avis, elles n'ont plus rien d'intéressant à dire, puisque toutes les bonnes idées ont déjà été proposées. Résultat : on juge qu'elles n'apportent rien au débat, qu'elles manquent de confiance en elles ou qu'elles n'ont pas d'opinion personnelle. C'est un cercle vicieux.

Clémentine occupait le poste de directeur clinique dans un laboratoire pharmaceutique. Elle possédait des diplômes prestigieux, était intelligente et efficace ; pourtant, la perception que ses pairs et sa hiérarchie avaient d'elle n'était pas aussi positive. La culture de l'entreprise encourageait ce que le PDG qualifiait pudiquement de « débat d'idées ». Les réunions et les assemblées du personnel étaient l'occasion de discussions houleuses où on échangeait des idées pendant des heures dans un climat d'effervescence. Contrairement à ce qu'on pourrait croire, ces pugilats n'en étaient pas moins productifs. Mais Clémentine, habituée à l'atmosphère plus calme de son entreprise précédente, n'était pas à l'aise dans cet environnement bruyant et remuant.

Il est vital de s'exprimer à la fois tôt et souvent, non seulement au bureau, mais aussi dans sa vie personnelle, principalement quand on se trouve brutalement projeté dans une culture qui n'est pas la sienne. Vous avez peut-être vécu vous-même cette expérience si vous avez épousé quelqu'un dont la famille se situe à l'opposé de la vôtre. Chez vous, les repas de famille étaient plutôt silencieux, alors que chez votre époux, tout le monde discute sans arrêt et se coupe la parole. Comme le recommande l'adage : « À Rome, vit comme les Romains. » Ce qui ne signifie pas que vous devez changer de personnalité, mais que si vous avez atterri dans une culture où il faut se battre pour être entendue, vous devrez apprendre à hausser le ton. En appliquant les conseils qui suivent et en adaptant son comportement aux usages en vigueur, Clémentine a réussi à s'imposer.

APPLICATION DIRECTE

- **En réunion, soyez la deuxième ou la troisième personne à parler.** On tend toujours à penser que ceux qui prennent la parole au début ont plus confiance en eux que les autres. Ne vous précipitez pas pour intervenir la première, vous risquez de passer pour quelqu'un d'agressif. Vous pouvez vous manifester sans automatiquement donner un avis, mais en posant une question ou en soutenant ce que quelqu'un d'autre vient de proposer. L'essentiel est de signaler votre présence.
- **Pensez à la technique du « chroniqueur judiciaire ».** Lors d'une conversation, en réunion ou dans tout autre type d'interaction, imaginez que vous êtes partie prenante à un procès couvert par un chroniqueur judiciaire qui note tout ce qu'il voit et entend. Pour être certaine que votre nom figure dans le compte-rendu du procès, il ne suffit pas de prendre la parole une seule fois, vous devez intervenir à plusieurs reprises dans le débat.
- **N'hésitez pas à interrompre les autres.** Dans une assemblée, une soirée ou une réunion familiale, il n'est pas toujours facile de se glisser dans la conversation. Les filles sympas n'osent pas interrompre les autres, contrairement aux « gagnantes » qui le font avec aplomb. L'astuce est de reprendre ce qui vient d'être dit pour

vous en servir à titre de transition. Par exemple : « Excusez-moi, avant de poursuivre, j'aimerais revenir sur la suggestion de X à propos de la nouvelle stratégie marketing. » Non seulement vous aurez fait entendre votre voix, mais vous vous serez fait un allié de X, fier de constater qu'il y a au moins quelqu'un qui l'écoute et qui s'intéresse à son idée.

- **Fixez-vous pour objectif d'intervenir entre trois et cinq fois par heure.** Comptez le nombre de vos interventions. Si vous êtes d'une nature plutôt réservée, vous constaterez que vos prises de parole sont réduites. Contrairement à la devise, le silence n'est pas (toujours) d'or : il peut aussi être perçu comme une marque de désintérêt, de timidité, ou laisser supposer que vous n'avez rien à proposer.

Tactique 48

Soignez l'accroche et la conclusion

J'ai effectué des recherches sur d'autres établissements – c'est formidable ce qu'on peut faire grâce à Internet. J'ai trouvé de nombreuses informations qui nous intéressent en tant qu'association de parents d'élèves. À dire vrai, j'ai découvert plus d'informations que nous n'en utiliserons. Notamment en ce qui concerne les meilleures pratiques d'établissements situés partout dans le pays, qui sont plus efficaces et plus productifs que le nôtre. L'école X, par exemple, a mis un site web interactif au service des parents d'élèves et des professeurs. Savez-vous qu'il reçoit plus de 500 visites par jour, alors que nous avons des difficultés à mobiliser les gens autour de nos réunions ? Ce serait un exemple à suivre pour nous. Quant au groupe scolaire Y, il a demandé à des entreprises locales d'investir dans la constitution de son site web pour le rendre plus attractif. Évidemment, il a la chance de pouvoir compter sur l'entreprise Z qui est implantée dans le coin. Nous n'avons pas cette possibilité. Quoi qu'il en soit, j'aimerais partager avec vous quelques idées pour améliorer la qualité de l'enseignement dans notre école.

Ce texte vous a-t-il semblé pénible à lire ? Il l'a été à écrire ! Et sans doute encore davantage pour tous ceux qui ont dû l'écouter. Quand on utilise plus de mots que nécessaire pour véhiculer une idée, elle perd de sa substance, elle devient incompréhensible et l'auditeur finit par décrocher (avez-vous réussi à lire l'exposé jusqu'au bout ?). Les filles sympas ont tendance à employer trop de mots. Or, plus on les multiplie, moins ils ont d'effet. Elles sabotent inconsciemment leur message.

Mais ne vous inquiétez pas. Nous avons mis au point une méthode pour vous aider à faire passer ce que vous avez à dire, sans paraître dictatoriale ou insolente. D'un homme qui s'exprime brièvement, on dit qu'il est décidé et qu'il va droit au but. Une femme qui suit le même modèle est accusée d'avoir mauvais caractère et d'être cassante. C'est injuste, mais c'est comme ça. On attend de nous que nous communiquions avec clarté, mais en tenant compte de la manière dont l'autre peut recevoir le message. Dans cet objectif, il s'avère primordial de soigner l'accroche et la conclusion du discours.

Dans le texte ci-dessus, l'oratrice a commis l'erreur de ne pas introduire d'emblée le message qu'elle voulait transmettre. Elle l'a gardé pour la fin, alors qu'une bonne partie de l'assistance avait probablement déjà décroché. Vous devez tout de suite annoncer votre sujet et indiquer aux auditeurs ce qui va suivre. Dans notre exemple, elle aurait dû dire :

> *J'aimerais vous présenter trois idées inspirées de l'exemple d'autres écoles, pour améliorer la qualité de notre enseignement.*

Cette formulation a au moins le mérite d'être claire. Elle provoque une attente dans le public. Dans la mesure où elle annonce ce qui va suivre, elle l'incite à écouter. L'oratrice aurait pu continuer ainsi :

> *Nous devons tout d'abord mobiliser davantage de parents. En créant par exemple un site web interactif et d'utilisation conviviale.*
>
> *Je propose ensuite de développer des rencontres régulières entre parents et professeurs, pour discuter ensemble des questions qui se posent.*
>
> *Le contenu de notre cursus aurait besoin d'être réactualisé. Nous pourrions faire appel à un spécialiste extérieur au fait des innovations en matière d'éducation.*

Elle aurait ainsi nommé les trois points principaux, mais pourrait ne pas s'arrêter là. Pour ne pas paraître directive, et en même temps faire entendre sa voix, elle pourrait terminer par une phrase qui résume son propos :

> *Voilà ce que je préconise. Ces suggestions doivent bien entendu être discutées, d'autres idées viendront alimenter le débat pour nous permettre de progresser dans la bonne voie.*

L'essentiel du discours tient dans cette introduction : l'oratrice a donné les grandes lignes de son message et a indiqué que le débat était ouvert. En vous exprimant avec concision, vous organisez vos pensées pour les rendre compréhensibles et vous augmentez vos chances d'être entendue.

APPLICATION PRATIQUE

- **Préparez-vous à l'avance.** Inspirez-vous de la figure ci-après. Si vous n'avez pas le temps de rédiger ce que vous avez à dire, représentez-vous mentalement ces cases et ce que chacune d'elle doit contenir. Vous deviendrez très rapidement capable d'utiliser ce modèle sans avoir à l'écrire. Tirez ce diagramme en plusieurs exemplaires pour pouvoir vous y référer en toute occasion.
- **Ne submergez pas l'auditoire de détails.** Personne n'a envie ni besoin de connaître vos moindres pensées. Persuadées à tort que l'abondance ne nuit pas, les filles sympas ont tendance à en rajouter. Gardez les détails pour ceux qui vous les demandent ou pour répondre à d'éventuelles questions.
- **Soyez brève et concise en toutes circonstances.** Cette technique peut être utilisée toujours et partout, pour une présentation ou pour communiquer avec votre conjoint, vos enfants, des amis, la vendeuse du magasin, etc. S'il arrive à votre mari ou à vos amis de décrocher, c'est peut-être parce que vous n'êtes pas assez percutante. Pour mieux se faire entendre, les femmes devraient réduire leur message d'au moins 25 %.
- **Signalez à l'auditeur que vous êtes en train de penser à haute voix.** Il y a des moments où votre message n'est pas clairement

dessiné dans votre esprit. Accordez-vous le droit de dire à votre interlocuteur : « Laissez-moi réfléchir à haute voix un instant. » Il saura qu'il ne doit pas s'attendre à une pensée complètement formalisée mais plutôt à une communication succincte.

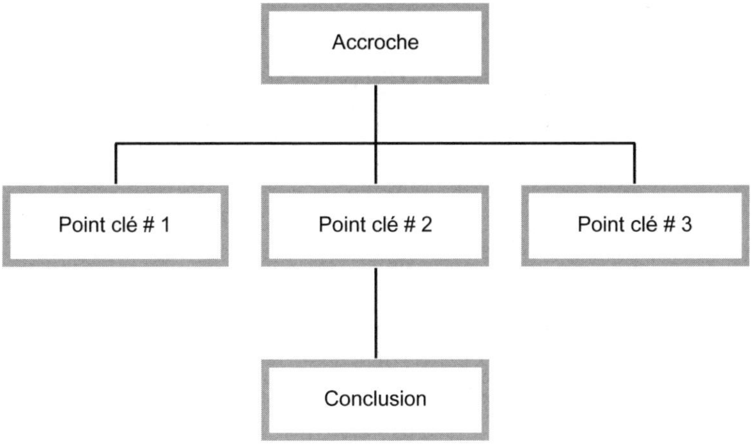

Tactique 49

Annoncez votre intention, ne demandez jamais de permission

Par peur du conflit, les filles sympas recherchent l'approbation des autres avant d'agir. Ce qui équivaut à donner à l'autre la supériorité dans le rapport de force. Car, même si elle dépense des trésors de gentillesse et de politesse, la fille sympa reste à la merci de l'interlocuteur qui peut toujours dire « non ».

En un an, Dominique a accumulé plusieurs jours de vacances sans avoir jamais pu les prendre car il y avait toujours du travail. Étant fatiguée, elle voudrait les utiliser, mais au lieu d'informer son patron de son désir de partir en congé, elle a fait l'erreur de lui demander *quand* elle pourrait s'accorder une semaine de repos. « Pas maintenant, attendez quelques mois », lui a-t-il répondu. Et Dominique ne sait plus que faire.

Ne vous méprenez pas, nous ne prétendons pas que les femmes qui gagnent prennent des décisions unilatérales sans égards pour les autres. Nous disons seulement qu'elles ne donnent à personne l'autorisation de décider de ce qui est important pour elles.

Léa, la trentaine, a toujours entretenu d'excellents rapports avec ses parents. Malheureusement, leur relation a changé quand elle a commencé à fréquenter un garçon d'origine étrangère. À plusieurs reprises, ils ont tenté de la convaincre de rompre (voir la tactique 34, « Ne laissez pas votre famille empiéter sur votre territoire »). Mais Léa leur a déclaré qu'elle se passerait de leur permission.

Lorsque Diana et son petit ami ont décidé d'emménager dans le même appartement, elle craignait que cela l'oblige à renoncer à des habitudes de vie auxquelles elle était attachée. Une fille sympa typique aurait demandé à son petit ami s'il voyait un inconvénient à ce qu'elle sorte avec ses propres amis une fois par semaine. Mais Diana n'envisagea pas cette éventualité un seul instant : elle lui déclara qu'elle avait l'intention de continuer à voir ses amis comme avant et qu'elle s'attendait à ce qu'il l'imite de son côté. Ils partageaient le même appartement, mais n'étaient pas pour autant soudés comme des siamois. Elle savait qu'en conservant un minimum d'indépendance, la transition vers la vie de couple lui serait plus facile.

Non seulement les femmes qui gagnent annoncent leur intention au lieu de demander la permission, mais elles le font sans détour. Pour ne pas ménager à l'autre la possibilité de refuser, elles ne prennent pas de précautions de langage du type : « Je sais que tu ne seras probablement pas d'accord, mais... », ni « Je suis désolée, mais il faut que je te dise... » Elles abordent la discussion en se plaçant d'emblée en position de force, en déclarant par exemple : « J'ai beaucoup réfléchi à cette question et voici ce que j'ai décidé... » ou à la rigueur : « J'ai l'impression que nous sommes d'accord, voici donc ce que je pense faire... » S'il s'agit d'un sujet vraiment mineur, elles diront même : « Je voulais juste t'avertir... »

Elles savent qu'il vaut mieux demander pardon *a posteriori* que de solliciter une autorisation.

APPLICATION PRATIQUE

- **Posez-vous la question de savoir si la décision vous appartient.** Si tel est le cas, vous n'avez pas besoin de l'approbation de qui que ce soit. Rien ne vous empêche de demander un conseil ou un avis, mais ce n'est pas la même chose que de solliciter une permission.

- **Respectez les sentiments de l'autre.** Imaginez que vous vous trouvez à sa place. Quand on informe quelqu'un d'une décision, il n'est pas indispensable de le faire avec froideur ou cynisme.
- **Ne vous excusez pas.** Si la décision vous revient et si vous traitez l'autre avec tact, ne vous culpabilisez pas.

Tactique 50

Posez des questions ouvertes

Mélanie pensait que sa mutuelle prenait en charge la totalité des frais dentaires, mais constata avec stupéfaction qu'un montant de plusieurs centaines d'euros restait à sa charge. Elle ne s'était pas renseignée de manière efficace auprès de la secrétaire du dentiste.

De peur de paraître inexpérimentée et naïve, Camille avait seulement posé quelques questions sur le poste qu'elle devait occuper. Deux jours après son entrée en fonction, elle s'aperçut qu'il comportait plus de tâches administratives qu'elle ne le pensait au vu de la description figurant sur le site de l'entreprise. Elle comprit qu'elle avait fait une erreur en l'acceptant.

Une « gagnante » sait qu'elle doit poser une question ouverte pour obtenir exactement l'information qu'elle recherche – par exemple ce que signifie le diagnostic du médecin, où va sa fille quand elle dit « à tout à l'heure ! », ce qu'éprouve vraiment à son égard l'homme avec lequel elle sort. Elle n'ignore pas qu'il ne suffit pas seulement d'interroger l'autre, mais qu'il faut aussi lui poser la bonne question et sous une forme qui l'incite à répondre.

Il existe deux types de questions – ouvertes et fermées. Les questions fermées appellent une réponse monosyllabique (le plus souvent « oui » ou « non ») ou une expression du type « Je ne sais pas. » Demandez à votre ado s'il a passé une bonne journée et vous comprendrez ce dont il s'agit. Les questions ouvertes, en revanche, invitent à fournir une réponse plus élaborée. Au lieu de l'interroger, dites plutôt à votre enfant : « Raconte-moi ta journée. »

Quelques exemples de questions ouvertes et de questions fermées

Questions fermées	Questions ouvertes
« Es-tu allé à la soirée ? »	« Parle-moi de la soirée. »
« Seras-tu d'accord pour… ? »	« Que penses-tu de… ? »
« Est-ce la bonne manière de procéder ? »	« Comment as-tu procédé ? »

Revenons à la situation de Mélanie. Si elle avait posé une question ouverte du type : « Quelles sont les mutuelles qui couvrent les frais de cette intervention ? », au lieu d'interroger simplement : « Est-ce pris en charge ? », elle aurait obtenu l'information qu'elle souhaitait et aurait fait l'économie d'une déconvenue douloureuse. Les questions fermées sont efficaces dans certains cas, mais elles comportent nombre d'inconvénients. Le premier étant de ne pas faire apparaître l'information recherchée. Ensuite, et ce qui est pire, elles nous incitent à poser d'autres questions ; ce qui donne à l'interlocuteur l'impression qu'il est engagé dans un processus de questionnement au lieu de se trouver dans un véritable dialogue. En outre, lorsque nous commençons par des questions fermées, nous ne pensons pas à poser d'autres types de questions qui permettraient d'obtenir l'information voulue.

Une question ouverte risque de susciter une réticence chez l'interlocuteur qui peut s'interroger sur l'usage que nous ferons de l'information qu'il va nous donner. La meilleure façon de parer cette réaction de défense est d'avouer la raison qui nous incite à poser la question. Demandez par exemple : « Racontez-moi comment vous travaillez avec vos clients. Je vous demande cela parce que je recherche un fiscaliste pour une collaboration à long terme et vous semblez correspondre à ce profil » ou « J'attache du prix à notre relation et je souhaiterais qu'il en aille de même pour vous. Voilà pourquoi je voudrais savoir comment vous envisagez notre collaboration à long terme. » Les femmes qui gagnent expliquent clairement à leur interlocuteur tous les bénéfices qu'il retirera en fournissant une réponse sincère. Chacun sait que l'information donne le pouvoir.

Et elles se procurent ce pouvoir en demandant l'information de manière à être certaines de l'obtenir.

APPLICATION PRATIQUE

- **Rédigez vos questions à l'avance.** On ne pense pas toujours aux bonnes questions au moment où il le faudrait. Mettez toutes les chances de votre côté en préparant une liste des informations que vous voulez obtenir. Si vous décidez d'engager un dresseur pour votre chiot et que vous n'avez jamais eu de chien auparavant, écrivez sur une feuille toutes les questions qui vous viennent à l'esprit concernant le dressage.
- **Dans la mesure du possible, privilégiez les questions ouvertes.** N'exagérez pas non plus, en particulier si vous recherchez une information précise. Mais en optant pour une formulation moins rigide, vous obtiendrez peut-être des renseignements que vous n'aviez pas imaginés.
- **Exposez le motif de votre question.** Votre interlocuteur sera plus volontiers disposé à vous répondre s'il sait pourquoi vous lui posez la question et ce que vous ferez de l'information qu'il vous donnera. Gagnez sa confiance en lui communiquant sincèrement vos préoccupations.

Tactique 51

Pratiquez l'écoute active

Comme nombre de femmes, vous possédez sans doute une réelle capacité d'écoute, mais si vous ne l'exploitez pas, vous vous privez d'une ressource majeure. Le fait de savoir écouter ne permet pas seulement de recueillir des renseignements indispensables pour décider, négocier et trouver un terrain d'entente, cela facilite aussi les relations avec les autres. Car tout le monde aime avoir en face de soi un auditeur réceptif. Les filles sympas sont attentives, mais elles ne savent pas utiliser les renseignements reçus.

Contrairement à ce que pensent la majorité des gens, l'écoute n'est pas un processus passif. Elle repose sur trois comportements éminemment actifs :

- Paraphraser ce que vous venez d'apprendre.
- Poser des questions sur ce qui vient d'être dit.
- Résumer à l'intention du locuteur ce que vous avez compris de son discours et du ressenti qu'il a exprimé.

Imaginez que votre propriétaire vous envoie un courrier vous annonçant qu'il compte réviser votre loyer de 9 %. Vous jugez cela abusif dans la mesure où vous avez déjà supporté une augmentation l'année précédente. Vous lui téléphonez pour connaître le motif de sa décision et faire valoir votre objection. Voici comment la pratique de l'écoute active peut vous permettre d'obtenir gain de cause :

> ***Vous :*** *Bonjour Monsieur. J'ai reçu votre courrier concernant la réévaluation de mon loyer. Je m'interroge sur la raison, sachant que la dernière augmentation date de l'année dernière.*

Le propriétaire : *Les impôts et les charges ne baissent pas, et j'ai dû remplacer la toiture de l'immeuble. Compte tenu de la situation économique, plusieurs locataires ont des arriérés ou sont partis sans payer. Il y a beaucoup d'appartements vacants.*

Vous : *Je comprends parfaitement que les coûts augmentent. J'imagine que cela vous ennuie autant que les locataires.*

Le propriétaire : *C'est vrai. Je regrette de devoir réévaluer le loyer, mais c'est une nécessité.*

Vous : *J'apprécie vos scrupules. Mais j'aimerais voir s'il n'existe pas un moyen de concilier nos intérêts respectifs. Certains postes comme le renouvellement de la toiture représentent une dépense unique.*

Le propriétaire : *Oh, il y a toujours des réparations à effectuer.*

Vous : *Je ne me souviens pas d'avoir vu effectuer des réparations sur mon bâtiment ou dans l'immeuble l'année dernière. Y-a-t-il des choses que j'ignore ?*

Le propriétaire : *Dans certains bâtiments, il a fallu remplacer les chaudières. Il y a toujours quelque chose qui s'abîme ou qui devient vétuste.*

Vous : *Je ne doute pas qu'il y ait continuellement des travaux à faire pour entretenir un immeuble comme celui-ci et lui conserver sa qualité. Mais je me permets d'insister, le bâtiment que j'occupe n'a bénéficié d'aucune rénovation ces dernières années. Il serait plus équitable d'ajuster simplement mon loyer au coût de la vie, sans me faire supporter les coûts de réfection des autres bâtiments. En contrepartie, s'il y a des travaux à faire cette année concernant mon bâtiment, j'y participerai naturellement.*

Le propriétaire : *Je ne sais pas… Tout le monde est soumis au même relèvement de loyer.*

Vous : *Vous avez indiqué que plusieurs locataires ont résilié leur bail. Je suis là depuis sept ans et j'ai toujours réglé ponctuellement mon loyer. Vous pourriez peut-être en tenir compte.*

Le propriétaire : *(*silence.*)*

***Vous :** Avec tous ces appartements vacants, je suis certaine que vous n'aimeriez pas perdre une locataire fiable qui n'a jamais exigé de réparations. Pourrions-nous nous mettre d'accord sur une augmentation de 3 % correspondant au coût de la vie, cette année, quitte à la revoir l'année prochaine ?*

***Le propriétaire :** D'accord, mais à la condition que vous gardiez cette discussion pour vous.*

Toutes les discussions ne se déroulent pas de manière si fluide et si favorable, mais l'échange ci-dessus illustre les différentes étapes du processus d'écoute active (paraphraser, poser les questions, et résumer ce que vous avez compris). En apprenant à écouter l'autre, vous gardez votre calme tout en continuant à contrôler la situation.

APPLICATION PRATIQUE

- **Paraphraser, interroger, résumer les sentiments de l'interlocuteur.** Vous pouvez avoir l'impression que l'autre perce à jour le procédé que vous employez, mais ce n'est pas le cas. Il est surtout occupé à faire passer son propre message et ne remarque pas la technique que vous utilisez pour parvenir à vos fins.
- **Exercez-vous dans un environnement qui vous est familier.** Pour des raisons professionnelles, nous pratiquons toutes les deux l'écoute active depuis si longtemps qu'elle est presque devenue notre seconde nature. Vous deviendrez aussi habile que nous si vous vous exercez d'abord avec des amis ou vos proches ou dans des situations à faible risque. Et lorsque les circonstances vous imposeront d'y recourir, vous aurez acquis une expertise à toute épreuve.
- **En cas de doute dans une situation, remettez-vous à l'écoute de l'autre.** Quand vous ne savez plus comment réagir et si vous sentez que vous perdez votre calme, prenez de la distance. Remettez-vous à l'écoute de l'autre, cela vous donnera le temps de réfléchir et de retrouver le contrôle de vous-même. Et vous y gagnerez des éléments supplémentaires pour fournir une réponse factuelle, au lieu de vous laisser dominer par vos émotions.

Tactique 52

Choisissez le moyen de communication adapté

Le message le mieux conçu risque de manquer sa cible s'il n'est pas correctement véhiculé. Grâce à la technologie, nous disposons aujourd'hui de multiples outils de communication : le courriel, la messagerie instantanée, les textos, les sites des réseaux sociaux… Chacun d'eux s'applique en fonction du temps et du lieu. L'astuce étant de savoir utiliser celui qui convient à la cible et à l'objectif visés.

L'article que Denise avait acheté sur Internet ne correspondait pas à ses attentes. Au lieu d'adresser un courriel de réclamation, elle préféra utiliser le formulaire inclus sur le site web du commerçant. Mais elle oublia de le scanner avant de le retourner. Le commerçant ayant refusé de rembourser l'achat, elle tenta de faire valoir son droit. Mais faute de pouvoir présenter un document faisant foi, elle dut reprendre toute la procédure à zéro. Si elle avait envoyé un courriel, elle aurait disposé d'une preuve écrite, immédiatement valable, et le litige aurait été réglé plus rapidement.

Selon les cas, le téléphone peut s'avérer plus adapté que le courriel. Marise travaillait sur un projet avec une collègue d'un autre département. Elles avaient pris du retard et largement dépassé leur budget. Pour couronner le tout, la collègue de Marise lui adressait des courriels de plus en plus courts et acerbes, comme si elle la rendait responsable de leurs difficultés. Pendant un certain temps, Marise ignora l'hostilité contenue dans ces messages mais un jour, elle ne put s'empêcher de répondre sur le même ton. La collègue furieuse transmit le courriel à son supérieur, la désignant ainsi comme coupable. Marise aurait été mieux inspirée de lui téléphoner pour mettre les choses au point.

Les filles sympas choisissent presque toujours la voie de la facilité et se servent des ressources offertes par la technologie pour éviter l'affrontement direct. Une de nos connaissances a utilisé la messagerie instantanée pour essayer de régler un différend sérieux qui l'opposait à sa meilleure amie ! Une autre a rompu avec l'homme de sa vie par texto ! Si vous utilisez la technologie comme écran pour transmettre des messages difficiles, vous risquez qu'ils soient mal interprétés ou mal compris et que le conflit s'envenime. Les femmes qui gagnent maîtrisent l'usage des moyens de communication et savent sélectionner celui qui est le plus adapté. Dans leur choix, elles prennent également en compte les préférences et les habitudes du destinataire en la matière. Elles n'agissent pas ainsi par gentillesse, mais parce qu'elles savent qu'il sera d'autant plus réceptif à un message transitant par le médium qui lui est le plus familier. Quand une personne répond systématiquement à vos courriels en vous téléphonant, notez-le et appelez sur son portable la prochaine fois que vous aurez une information à lui demander ou à lui transmettre. Le moyen de communication doit aussi se trouver en adéquation avec la teneur ou l'importance du message. S'il est admis d'envoyer une réclamation par courriel, préférez le téléphone ou l'écrit pour les messages à fort contenu émotionnel.

APPLICATION PRATIQUE

- **Ne vous réfugiez pas derrière la technologie.** Optez pour la bonne méthode en fonction du type de communication. N'adressez pas un courriel à votre sœur pour vous plaindre de ses remarques à votre égard lors de votre précédente rencontre. Il vaut mieux le lui dire en personne. Même si vous soignez la rédaction de votre courriel, vous ne pouvez pas savoir de quelle manière elle accueillera votre message. En cas de tension entre une personne et vous, appelez-la ou rencontrez-la. Ce n'est pas parce que Facebook vous *permet* d'informer votre fiancé que vous souhaitez rompre vos fiançailles que vous *devez* l'utiliser pour l'en informer.

- **Conservez une trace écrite.** Le courriel a l'avantage de permettre de conserver une trace de l'échange. Utilisez-le chaque fois que vous avez besoin d'une preuve écrite. Cela dit, cette nécessité ne doit pas non plus conditionner le choix du médium. Rien ne vous empêche de faire suivre une conversation téléphonique d'un courriel pour remercier votre interlocuteur de vous avoir écoutée et/ou pour souligner les termes de l'accord que vous venez de conclure.
- **Relisez ce que vous venez d'écrire avant de cliquer sur « envoyer ».** Au-delà du simple fait de vérifier l'orthographe et la ponctuation, cela vous aide à vous mettre à la place du destinataire. La formulation est-elle claire et concise ? Votre message est-il facile à lire ? Les mots expriment-ils fidèlement votre pensée ? Le ton est-il adapté ? Et tant que vous y êtes, quand vous envoyez un courriel collectif, assurez-vous que les informations contenues dans votre texte intéressent tous les destinataires.

Tactique 53

Ouvrez la discussion avec des arguments forts

Nous avons vu que les différends ne s'apaisent pas de manière miraculeuse (contrairement à ce que souhaitent les filles sympas). Les femmes qui gagnent n'hésitent jamais à provoquer la conversation, aussi ingrate et pénible soit-elle, et c'est pour ce courage qu'elles méritent le respect. Vous découvrirez ci-après quelques astuces de langage qui donneront aux autres envie de résoudre à l'amiable les problèmes qui les opposent à vous.

Stéphanie et son mari étaient d'accord sur un point : leur mariage ne fonctionnait plus depuis des années, le divorce était donc la seule option qui leur restait. Il fallait résoudre la question épineuse de la division des actifs financiers. Elle amorça la conversation par ces mots : « Je suis soulagée que nous ayons pris la décision de divorcer et je sais que tu es d'accord avec moi sur ce point, même si l'échec de notre couple reste douloureux pour tous les deux. Pour rendre la situation moins éprouvante, pour pouvoir avancer et pour réduire les coûts de la séparation au maximum, nous devrions examiner en détail le problème de la répartition des actifs. » En soulignant qu'il est dans leur intérêt commun d'avoir une conversation claire, Stéphanie ouvre la voie à un dialogue constructif.

Vous pouvez adapter cette technique et l'utiliser dans plusieurs types de situation. Prenons un exemple parmi d'autres : vous avez acheté un article qui ne vous convient pas et la vendeuse refuse de vous le rembourser. Demandez à parler à sa responsable et dites à celle-ci : « Je suis cliente depuis plusieurs années. Je recommande souvent votre établissement à mes amis et à ma famille. Et j'insiste surtout sur la qualité de votre service après-vente. Je sais que vous y attachez une grande importance. Et je suis certaine que nous trouverons une solution à mon problème actuel. » Même si c'est la première fois que vous la rencontrez, vous en appellerez à ce qui constitue sa motivation principale – conserver sa clientèle et maintenir la réputation du magasin.

Une autre technique consiste à se référer à des tiers qui sont également parties prenantes. C'est l'astuce utilisée par Sandrine, la jeune femme promue à la tête de son équipe, qui a organisé des entretiens en tête-à-tête avec chaque membre pour clarifier son nouveau rôle et s'imposer. Elle ouvrait chaque discussion par ces paroles : « David vous a expliqué pour quelles raisons il a choisi de me confier la responsabilité de ce service. Je le remercie de sa confiance et je sais que vous appréciez les décisions qu'il prend. Je voudrais que nous examinions ensemble comment collaborer pour que notre équipe devienne encore plus performante. » En expliquant que David la soutient, elle tue dans l'œuf toute velléité de rébellion de la part de ses anciens collègues.

Les femmes qui gagnent n'ignorent pas qu'en soulignant l'importance qu'elles accordent à la relation et à la coopération avec les autres, elles désarment les mauvaises volontés. Résultat : au lieu de se sentir menacés et de rester sur la défensive, leurs partenaires sont prêts à s'engager et à s'investir davantage.

APPLICATION PRATIQUE

- **Montrez à l'autre tout le bénéfice qu'il retirera d'une conversation franche avec vous.** Ne croyez pas qu'il s'en aperçoive tout seul, il n'en a peut-être pas autant conscience que vous.
- **Restez vous-même.** Si vous ne le pensez pas vraiment, n'affirmez pas que vous attachez du prix à votre relation. Trouvez plutôt quelque chose d'autre à dire : l'essentiel est que ce soit positif et sincère.

- **N'abusez pas de l'argument « J'ai le soutien de... »** Si cela fonctionne dans le cas de Sandrine, c'est parce que David a du poids dans l'entreprise et qu'il est effectivement son allié. À l'inverse, si Stéphanie avait tenté cette approche en disant à son mari qu'elle avait déjà discuté avec sa meilleure amie, avec sa sœur, ou avec un tiers des actifs auxquels elle a droit, la discussion aurait rapidement dégénéré.

Tactique 54

Lancez un ballon d'essai

Nous avons longuement évoqué comment identifier vos besoins et les communiquer aux autres. Que faire lorsque vous les avez pris en compte et exprimés, mais que vous ne savez pas quelle solution adopter pour les réaliser ? Voici une technique de communication performante, mais assez méconnue, consistant à lancer des ballons d'essai. Selon Wikipédia, le ballon d'essai est une bribe d'information que l'on utilise pour évaluer la réaction du public. Il s'agit en somme, comme le font les hommes politiques et les hommes d'affaires, de « tester la température » à propos d'une idée ou d'un projet, avant de se jeter à l'eau.

Cette technique a l'avantage de mettre une certaine distance entre la proposition et son auteur, ce qui permet plus facilement à celui-ci de faire machine arrière en cas de réaction négative. Comparez les deux formules suivantes : « J'ai une idée » et « L'idée serait de... »

La première affirmation relie directement celui qui parle à l'idée, tandis que dans la seconde phrase, l'orateur se contente d'exprimer l'idée sans préciser s'il la soutient ou non. Il y a deux avantages à cela : l'un étant que le locuteur n'a pas à être convaincu que la proposition est « la solution », l'autre étant que le destinataire peut refuser l'idée sans pour autant le désavouer.

Isabelle et son mari étaient souvent en désaccord concernant l'éducation de leurs deux fils. Ayant eu des parents extrêmement sévères, Isabelle estimait que ses fils devaient être structurés et disciplinés et reprochait à son mari son laxisme. Obligée d'assumer seule l'autorité, elle avait souvent l'impression d'être une mère célibataire chargée d'élever *trois* fils ! Elle savait qu'il fallait absolument trouver un terrain d'entente avec son mari, mais à chaque fois, la discussion virait à l'affrontement. Isabelle se résolut à lancer un ballon d'essai à propos du temps consacré aux jeux vidéo. Au lieu de dire : « Les garçons passent trop de temps devant leurs jeux vidéo, nous devons immédiatement leur fixer des limites », elle déclara : « Et si nous fixions des conditions pour l'utilisation les jeux vidéo ? » Ce faisant, elle testait la détermination de son mari avant d'entrer dans le vif du sujet. S'il était d'accord, ils parviendraient à juguler le problème. S'il désapprouvait sa suggestion, cela ne donnerait pas lieu à un affrontement dans la mesure où Isabelle avait juste évoqué une possibilité sans s'appesantir outre mesure. Mais dans ce cas, le problème global de l'éducation des enfants n'était pas résolu et elle devait trouver une autre manière de convaincre son mari de s'y intéresser davantage.

Autres phrases types à utiliser comme ballon d'essai
« Une des choses que nous pourrions faire, serait de... »
« Et si nous... »
« J'ai entendu parler d'une autre façon de résoudre ce genre de problème... »

Brigitte a utilisé cette technique pour aider son fils à prendre la bonne décision pour son orientation en études supérieures. Ils avaient derrière eux un lourd contentieux à propos de sa scolarité. Brigitte considérait que l'enjeu était d'importance et que c'était le moment ou jamais d'améliorer leurs relations. Mais elle savait qu'il refuserait systématiquement ce qu'elle proposerait. Elle choisit donc de lancer un ballon d'essai et lui dit : « Le fils de mon amie Sophie ne se sentait pas le courage de faire une prépa, il est entré dans une école post-bac et paraît très content. Tu pourrais peut-être lui demander ce qu'il en pense. »

APPLICATION PRATIQUE

- **Conservez un ton et un langage corporel neutres.** Quand vous lancez un ballon d'essai pour jauger la réceptivité de l'autre à votre idée, assurez-vous que votre ton et que votre corps restent aussi neutres que le message lui-même.
- **Soyez prête à essuyer un refus éventuel.** Si votre tentative tombe à plat, ne le prenez pas comme une offense personnelle. Ce n'est rien d'autre qu'un essai.
- **N'utilisez pas de ballon d'essai pour les sujets qui n'admettent pas de discussion.** Si la décision finale vous appartient et si vous n'avez pas l'intention de tenir compte de l'avis des autres, votre ballon d'essai vous éclatera au visage. Ils ne vous croiront plus quand vous solliciterez leur opinion ; d'ailleurs, ils cesseront de vous la donner.

Tactique 55

Parlez le langage de l'autre

Quand vous voyagez dans un pays dont vous maîtrisez la langue, vous essayez de communiquer avec les autochtones. Il en va de même lorsque vous voulez influencer quelqu'un. Chacun ayant sa propre manière d'absorber et de retransmettre l'information, il faut que vous adaptiez votre mode d'expression à celui de votre interlocuteur pour que votre message soit reçu à 100 %. Certaines personnes voient dans le modèle que nous allons vous présenter une forme de manipulation. C'est une absurdité. Il ne s'agit pas de modifier le contenu de votre message, mais simplement la manière dont vous le transmettez. Il y aurait manipulation si vous disiez à l'autre ce qu'il souhaite entendre ; or, ce n'est pas du tout notre propos, ni la raison d'être de cette tactique. Elle consiste à articuler le message de telle sorte que l'autre puisse le traiter en utilisant son propre système de filtrage – et non le vôtre.

Regardez attentivement ces quatre formes.

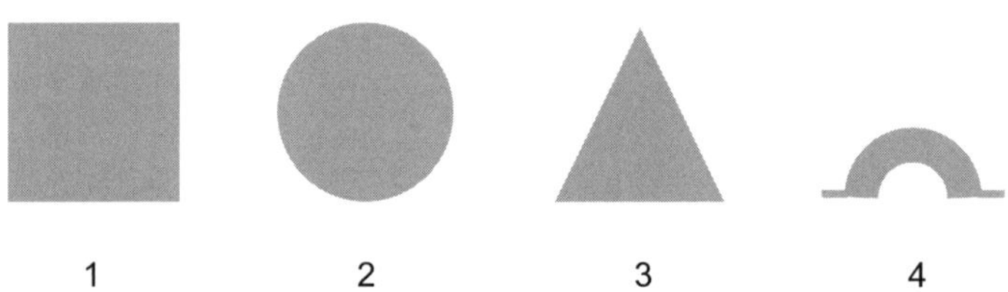

Chacune correspond à un mode de communication. Aucun de nous ne s'exprime en utilisant entièrement un style ou un autre ;

nous empruntons des éléments aux quatre modèles, avec cependant une préférence pour l'un d'eux. Il suffit de savoir quel langage vous parlez et de connaître celui de l'autre pour transmettre plus efficacement votre message. Voici les différentes formes de communication en fonction de la personnalité de chacun :

Le rationnel

Le rationnel : il privilégie les données, les faits et les chiffres. Comme le suggère la forme carrée, les gens de ce type sont stables, de tempérament égal, et pratiquent une sorte de retenue. On les reconnaît à leur manière classique de s'habiller et à leur aversion pour les conversations futiles. Pour l'influencer, tenez-vous en aux faits et ne vous aventurez pas sur le terrain des sentiments, cela le met mal à l'aise. Préparez-vous à l'avance pour ne pas passer pour quelqu'un de superficiel et pour être capable de répondre aux questions qu'il vous posera inévitablement.

L'affectif

L'affectif : il est influencé par les valeurs et les traditions et il s'intéresse à l'impact que votre idée aura sur elles et sur les gens en général. Comme le suggère le cercle, ce type d'individu est consensuel et suit le mouvement. Sa maison et son bureau sont remplis de souvenirs et d'objets personnels auxquels il est attaché. Pour l'influencer, montrez-lui que vous avez pris en compte les conséquences que vos idées auront sur lui et sur les autres. Avec lui, il vaut mieux se placer sur le plan des sentiments que sur celui des concepts.

L'actif

L'actif : il veut principalement savoir si votre idée est rapide à concevoir et à concrétiser et si elle est efficace. Comme le suggère le triangle, l'actif veut arriver le plus vite possible au but. On le reconnaît à sa façon de parler; les mots se bousculent dans sa bouche et il ne termine pas toujours ses phrases. Pour l'influencer, préparez-vous soigneusement afin d'être capable de lui décrire d'abord le résultat que vous envisagez et de détailler deux ou trois points principaux, mais seulement s'il vous les demande. Proposez-lui une date butoir pour finaliser la mise en place du changement ou pour concrétiser des idées neuves et il sera ravi, car il aime et sait décider dans l'urgence.

Le conceptuel

Le conceptuel : il apprécie les idées inédites et s'intéresse à l'enchaînement complexe des faits et des possibilités, notamment aux conséquences de votre idée sur l'avenir. Comme le suggère la forme originale, ouverte de la figure, c'est un novateur qui se démarque de la tradition et qui n'aime pas être freiné par les habitudes héritées du passé. On le reconnaît à son goût pour l'art abstrait, pour les jeux et les gadgets, et aussi pour la science-fiction. Pour l'influencer, proposez-lui des idées radicalement nouvelles, appuyées sur un raisonnement. À l'image du rationnel, le conceptuel apprécie les faits, mais surtout quand ils sont au service des idées neuves.

Vous verrez comment utiliser ce modèle à travers plusieurs exemples d'une même idée présentée selon les différents types de communication. Imaginons que vous entretenez une relation amoureuse avec un homme qui reçoit davantage de vous qu'il ne vous donne. Vous êtes toujours celle qui accepte les compromis, qui règle l'addition au restaurant et qui s'efforce de lui faciliter la vie. Exaspérée, vous avez décidé de lui mettre le marché en main : soit il change de comportement, soit vous le quittez. En fonction de son style personnel, voici ce que vous lui direz :

Avec le rationnel : Benjamin, je voudrais te parler du déséquilibre de notre relation et de ce que j'attends de toi pour qu'elle continue. Ne serait-ce que le mois dernier, j'ai déboursé plus de 300 euros en restaurant, en sorties au cinéma, et en nourriture pour nous deux. Je t'ai accompagné aux deux réunions de famille où tu m'as invitée mais tu as refusé de venir voir ma propre famille, alors que je te l'ai demandé à trois reprises. Et l'an dernier, alors que nous avions programmé un voyage aux États-Unis, j'ai accepté d'y renoncer à la dernière minute pour que tu puisses te rendre au mariage d'un ami en Italie. Je choisis librement de faire toutes ces concessions, mais il faudrait que tu y mettes aussi du tien si tu veux que notre relation continue.

Avec l'affectif : Benjamin, je suis déçue et je me sens exploitée dans notre relation. En fait, j'en ai parlé à plusieurs personnes qui nous connaissent tous les deux pour vérifier que je ne réagissais pas de manière excessive, et sans vouloir critiquer, chacune a dit qu'elle avait aussi remarqué les choses qui me posent problème. Par exemple, quand nous allons au restaurant, c'est toujours moi qui règle l'addition. Et si je fais mon possible pour m'intégrer à ton cercle d'amis et à ta famille, je n'ai pas l'impression que tu aies consenti le même effort en ce qui me concerne. Pour que notre relation continue, j'ai besoin d'être sûre que tu comprends ce que je ressens, comme moi j'essaie de comprendre tes sentiments.

Avec l'actif : Benjamin, nous ne pouvons pas continuer ainsi. Je règle la plupart du temps les dîners au restaurant et les sorties, je t'accompagne chez tes amis et dans ta famille alors que tu ne me rends pas la pareille, et je fais tout mon possible pour te plaire. Si nous envisageons de mener une vie de couple, il faut que ça change.

Avec le conceptuel : Benjamin, lorsque nous nous sommes rencontrés, j'avais envisagé une relation dans laquelle chacun respecterait les besoins de l'autre. Cela n'a pas été vraiment le cas jusqu'ici et il apparaît clairement que quelque chose doit changer pour que nous menions vraiment une vie de couple. Je n'arrête pas de faire des compromis et de tenir compte de ce que tu veux et je n'obtiens rien en retour. J'aimerais penser que nous pouvons être différents des autres couples qui se plaignent et qui se chamaillent perpétuellement, bref je te propose de réfléchir à notre avenir.

Bien entendu, cette conversation ne se termine pas là. Mais vous avez déjà un aperçu de l'influence qu'on peut exercer sur l'autre quand on consent à parler son langage.

APPLICATION PRATIQUE

- **Ne laissez pas votre message perdre de sa substance.** En Chine, il existe une malédiction bien connue : « Maudit soit celui qui a une idée merveilleuse sans être capable d'en convaincre les autres. » Vous serez vous aussi victime de la même malédiction si vous ne réussissez pas à articuler votre message de manière à le rendre compréhensible.
- **Évitez de changer de langage.** Dans le feu de la discussion, vous risquez de retomber dans votre style personnel. Résistez à tout prix. Conservez le mode de communication que vous avez choisi pour mieux convaincre votre interlocuteur.
- **Recherchez les points de convergence.** Si vous adoptez le langage de l'autre, vous trouverez le moyen de faire coïncider vos idées avec les siennes. Écoutez-le soigneusement pour déceler les moments où sa pensée recoupe la vôtre. Utilisez ces points de convergence pour introduire vos arguments de manière à faire paraître vos divergences d'opinion moins flagrantes.

Tactique 56

Rédigez votre DESCriptif

Nous entendons souvent des femmes se plaindre de ne pas savoir gérer les affrontements avec tact et diplomatie. Afin d'éviter le conflit elles sont contraintes à la fois de sacrifier leurs besoins et leurs désirs et de supporter des gens ou des situations qui les mettent mal à l'aise. Heureusement, nous sommes là pour vous aider ! Nous vous proposons une méthode simple que nous appelons le DESCriptif, dans laquelle sont résumées plusieurs tactiques destinées à vous venir en aide quand une conversation s'annonce difficile. Le DESCriptif apporte plusieurs avantages :

- il vous permet de rester concentrée sur le sujet qui fait débat ;
- il insiste sur les comportements susceptibles d'être modifiés au lieu de souligner les traits de caractère ;
- il vous guide dans les échanges difficiles ;
- il fait progresser le dialogue ;
- il favorise la recherche d'un accord mutuellement bénéfique.

Sur le tableau suivant figurent plusieurs applications possibles des six éléments clés de la méthode, ainsi qu'un espace personnel dédié à votre propre DESCriptif. Ces six éléments sont :

D = *Décrire* le motif de la discussion.
E = *Expliquer* votre point de vue et *éclairer* celui de l'autre.
S = *Synthétiser* de ce que vous venez d'entendre et *spécifier* vos attentes pour l'avenir.
C = Conclure par les *conséquences* prévisibles (positives ou négatives, selon la situation)

Éléments	Exemple	Votre espace personnel
D = Décrire	« Juliette, je voudrais te parler de ce qui s'est passé l'autre jour lorsque nous avons emmené nos enfants à ce goûter d'anniversaire. »	
E = Expliquer et éclairer	« Quand mon fils a fait des siennes, tu es intervenue avant que je puisse lui dire quoi que ce soit. J'ai eu l'impression que tu me jugeais incapable de le discipliner. Je me demande comment tu voyais la situation. »	
S = Synthétiser et spécifier	« Donc, si je comprends bien, tu croyais voler à mon secours. À vrai dire, ce qui m'aiderait vraiment à l'avenir, c'est que tu me laisses le temps de réfléchir à la manière de gérer la situation. Je ne réagis pas aussi rapidement que toi. »	
C = Conséquences	« De cette façon, nous nous respecterons mutuellement dans notre rôle de mère et nous resterons amies. »	

APPLICATION PRATIQUE

- **Rédigez à l'avance votre DESCriptif.** N'abordez pas une discussion ou une négociation qui promet d'être difficile sans préparation. Si vous avez réfléchi à l'avance aux mots que vous utiliserez et au but que vous visez, vous emploierez des arguments qui portent, vous conserverez votre calme et vous réussirez à sauvegarder ce qui est important pour vous. Associez cette tactique à d'autres, pour accroître vos chances d'obtenir ce que vous voulez. Et même si vous n'y parvenez pas complètement, vous pourrez au moins être fière de vous et l'autre saura que vous n'avez pas peur de défendre vos intérêts.

- **Soyez franche, mais avec tact.** Faire preuve de tact, cela ne veut pas dire jouer les paillassons. Utilisez la méthode DESCriptif pour transmettre votre message de manière à ce que l'autre le comprenne et l'accepte au lieu de réagir négativement.

Tactique 57

Utilisez la méthode du contraste positif

Le mari d'Emmanuelle, certain de lui faire plaisir, avait organisé un week-end au bord de la mer. Malheureusement, il n'avait pas vérifié son agenda et il s'avéra qu'elle était invitée le samedi soir du même week-end à l'anniversaire d'une amie. Lorsqu'elle s'en aperçut, elle ne savait pas comment lui annoncer la nouvelle. Personne n'aime décourager la bonne volonté de quelqu'un qui se met en quatre pour être agréable, surtout quand ce quelqu'un est votre propre conjoint ! Si vous ne voulez pas passer pour une affreuse ingrate, la seule solution est d'utiliser la méthode du contraste positif.

Comme le terme le laisse deviner, il s'agit de pointer la différence (le contraste) entre ce que vous *voulez* et ce que vous *ne voulez pas*. Dans le cas d'Emmanuelle cela donnerait : « Je *ne veux pas* que tu penses que ta proposition ne me plaît pas, c'est tout le contraire. Mais *je veux* que tu saches que je vais à l'anniversaire de Sophie le samedi soir. »

À partir de là, vous pouvez commencer à discuter d'une solution possible (reporter le week-end à une date ultérieure par exemple). Voici quelques situations dans lesquelles appliquer cette tactique :

- « Je *ne veux pas* passer pour une ingrate parce que j'apprécie vraiment l'augmentation de salaire que vous m'accordez. Mais *je tiens à* vous dire que j'espérais aussi une promotion. »
- « Je *ne veux pas* que tu imagines que je n'ai pas remarqué ce que tu fais à la maison, parce que je l'apprécie à sa juste valeur. Mais *je veux* discuter avec toi de la répartition des tâches domestiques. »

- « Je *ne veux pas* paraître exigeante, parce que je sais que vous faites votre possible pour me rendre service. Mais en même temps, *je veux* faire valoir mon droit à un remboursement partiel au lieu de bénéficier d'un avoir comme vous le proposez. »

La méthode permet de :

- témoigner du respect à l'autre, de reconnaître ses efforts ou de tenir compte de sa position ;
- gérer ce qui vous préoccupe ;
- fournir un point de départ à partir duquel bâtir un dialogue constructif.

Certes, il existe des situations où le conflit ne peut être évité. Dans ce cas, il vaut mieux également chercher ensemble une solution. Viviane a vécu cela quand elle préparait la réception de son mariage qui avait lieu chez ses parents. Sa mère et elle ne parvenaient pas à se mettre d'accord sur la liste des invités. L'une entendait convier des parents éloignés et des amis perdus de vue depuis longtemps, l'autre souhaitait une cérémonie dans l'intimité avec la famille et les amis proches. La discussion menaçait de s'envenimer quand Viviane suggéra que chacune rédige sa propre liste, quitte à comparer ensuite et à limiter les invitations aux noms qui apparaissaient sur les deux listes à la fois. Quant aux autres, chacune devait expliquer par écrit pourquoi elle tenait à les inclure. Après avoir échangé, comparé et discuté, elles parvinrent à établir une liste qui satisfaisait à peu près les exigences de part et d'autre.

Il existe une autre méthode qui consiste à dédier un moment précis, ou un jour de la semaine ou certains lieux à la discussion d'un sujet controversé ou important. Certains couples, par exemple, ont décidé une fois pour toutes de débattre des questions financières pendant le petit déjeuner du dimanche matin. Si un problème surgit entre-temps, sa discussion est reportée au dimanche suivant.

APPLICATION PRATIQUE

- **Commencez par une appréciation positive.** Remerciez l'autre de ses efforts ou de son intention et montrez-lui que vous jugez la situation de manière positive.
- **Expliquez clairement en quoi ce que vous voulez est différent de ce qui vous est proposé.** C'est particulièrement difficile pour les filles sympas. De peur de blesser l'autre, ou par culpabilité, elles acceptent ce qu'on leur offre au lieu de dire ce qu'elles veulent vraiment.
- **Associez plusieurs tactiques.** Il est évident que la conversation ne se termine pas quand vous avez expliqué ce que vous voulez et ce que vous ne voulez pas. Renforcez cette tactique par l'écoute active, en fixant des limites et en venant à bout des résistances (nous verrons comment).
- **Procédez avec méthode.** Lorsque le sujet est conflictuel, essayez de vous mettre d'accord sur la manière de l'aborder avant de passer directement à la recherche d'une solution. Convenez par exemple de l'ordre dans lequel vous traiterez les différentes questions ou fixez ensemble une durée maximale de discussion avant de commencer.

Tactique 58

Restez positive en toutes circonstances

Des recherches ont montré que l'humeur est contagieuse. Les femmes qui gagnent créent et transmettent un élan positif pour inciter l'autre à s'impliquer dans la discussion. Lorsque la situation est tendue, elles se réfèrent aux progrès réalisés pour encourager l'autre à persévérer. Elles lui rappellent notamment le temps et l'énergie qu'il a investis dans la résolution du conflit (selon le phénomène des « coûts cachés », tel que nous l'avons vu dans la tactique 31, « Partez quand il est encore temps »).

Supposons que vous négociez l'achat d'une maison, mais que vous ne parveniez pas à vous mettre d'accord avec le vendeur. Si vous lui décrivez votre bonheur quand vous vous imaginez en train d'élever vos enfants dans cette maison, au lieu de vous accrocher à votre différend, vous restez positive.

Les « gagnantes » renforcent la note positive en bannissant de leur vocabulaire des mots et des expressions que nous appelons « des signaux d'alarme. » Le plus commun d'entre eux étant « mais » ; quand l'interlocuteur l'entend, il se demande s'il doit encore ajouter foi à ce qui vient d'être dit. Dans la phrase : « Je t'aime, *mais* il y a une chose qu'il faudrait changer », la seconde partie (« mais il y a une chose qu'il faudrait changer... ») place l'accent sur l'aspect négatif et atténue l'affirmation positive (« Je t'aime »). Il est préférable d'utiliser la conjonction « *et* » à titre d'alternative. Dans la phrase : « Je t'aime et il y a une chose qu'il faudrait changer... », le locuteur n'implique pas qu'il cessera d'aimer l'autre si ce dernier ne réussit pas à changer « la chose » en question.

Les expressions/mots « signaux d'alarme »	Alternatives à préférer
« oui, mais... »	« oui, et... »
« cependant/en revanche... »	« et »
« problème »	« défi »
« j'ai des difficultés avec.... »	« je suis préoccupée par... »
« je ne peux pas être d'accord sauf.... »	« je suis d'accord si... »

APPLICATION PRATIQUE

- **Restez positive.** Persuadez-vous que vous trouverez la solution. Si vous sentez fléchir votre confiance en vous, rappelez-vous (et rappelez à l'autre) les progrès déjà accomplis.
- **Bannissez les mots/expressions « signaux d'alarme ».** Ils sont cause de malentendu et d'incompréhension car ils transforment le sens de votre message.

Tactique 59

Exprimez-vous à la première personne du singulier

Les filles sympas détestent employer le pronom personnel « je » par crainte de paraître égocentriques ou égoïstes. Elles s'obligent au contraire à atténuer l'expression de leurs besoins, de leurs désirs ou de leurs sentiments en remplaçant les affirmations par de fausses interrogations. Ainsi :

- « Ne pensez-vous pas qu'il serait mieux de faire l'impasse sur les cadeaux d'anniversaire cette année ? »
- « Que penserais-tu de dépenser moins pour l'achat de la voiture ? »
- « Tu ne voudrais pas faire tes devoirs avant de regarder la télévision ? »

Dans chacune de ces phrases, le message se trouve dilué et invite à la discussion, alors que celle-ci n'a pas lieu d'être. C'est ce que nous appelons la « communication détournée ». Le même message, introduit par « je » sera plus explicite et atteindra directement son but :

- « Je propose de faire l'impasse sur les cadeaux d'anniversaire cette année. »
- « Je suis prête à payer 15 000 euros maximum pour cette voiture. »
- « J'attends que tu fasses tes devoirs avant de regarder la télévision. »

Ce qui ne veut pas dire qu'il n'y aura pas de discussion, mais un message qui commence par « je » traduit sans ambiguïté votre sentiment et vous place en meilleure posture pour négocier ce que vous voulez obtenir. En affirmant clairement vos besoins ou vos croyances, vous indiquez à l'autre votre position. Les messages à la première personne agressent moins l'interlocuteur que ceux qui commencent par « tu/vous », qui résonnent comme une menace ou une mise en demeure (par exemple : « Tu dois faire tes devoirs avant de regarder la télévision »).

On apprend aux filles sympas à bannir la première personne du singulier, jugée trop agressive ou trop affirmative. C'est une grave erreur. Patricia peut en témoigner. Grande, intelligente et dotée de charisme, elle occupait un poste à haute responsabilité dans le monde du spectacle. Un coach en image lui conseilla un jour de ne plus utiliser la première personne, afin de mettre les autres à l'aise et de commencer désormais ses phrases sur le mode : « Oui, mais ne pensez-vous pas que... » Ce qui s'avéra désastreux. Ses interlocuteurs étaient persuadés qu'elle cherchait à les manipuler et que sous son comportement passif-agressif, elle se moquait de ce qu'ils pensaient et voulait simplement les conduire à adopter son propre point de vue – ce qui était le cas, en fait.

Comme Patricia l'apprit à ses dépens, quelqu'un qui a le courage de dire « je » invite au respect. Il ne rejette pas pour autant la discussion. Dans certaines circonstances, on *veut* réellement que l'autre fasse part de son expertise. Pour l'y inviter, la meilleure astuce est de compléter le message à la première personne par une conclusion sous forme d'invitation (tactique 48, « Soignez l'accroche et la conclusion »). Dites par exemple : « Je pense qu'il faut envisager une stratégie de réduction des coûts avant qu'il ne soit trop tard. Que proposez-vous pour accroître les profits ? » Mais là encore, il faut respecter les règles du jeu : écouter les réponses et les intégrer dans votre plan d'action pour donner aux autres envie de coopérer et de s'impliquer.

APPLICATION PRATIQUE

- **Ne confondez pas affirmations déguisées et vraies questions.** Surveillez de près votre façon de vous exprimer. Vous serez surprise de constater que bien souvent, vous maquillez des affirmations en interrogations. Une question ne sert qu'à obtenir une information, elle ne doit pas être utilisée pour manifester une opinion. Lorsque vous aurez pris conscience de ce travers, prenez l'habitude de transformer des questions qui n'en sont pas en messages à la première personne.

- **Évitez le « nous » collectif.** Pour adoucir un message négatif ou s'en distancier, les filles sympas utilisent la première personne du pluriel. Par exemple : « Nous pensons que vous auriez pu mieux gérer cette situation. » Utilisez de préférence le « je ».
- **Ayez le courage de vos opinions.** Les « gagnantes » n'ont pas peur d'affirmer ce qu'elles pensent, de faire valoir leurs demandes et d'exprimer leurs sentiments. Parlez à la première personne pour faire passer clairement votre message, ne craignez pas de paraître autoritaire ou égocentrique.

Tactique 60

Appliquez le principe du disque rayé

Les plus jeunes d'entre vous ne savent sans doute pas de quoi nous voulons parler ! À l'époque des microsillons, il arrivait que les disques se rayent à force d'avoir été écoutés. L'aiguille restait fichée dans le même sillon, causant ainsi indéfiniment la répétition de la même bribe de chanson ou du même fragment de musique. Dans une conversation difficile, pour être certaine de faire entendre son point de vue, il est parfois salutaire de jouer au disque rayé. À force de répéter ce que l'on veut dire, en variant au besoin la formulation, le message finit par s'imprimer dans l'esprit du destinataire. Lois a eu recours à cette tactique lors d'un concert. Elle avait réservé plusieurs places pour la représentation du samedi, mais quand elle arriva avec ses amis, elle s'aperçut que leurs places étaient déjà occupées. Elle s'adressa au contrôle des billets où on l'assura que les billets avaient été émis pour la soirée du vendredi.

Lois se souvenait avoir acheté les billets pour le samedi et se rappelait d'ailleurs la conversation qu'elle avait échangée avec le vendeur ; ils venaient tous les deux de déménager et avaient confronté pendant quelques instants leurs expériences (malheureuses) avec les déménageurs ! Mais l'ouvreuse ne voulut rien savoir. Lois soutenait que le vendeur s'était trompé, qu'elle avait commandé des billets pour le samedi et non pour le vendredi. Elle finit par demander à parler au supérieur de l'ouvreuse. Celui-ci lui fit courtoisement remarquer que ses billets étaient datés du vendredi. Lois, certaine de son bon droit, exigea de parler à l'instance supérieure, en l'occurrence à l'organisateur du spectacle.

Même discours de sa part, auquel Lois opposa la logique du disque rayé, répétant qu'elle avait commandé des billets pour le samedi et non pour le vendredi :

> ***Lois :*** *Je comprends parfaitement votre politique, mais je me souviens de ma discussion avec le vendeur et j'insiste pour dire que la faute lui incombe, je ne suis pas en tort.*
>
> ***L'organisateur du spectacle :*** *En fait, il est absent ce soir et nous ne pouvons rien faire.*
>
> ***Lois :*** *Je suis d'accord avec votre politique quand le client est dans son tort. Mais en ce qui me concerne, l'erreur a été commise par l'un de vos employés et il me semble normal qu'elle soit réparée.*
>
> ***L'organisateur :*** *Je ne sais pas s'il est responsable. C'est votre version des faits.*
>
> ***Lois :*** *Je ne cherche pas à le culpabiliser, je veux simplement trouver une solution. Je suis là avec des invités, notre voiture est garée au milieu du parking d'où il est impossible de sortir avant la fin du spectacle.*
>
> ***L'organisateur :*** *Je peux vous vendre d'autres billets.*
>
> ***Lois :*** *Je ne trouve pas juste de devoir acheter des billets supplémentaires à cause d'une erreur qui n'est pas de mon fait.*
>
> ***L'organisateur :*** *Voici ce que je vous propose. Si vous êtes absolument certaine que le vendeur se souvient de vous, achetez des billets supplémentaires et revenez demain. Il sera là et si vous avez effectivement raison, je vous les rembourserai.*
>
> ***Lois :*** *Cela me convient. Je sais qu'il me reconnaîtra et qu'il se rappellera notre discussion.*

Morale de l'histoire : Lois et ses amis assistèrent au concert à des places mieux situées que celles d'origine. Lorsqu'elle se présenta au guichet le lendemain, le vendeur l'accueillit en lui disant : « Je suis désolé de cette méprise », et lui remit une enveloppe. Tel est l'effet du disque rayé. Il suffit parfois d'un peu de persévérance pour vaincre les résistances.

APPLICATION PRATIQUE

- **Variez le message.** Ne répétez pas indéfiniment votre discours mot pour mot, dites la même chose en utilisant d'autres termes.
- **Associez plusieurs tactiques : le disque rayé, la première personne du singulier et le contraste positif.** Vous aurez sans doute remarqué que Lois ne s'est pas adressée une seule fois à son interlocuteur en utilisant « vous », parce qu'elle ne voulait pas le mettre sur la défensive. Elle a toujours employé « je » et opposé ce qu'elle voulait et ce qu'elle ne voulait pas (contraste positif) jusqu'à parvenir à une solution qui lui semblait équitable.
- **Restez calme et patiente.** La technique du disque rayé ne fonctionnera pas si vous élevez la voix ou si vous devenez agressive. Le meilleur moyen de désarmer l'adversaire est de lui témoigner du respect tout en continuant à vous défendre.

Stratégie V

Surmontez les obstacles et les résistances

Les tactiques associées à la stratégie V consistent principalement à :

- Vaincre les obstacles qui vous empêchent de mener la vie que vous voulez.
- Impliquer les autres dans la recherche de solutions.
- Utiliser des techniques éprouvées pour éviter la frustration et la tentation d'abandonner.

Les filles sympas sont culpabilisées, accusées d'égoïsme ou d'indifférence chaque fois qu'elles tentent d'exprimer leurs désirs. Leur volonté de changer se heurte à la résistance des autres qui s'efforcent de maintenir le statu quo parce qu'il leur est favorable. Nous avons présenté 60 tactiques pour vous aider à identifier vos besoins, à bâtir des relations constructives, à gérer les attentes des autres et à communiquer avec efficacité. La stratégie que nous allons décrire maintenant a pour but non seulement de vous apprendre à contrer les résistances et à surmonter les obstacles, mais aussi à les utiliser à votre avantage.

Les filles bien élevées ne sont pas censées s'insurger contre l'ordre établi. Des études montrent qu'aujourd'hui encore les stéréotypes ont la vie dure, tant chez les hommes que du côté des femmes elles-mêmes. Notre collègue le Dr Kathleen Kelley parle de la « mince ligne rose » qui délimite l'espace étroit des comportements jugés acceptables pour les femmes. D'un côté de cette ligne se situent toutes celles qui ont le courage de s'imposer, au risque d'être taxées d'agressivité ou, pire encore, de s'attirer des remarques particulièrement désobligeantes. De l'autre, on trouve les « conciliantes » qui capitulent au moindre conflit et qui ont la réputation d'être faibles et molles. Ce sont ces fameuses filles sympas que personne ne prend au sérieux. Croyez-nous sur parole, cette ligne rose est vraiment extrêmement fine !

Pourtant, nous l'avons vu, il n'existe pas de relations saines et équilibrées sans réciprocité et sans respect des besoins et des désirs de chacun. Les « gagnantes » considèrent les obstacles et les résistances comme des péripéties inévitables. Les filles sympas, à l'inverse, en ont peur et les fuient. Pour changer le statu quo et établir de bonnes relations avec les autres, elles doivent apprendre à affronter les conflits.

Aucune tactique ne réussit 100 % du temps ; mais vous multiplierez vos chances de réussite en comprenant comment et pourquoi les autres résistent à vos efforts pour sortir de votre rôle de fille sympa.

1. ***Les autres vous aiment telle que vous êtes.*** *Ils se sentent peu concernés par votre « nouvelle personnalité ». Pourquoi en irait-il autrement ? En fille sympa typique, vous avez pris l'habitude de faire passer leurs besoins avant les vôtres, ils n'ont aucune envie que cela change.*
2. ***La résistance au changement est un phénomène normal.*** *Par définition, les systèmes cherchent à se perpétuer en s'opposant au changement. Qu'il s'agisse de l'écologie, de la politique, de la famille ou de l'entreprise, les systèmes en place privilégient leur équilibre. Si vous modifiez votre style de communication ou vos attentes, vous vous heurterez forcément à des résistances.*
3. ***Leur opposition peut vous servir.*** *En vous combattant, ils vous fournissent aussi les armes nécessaires pour contre-attaquer. Voilà pourquoi il est vital de ne pas céder à la tentation de refuser le conflit et de capituler.*
4. ***La plupart des formes de résistance peuvent être contrées.*** *Et ça c'est une bonne nouvelle ! Aucun obstacle ne sera insurmontable si vous faites preuve de ténacité, si vous mobilisez vos ressources et si vous utilisez des tactiques éprouvées.*

Tactique 61

Considérez la résistance qu'on vous oppose comme une chance

Les « gagnantes » n'aiment pas l'affrontement en soi ; elles l'acceptent parce qu'elles le considèrent comme un passage obligé pour obtenir ce qu'elles veulent dans la vie professionnelle comme dans leur vie personnelle. Mais contrairement aux filles sympas, elles envisagent les résistances comme des opportunités et non comme des menaces.

Avant de pénétrer dans le magasin pour retourner l'article qu'elle avait acheté deux semaines auparavant, Judith s'était préparée à un refus. Sachant qu'il s'agissait d'une situation purement transactionnelle, Judith n'avait pas peur de faire valoir son bon droit. La vendeuse refusa de lui rembourser l'article parce que le délai de sept jours était écoulé. Judith passa alors au plan B et demande à bénéficier d'un avoir, ce qui fut accepté. Auparavant, elle faisait partie de ces filles sympas qui n'osent rien réclamer ; aujourd'hui, elle voyait dans la résistance que lui opposait la vendeuse une chance supplémentaire de s'affirmer.

Dans les situations à caractère personnel, la résistance des autres peut conduire à un changement positif. La mère de Joëlle insiste pour la convaincre de rester à la maison s'occuper de ses enfants alors qu'un second salaire est indispensable pour faire vivre la famille. Jusqu'à présent, la jeune femme a évité une discussion de fond avec elle. Mais si elle continue à faire l'autruche, le non-dit creusera un fossé et elles s'éloigneront l'une de l'autre. Elles devraient toutes les deux voir dans ce conflit l'occasion de parler à cœur ouvert et de renforcer leur relation.

Quand Carol travaillait en tant qu'avocate spécialiste du divorce, elle demandait à ses clients, s'il leur arrivait de se disputer avec leur conjoint. Et lorsque c'était effectivement le cas, elle les encourageait à consulter un conseiller conjugal avant d'entamer la procédure de divorce. Elle partait du raisonnement suivant : lorsque les partenaires continuent de s'affronter, cela signifie qu'ils cherchent à résoudre leur différend et que le lien entre eux pourra être restauré. En revanche, lorsqu'ils ne s'investissent plus pour tenter de sauver leur relation, elle est définitivement terminée.

Le petit ami de Lucie n'était pas enthousiaste quand elle lui a parlé de son projet de partir en week-end avec des amis. En dépit des réticences qu'il montrait, elle ne proposa pas d'y renoncer pour rester avec lui. Elle saisit au contraire l'occasion pour discuter de leur relation. Elle comprit qu'il s'inquiétait parce qu'ils n'avaient pas pris d'engagement formel l'un vis-à-vis de l'autre. Sa résistance était motivée par la profondeur des sentiments qu'il nourrissait pour elle et par son angoisse à l'idée de la perdre.

L'opposition peut naître d'un sentiment ou d'une émotion. En l'affrontant directement, les « gagnantes » en retirent une connaissance des besoins ou des désirs de l'autre qui leur sert à atteindre leur objectif à terme.

APPLICATION PRATIQUE

- **Si vous êtes confrontée à des résistances, vous vous trouvez sur le bon chemin.** Cela veut dire que vous vous affirmez et que vous défendez vos intérêts. En fonction de la situation, une certaine dose de résistance est inévitable. Ne vous découragez pas, utilisez-la plutôt pour progresser vers votre objectif.
- **Pratiquez la contre-résistance dans les situations à faible risque.** Choisissez des situations qui ne comportent pas d'enjeu véritable pour essayer de vous affirmer, par exemple les situations transactionnelles.

- **Posez des questions pour décrypter les véritables raisons de la résistance qu'on vous oppose.** Il ne suffit pas de savoir que les gens ne veulent pas que vous changiez, encore faut-il déterminer pourquoi. Creusez pour trouver la vérité.

Tactique 62

Décodez les différentes formes de résistance

Si l'opposition est en même temps une opportunité, elle peut aussi prendre des formes inattendues qui risquent de vous surprendre. La forme la plus classique, le désaccord ouvert, s'avère la plus facile à traiter dans la mesure où elle est explicite. On peut engager le dialogue ou tenter de négocier avec l'autre. Mais il existe des types de résistance plus subtils et plus compliqués à gérer parce qu'ils se nourrissent de votre culpabilité.

Vous avez dit à votre meilleure amie que cet été, vous ne vouliez pas partir en vacances avec elle et sa sœur comme d'habitude, parce que vous préféreriez rester seule avec elle. Il n'est pas simple de voyager à trois et sa sœur, par ses drames perpétuels, a gâché vos précédents séjours. Au lieu de vous répondre franchement qu'elle n'apprécie pas votre proposition, votre amie peut prendre un ton :

- Coléreux : « J'ai pris la peine de chercher des lieux de séjour agréables et maintenant tu nous laisses tomber. »
- Accusateur : « Tu privilégies toujours tes désirs sur ceux des autres. »
- Passif-agressif : « Comme tu veux. Il ne nous reste plus qu'à annuler nos vacances. »
- Infantile : « D'accord, et pourquoi pas mettre un terme à notre amitié tant que nous y sommes ? »
- Larmoyant : « Je ne vois pas pourquoi il y a un problème. Et moi qui essaie toujours de rendre les autres heureux. »

- Punitif : « Ne me demande pas un jour de faire quelque chose avec qui que ce soit de *ta* famille. »
- Elle répond par le silence.

Ce sont quelques-unes des formes de résistance les plus communes. En voici d'autres :

- L'expertise : l'autre veut absolument disqualifier votre idée. En expert autoproclamé, il s'arroge le droit de pointer du doigt tous ses défauts. Vous vous sentez rapetisser sous son regard critique et vous commencez à douter de vous-même et de votre projet.
- La rationalisation : vous avez donné votre appréciation à une personne et en retour, elle déroule toute une série d'arguments pour réfuter votre critique et se disculper. Les enfants sont particulièrement habiles dans ce genre d'exercice. Votre enfant justifie sa mauvaise note en disant : « J'ai raté mon contrôle parce que le professeur nous a posé des questions auxquelles personne ne pouvait répondre à moins d'être Einstein. »
- La confusion/l'indécision : la réponse à votre critique ou à votre idée a l'apparence de la légitimité. En réalité, elle a pour effet de diluer votre message et de lui ôter sa portée.

L'important est de reconnaître quand une réponse est d'ordre défensif, afin de pouvoir la contrer au lieu de se sentir ligoté par l'impuissance, la culpabilité ou de s'engager dans un combat de type œil pour œil, dent pour dent, qui n'a aucun sens.

APPLICATION PRATIQUE

Voici une méthode en quatre étapes pour lutter efficacement contre les différentes formes de résistance :

- **Étape 1 : identifiez** la réaction pour ce qu'elle est. Si votre enfant tient à vous expliquer *pourquoi* tel jour, telle situation s'est produite, il ne cherche pas forcément à se mettre sur la défensive ou à se disculper. En revanche, s'il met *constamment* les autres en cause ou s'il refuse obstinément de vous écouter, c'est de l'opposition caractérisée.

- **Étape 2 : accordez** à l'autre le droit de se comporter comme il le fait. Prenez acte de son attitude sans la lui reprocher. Dites par exemple : « Chaque fois que nous évoquons ce point, tu deviens silencieux. » Cette formule lui renvoie ce que vous observez sans comporter de jugement de valeur ni d'interprétation.
- **Étape 3 : confrontez-le** à l'impact que sa réaction a sur vous. Dites par exemple : « Quand j'essaie de parler de ce sujet, tu me réponds par le silence. Je suis sûre que tu as de bonnes raisons, mais en même temps, cela me donne le sentiment que je ne devrais pas exprimer ce que j'éprouve. »
- **Étape 4 : attendez** et donnez à l'autre le temps de vous répondre. Dans la plupart des cas, cela favorise la poursuite de la discussion.

Tactique 63

Ne vous trompez pas de combat

Alexandra a quitté un poste important dans une grande banque d'affaires pour travailler dans une structure plus petite. Elle a été séduite par la perspective d'une augmentation de salaire substantielle, par l'octroi d'une prime d'embauche, par la promesse de responsabilités en rapport avec ses capacités et par la possibilité de grimper rapidement dans l'échelle hiérarchique. Mais dès la première année, elle comprit que la culture d'entreprise était très différente de celle qui prévalait chez son employeur précédent ; le bien-être des salariés passait après la productivité. De fait, Alexandra hérita à son arrivée d'une équipe complètement démotivée. Elle fit part à son patron direct de ses observations, mais à chaque fois, il justifiait la politique de l'entreprise par ses obligations vis-à-vis des actionnaires.

Alexandra se demandait s'il ne serait pas plus efficace de s'adresser directement à l'échelon supérieur, puisque son patron continuait à faire la sourde oreille. Après tout, on l'avait engagée pour accroître la productivité *précisément en* améliorant le moral des salariés. Elle en parla à ses collègues qui lui déconseillèrent de court-circuiter la chaîne de commandement. Elle résolut de suivre leur avis et d'essayer de concilier ses deux tâches antagonistes. Elle ne tenait pas spécialement à passer au-dessus de la tête de son supérieur si elle trouvait la solution par elle-même. Mieux valait réserver ses forces pour d'autres combats.

Quand elle reçut l'évaluation de ses performances à la fin de l'année, elle découvrit avec stupeur qu'elle obtenait la note de 2 sur une échelle allant de 1 à 5 (5 étant la meilleure appréciation). Pourtant, elle venait d'être félicitée par ses pairs et par sa hiérarchie et personne n'avait critiqué ses résultats. Quand elle en parla avec son patron, il justifia son classement en pointant deux erreurs mineures qu'elle avait commises et en ignorant délibérément les succès qu'elle avait remportés par ailleurs.

Démoralisée par un patron aussi ingrat qu'injuste, Alexandra se dit qu'il était temps de s'adresser à l'échelon supérieur (en l'occurrence au patron de son patron). En plus de vingt ans passés dans le secteur financier, elle n'avait jamais reçu une note d'appréciation aussi basse. Elle était décidée à livrer batailler pour défendre sa réputation. Si son patron ne voulait pas entendre raison, elle partirait. En fait, elle démissionna mais pour une autre raison : ses valeurs étaient incompatibles avec celles de la banque.

Lorsque des filles sympas décident d'appliquer les tactiques proposées dans ce livre, ou ailleurs, elles manquent souvent leur cible par excès de zèle. Étant novices dans l'art de s'affirmer, elles donnent à toute chose une importance ou un poids égal et se lancent dans des batailles qui n'en valent pas la peine. S'il faut s'attendre inévitablement à des résistances, cela n'implique pas de les combattre à chaque fois. Il est plus important de gagner une guerre que de remporter une bataille et il faut parfois accepter de perdre plusieurs combats pour atteindre son objectif.

APPLICATION PRATIQUE

- **Ne faites pas une montagne de la moindre colline.** Dans ce monde, personne n'est parfait, aucune situation n'est idéale. Nos désirs les plus ardents, nos idées les plus brillantes, nos besoins les plus légitimes se heurtent à des résistances. La vie impose des sacrifices : mais à la différence des filles sympas, les femmes qui gagnent choisissent elles-mêmes ceux qu'elles acceptent et ceux qu'elles refusent. À quels désirs, à quels besoins, à quelles idées allez-vous renoncer aujourd'hui en échange d'une satisfaction ou d'un gain ultérieurs ? Vous avez peut-être envie de partir en croisière l'été prochain, mais votre mari aura justement 35 ans et il veut passer des vacances au bord de la mer. Vous reportez votre projet à l'année suivante pour lui permettre de célébrer son 35e anniversaire en se faisant plaisir car vous estimez que le combat ne se justifie pas.

- **Battez-vous pour les causes qui le méritent.** Dans le cas d'Alexandra, il s'agissait de sa réputation. Elle aurait consenti les plus grands sacrifices pour la préserver. Vous avez peut-être une autre cause à défendre : votre honnêteté, la sécurité de votre famille, la liberté ou d'autres valeurs qui vous sont chères.
- **Quand vous ne savez pas si la bataille vaut la peine d'être menée, fiez-vous à votre instinct.** Nous avons vu qu'il n'existe pas une réponse unique, mais plusieurs réponses possibles et parmi elles, celle qui vous convient. Ne transformez pas chaque désaccord en pugilat, cela vous desservira au lieu de vous aider. À l'inverse, si vous renoncez à vous battre pour des questions vitales, vous vous mépriserez. Avant de vous engager dans le combat ou d'abandonner la partie, interrogez-vous sur le bien fondé de votre cause.

Tactique 64

Tirez parti des différences pour trouver la meilleure solution

Tout le monde n'a pas les mêmes priorités dans la vie. Ce qui est important pour vous peut n'avoir aucune valeur aux yeux de votre voisin. Et dans ce cas, il est facile de trouver un arrangement. Les femmes qui gagnent savent tirer parti des différences d'intérêt ou d'opinion pour aboutir à un résultat optimal.

La famille de Marie-Pierre a pris l'habitude de célébrer le soir de Noël chez elle. Mais à mesure que les fêtes approchaient, Marie-Pierre sentait son courage faiblir à la perspective de devoir faire les courses, préparer le réveillon et tout nettoyer le lendemain. Au lieu de se conduire en fille sympa qui n'ose pas remettre le *statu quo* en question, elle décida de trouver une autre solution. Elle savait qu'elle devrait affronter la déception de ses parents et de ses frères et sœurs si elle annulait. Elle leur donna le choix entre deux possibilités ; réserver au restaurant ou les accueillir, à condition que chacun apporte un plat et aide à nettoyer le lendemain. À son grand soulagement, ils acceptèrent la seconde suggestion. Le maintien de la tradition familiale valait bien un plat et un peu d'huile de coude. De son côté, Marie-Pierre ne voyait aucun inconvénient à les recevoir ; ce qu'elle voulait éviter, c'était le travail que cela représentait pour elle.

Dans le monde du travail, il est classique de faire des arbitrages de ce type, notamment quand il s'agit de négocier une augmentation de salaire ou des avantages. Colette travaillait dans une entreprise qui connaissait des difficultés de trésorerie. Elle savait que l'augmentation et la prime auxquelles elle pouvait prétendre seraient difficiles à obtenir dans ces conditions. Après avoir réfléchi à ce qui comptait pour elle hormis le gain financier, elle conclut qu'elle échangerait volontiers une augmentation de salaire contre un titre qui rehausse son statut dans l'entreprise et qui lui procure un avantage le jour où elle chercherait un autre poste. Ainsi, son patron pouvait récompenser son travail sans grever le budget de l'entreprise.

Amanda devait lancer un produit destiné à un marché de niche. Elle sollicita trois acheteurs potentiels influents, mais ils étaient réticents à investir dans une innovation. Elle leur fit donc une offre impossible à refuser. Elle leur vendrait le produit à un tarif très inférieur au prix normal s'ils acceptaient de le tester et de rapporter leur expérience au cours d'une conférence de presse. C'était un arrangement gagnant-gagnant. Amanda réussissait un coup publicitaire à moindres frais (le rabais concédé était déjà calculé dans ses coûts fixes) et les clients bénéficiaient du produit en échange d'une prestation qui leur prenait peu de temps.

Il faut faire preuve de créativité pour désamorcer les résistances. Les femmes qui gagnent utilisent les différences pour arbitrer entre elles et aboutir à une solution.

APPLICATION PRATIQUE

- **Organisez une session de remue-méninges.** Recensez les différences dont vous pourriez tirer parti. Attachez-vous du prix à quelque chose qui laisse l'autre indifférent et vice versa ? Organisez une séance de brainstorming, seule ou avec l'autre, selon la situation, en respectant les principes suivants :
  - ne vous censurez pas ; recueillez toutes les idées qui se présentent ;
  - contentez-vous de noter les idées ; vous les évaluerez ultérieurement ;
  - allez « à la pêche » : améliorez l'idée de l'autre, associez plusieurs suggestions ;

- laissez-vous guider par l'inspiration, lancez des idées au hasard. Plus elles seront originales, plus elles seront productives. Vous les classerez et les ordonnerez plus tard.

- **Évaluez les idées.** Sélectionnez les plus prometteuses. Vérifiez dans quelle mesure elles sont compatibles avec la culture de votre entreprise, avec vos habitudes familiales ou avec les attentes de l'autre.
- **Testez vos hypothèses.** Vous ne pouvez pas toujours savoir ce que les autres plébiscitent ou refusent. Utilisez les techniques de communication de la stratégie IV (en particulier les tactiques 50, « Posez des questions ouvertes » 51, « Pratiquez l'écoute active » et 54, « Lancez un ballon d'essai ») pour déterminer si votre proposition a des chances d'être acceptée.

Tactique 65

Exploitez les réseaux d'influence

Les filles sympas détestent demander à quelqu'un d'exercer des pressions en leur faveur. Elles estiment injuste de peser sur un résultat en faisant intervenir quelqu'un qui a le pouvoir de l'influencer et elles se refusent à mettre les autres à contribution. Quelle naïveté ! Les femmes qui gagnent savent qu'il faut parfois manœuvrer pour obtenir ce que l'on souhaite. Clara voulait changer de service, mais elle savait qu'il était inutile de solliciter l'appui de son patron. Il l'appréciait en tant que personne et était satisfait de son travail ; il n'avait donc aucun intérêt à la voir partir. Elle s'adressa à une autre personne pour lui demander d'intercéder en sa faveur.

Ce procédé fonctionne aussi en dehors du monde du travail. Isabelle avait vainement tenté de prendre rendez-vous avec un professeur de médecine d'un grand hôpital parisien. Elle finit par demander à son médecin traitant de rédiger une lettre de recommandation à l'intention de son confrère.

Christine estimait que l'entraîneur de l'équipe de hockey de son fils était un peu trop rude avec les jeunes, mais elle n'osait pas le lui signaler directement, par peur d'éventuelles mesures de rétorsion à l'égard de son fils. Elle en discuta avec le responsable du club de sport qui transmit son message.

Les femmes qui gagnent n'ignorent pas qu'un mot habilement glissé de la part d'une personne autorisée a le pouvoir de faire la différence. Il ne s'agit pas de contourner les règles, mais simplement d'user d'influence pour atteindre ses objectifs.

APPLICATION PRATIQUE

- **Trouvez la personne idoine.** Vous devez frapper à la bonne porte pour être certaine que votre requête parviendra à qui de droit. La personne d'influence peut être quelqu'un qui jouit d'un certain statut ou qui entretient des liens de proximité avec le destinataire du message. Mais auparavant, vous devez déjà connaître celui/celle que vous sollicitez – souvenez-vous : il est trop tard pour bâtir une relation au moment vous en avez besoin.
- **Facilitez-lui la tâche.** Il est évident que vous ne demanderez jamais à quelqu'un de faire quelque chose d'illégal ou d'immoral. Au-delà de cela, réfléchissez au moyen de faire accepter votre demande en facilitant la tâche à la personne chargée de la transmettre. Si vous voulez obtenir une lettre de recommandation, par exemple, proposez d'en esquisser les grandes lignes ou le schéma général.
- **N'oubliez pas de remercier la personne qui a intercédé en votre faveur.** Exprimez-lui votre gratitude et tenez-la au courant des suites de son intervention.

Tactique 66

Préparez vos reparties

Vous connaissez peut-être cette publicité pour le jus de légumes V8, dans laquelle on voit des femmes s'arracher les cheveux de désespoir parce qu'elles ont trouvé 5 secondes trop tard la repartie qui leur manquait. Ce genre de mésaventure n'arrive jamais aux « gagnantes ». Tout simplement parce qu'elles anticipent les réactions de rejet ou de refus et qu'elles trouvent toujours la parade.

Il existe deux bonnes raisons de se préparer à l'avance à contrer l'attaque de l'autre. Premièrement, cela vous évite de vous réfugier dans la dénégation ou dans le désaccord. Si vous avez été confrontée à la colère ou à l'entêtement d'un enfant de 5 ans, vous savez que la réponse la plus efficace n'est pas de dire « non, non, non... », ni de secouer la tête. La dénégation contribue seulement à aggraver une situation déjà explosive ou à donner l'impression que vous êtes sur la défensive. Deuxièmement, si vous vous êtes préparée, vous ne serez pas incapable de réagir au moment où il le faudrait.

Annabelle a une collègue qui fuit ses responsabilités mais qui prétend néanmoins s'arroger les mérites de la totalité du travail effectué. Pour préparer sa contre-attaque, Annabelle a réfléchi aux arguments que sa collègue pourrait déployer. Par exemple :

- « J'ai autant travaillé que toi sur ce projet. »
- « Tu deviens paranoïaque. »
- « Tu te crois plus importante que tu n'es. »

Voici comment elle compte réfuter chaque accusation :

- Si la collègue affirme « J'ai autant travaillé que toi sur ce projet », au lieu de répliquer : « Non, c'est faux », Annabelle, qui veut comprendre son point de vue, a décidé de répondre : « Explique-moi ce qui t'incite à penser ça. »
- Si la collègue déclare « Tu deviens paranoïaque », au lieu de répondre : « Absolument pas », Annabelle a résolu de dire : « Peut-être, mais ce n'est pas le problème. Collaborons d'abord sur ce projet et nous verrons ensuite quelle a été la contribution de chacune. »
- Si la collègue lui reproche « Tu te crois plus importante que tu n'es ! », au lieu de rétorquer : « Tu te moques de moi ! », Annabelle dira simplement : « Il ne s'agit pas de moi, la priorité c'est le projet. Mettons-nous sérieusement au travail. »

Là où une fille sympa aurait déjà renoncé, quitte à trouver ensuite la bonne réplique, Annabelle a fourbi à l'avance sa contre-argumentation tout en demeurant respectueuse de l'autre.

APPLICATION PRATIQUE

- **Choisissez votre direction.** Ne vous enfermez pas dans une impasse dont la seule issue possible serait de répondre : « Non, ce n'est pas vrai. » Ce qui équivaut à donner le contrôle de la situation à l'autre et ne vous laisse aucun choix. Récapitulez mentalement les phrases que vous ne voulez pas entendre, et préparez votre réponse pour orienter la conversation dans la direction que vous souhaitez.
- **Adaptez votre réponse à la situation.** Connaissez-vous bien la personne en face de vous, ou seulement superficiellement ? Pouvez-vous vous permettre de réagir par l'humour ? Pensez-vous que l'autre a de bonnes intentions mais qu'elle ne sait pas quelle attitude prendre ? Va-t-elle au contraire utiliser des mots destinés à vous blesser ? Autant de questions qui détermineront vos réponses.

- **Ne vous précipitez pas.** Quand vous entendez une phrase ou des mots auxquels vous n'étiez pas préparée, attendez avant de répondre. Il est préférable d'avouer : « Je n'avais pas pris cela en considération. Donnez-moi le temps de réfléchir avant de vous répondre », au lieu de réagir dans l'instant et de le regretter ensuite.

Tactique 67

N'écoutez pas les défaitistes

Même si l'opposition a des effets positifs, les femmes qui gagnent savent qu'il faut parfois dire : « Ça suffit ! »

Quand la pression devient trop forte, le seul remède est d'écarter les esprits négatifs. Nombre de femmes d'affaires ou de créatrices ont trouvé sur leur chemin des gens « bien intentionnés » qui leur prédisaient l'échec. Et nous-mêmes, les auteurs de ce livre, avons dû lutter contre tous ceux qui nous traitaient de « folles », parce que nous renoncions à un salaire confortable pour fonder notre cabinet de conseil.

Le défaitisme est une forme sournoise de dénigrement qui en dit plus long sur celui qui le pratique que sur celui (ou celle) qui en est la cible. De manière générale, l'individu défaitiste :

- ne s'implique pas dans la recherche d'une solution créative avec vous ;
- ne soutient pas *votre* objectif ;
- ne prend pas de risques dans sa vie personnelle ;
- n'est pas visionnaire ;
- a plutôt tendance à se plaindre qu'à aborder directement les obstacles.

Ces oiseaux de mauvais augure privilégient toujours la sécurité et ont peur de dévier des « normes » qu'ils se sont fixées. Ils ne vous apportent rien de constructif ; ils se contentent de brider votre enthousiasme, d'étouffer vos rêves et tuer vos idées en pointant du doigt tous les aspects *négatifs*. Ils vous diront que votre projet d'entreprise manque de viabilité, que votre futur mari n'est pas le compagnon qu'il vous faut, que les travaux de rénovation de votre appartement ne le rendront pas plus agréable à vivre et ainsi de suite. Si vous sortez d'une conversation en ayant l'impression que tout est noir autour de vous, vous venez de discuter avec un défaitiste...

APPLICATION PRATIQUE

- **Tenez les esprits chagrins éloignés de vos rêves.** Ne les bannissez pas entièrement de votre vie, abstenez-vous simplement de leur confier vos bonnes idées ou vos inspirations. Ce ne sont pas des partenaires avec lesquels échafauder des projets. Contentez-vous de leur présenter des stratégies finalisées, et seulement si vous vous sentez suffisamment armée pour résister aux ondes négatives qu'ils émettent.
- **Identifiez et privilégiez dans votre entourage les personnalités positives.** Ce sont les amis, les membres de votre famille et les collègues qui vous diront la vérité sans vous démoraliser. Ils ne seront pas forcément d'accord avec vos objectifs, mais ils vous aideront à les réaliser sans porter de jugement. Avec eux, vous vous sentirez libre d'exprimer les idées les plus incroyables, en sachant qu'ils ne se moqueront pas de vous ou qu'ils ne vous dénigreront pas. Ils constituent en quelque sorte votre filet de sécurité chaque fois que vous vous lancez dans une nouvelle aventure.
- **Entourez-vous d'une « assemblée de conseillers ».** Choisissez des gens que vous respectez et qui possèdent une expertise susceptible de vous être utile. Par exemple, des personnes qui ont réalisé avec succès un projet analogue au vôtre, ou qui sont capables vous fournir un conseil financier ou technique. Demandez-leur de vous consacrer une heure par trimestre pour répondre à vos questions. Préparez-vous soigneusement à ces rencontres de manière à ne pas leur faire perdre leur temps et à obtenir les informations dont vous avez besoin.

Tactique 68

Adaptez-vous à votre public

Vous avez noté que les « gagnantes » utilisent l'indicateur MBTI® (voir la tactique 7, « Concentrez-vous sur vos préférences personnelles ») pour connaître leurs préférences personnelles et celles des autres. Nous vous proposons maintenant d'étudier les tempéraments et de voir dans quelle mesure le fait de les comprendre vous aidera à communiquer avec ceux qui résistent à vos idées ou à vos sollicitations.

Dans leur ouvrage *The Art of SpeedReading People*[1], Paul Tieger et Barbara Barron-Tieger décrivent quatre tempéraments à partir des 16 types de personnalité du MBTI.

Les gardiens Préférences **S** (sensation) **J** (jugement)	**Les artisans** Préférences **S** (sensation) **P** (perception)
Ce sont des individus sérieux qui font confiance aux structures et à l'autorité et qui suivent volontiers les procédures et les règles.	Bien que pragmatiques et réalistes, ils accordent de la valeur à la spontanéité.
Les rationnels Préférences **I** (intuition) **P** (pensée)	**Les idéalistes** Préférences **I** (intuition) **S** (sentiment)
Le « cérébral » est très développé chez ces individus qui privilégient l'approche logique et inspirent le respect.	Ce sont des visionnaires qui prennent leurs décisions en fonction de leurs valeurs et de celles des autres.

1. Ouvrage paru chez Little Brown & co, 1998. On peut traduire le titre par : *L'Art de décrypter rapidement la personnalité d'autrui*.

Dans la mesure où le tempérament détermine la manière dont un individu va réagir ou lutter contre votre idée ou votre demande, il est primordial d'en tenir compte dans votre mode de communication. Nous avons vu précédemment qu'il vaut mieux parler le même langage que l'interlocuteur pour que le message passe. Colette, qui souhaitait bénéficier d'un titre en compensation de l'augmentation de salaire impossible à obtenir, a compris que son patron appartenait à la catégorie des gardiens. Elle s'est préparée à l'entretien en tenant compte de ce critère : elle a discipliné ses manières et a adopté un style vestimentaire plus classique que le commande son tempérament d'artisan. Elle a utilisé une argumentation logique pour étayer sa demande et s'en est remise totalement à l'autorité de son patron pour la suite de la procédure.

La connaissance des tempéraments est également utile dans la vie personnelle. Armelle et Bruno possèdent une maison qui a besoin d'être rénovée, à l'intérieur comme à l'extérieur. Mais ils ne disposaient pas des fonds nécessaires pour entreprendre toutes les réparations en même temps. Armelle (ISFP, artisan) insistait pour remodeler d'abord l'intérieur à l'image de ce qu'elle avait vu dans les émissions de décoration à la télévision ou voulait commencer par les aménagements extérieurs pour pouvoir profiter de la belle saison. Bruno (ESTJ, gardien) donnait la priorité aux travaux susceptibles d'accroître la valeur de la maison en cas de revente. Ayant compris que leur tempérament conditionnait leurs choix, ils en tinrent compte et réussirent à trouver un terrain d'entente : Bruno accepta de laisser Armelle décider de certains travaux et celle-ci opta pour des aménagements qui apporteraient une valeur supplémentaire à leur maison.

Outre la personnalité proprement dite, l'attitude et l'apparence révèlent le tempérament. Les gardiens ont de bonnes manières et adoptent un mode vestimentaire classique. Les artisans sourient facilement et préfèrent un style plus décontracté. Plus complexes à déchiffrer, les rationnels sont plutôt réfléchis et pensifs. Et si vous croisez quelqu'un qui vous semble anticonformiste, vous vous trouvez sûrement en présence d'un idéaliste.

APPLICATION PRATIQUE

- **Accordez votre mode de communication au tempérament de l'autre.** S'il s'agit d'un gardien, soyez directe et concise. Exprimez-vous simplement et étayez vos arguments par des données et des faits. Avec un artisan, adoptez un ton plus léger, mais appuyez votre propos sur des preuves concrètes et des anecdotes. Face à un rationnel, privilégiez les schémas et les démonstrations et proposez de chercher des solutions en commun. Et si votre interlocuteur fait partie des idéalistes, montrez-lui que vous êtes passionnée par le sujet et que vous vous impliquez vraiment dans la relation ou le projet. Restez à l'affût des indices que les gens laissent filtrer. Il ne s'agit d'essayer de les manipuler, c'est simplement une question d'intelligence.

Tactique 69

Tenez compte du pouvoir des émotions

Les femmes qui gagnent n'ont pas la naïveté de croire que nos comportements sont rationnels, elles savent que les êtres humains sont en partie gouvernés par leurs émotions. C'est pourquoi elles essaient de découvrir les sentiments qui motivent les résistances auxquelles elles se heurtent. Lorsqu'une personne vous manque de respect, la haine, la peur, la honte, la jalousie, la douleur, le manque de confiance en soi, le sentiment de solitude peuvent expliquer son comportement.

Axelle avait plus d'une fois proposé à son ami de le présenter à ses parents. Mais il refusait obstinément et elle ne comprenait pas pourquoi. Elle finit par découvrir qu'il se sentait intimidé à l'idée de devoir tenir une conversation avec des gens qui représentaient pour lui le symbole de la réussite sociale. Cette crainte non fondée – il n'avait pas à rougir de sa vie professionnelle – expliquait ses réticences.

La patronne de Rose avait eu une réaction négative quand la jeune fille lui avait demandé de réévaluer son salaire, arguant du fait qu'il ne correspondait pas aux normes du marché. Ce qui était vrai. Mais se considérant comme quelqu'un d'équitable, elle avait été choquée que Rose la perçoive comme une patronne injuste.

Confrontées à une résistance, les « gagnantes » s'efforcent d'encourager des attitudes positives pour annuler les émotions négatives. Lorsqu'elle a compris la motivation profonde de son ami, Axelle a tenté de le rassurer sur lui-même en lui disant combien elle l'admirait et en lui rappelant ses succès en société. Quant à Rose, si elle avait eu l'inspiration d'en appeler à la gratitude de sa patronne pour la qualité de son travail et pour sa fidélité, elle aurait obtenu l'augmentation méritée.

APPLICATION PRATIQUE

- **Rappelez-vous que les résistances s'expliquent par des motivations sous-jacentes.** L'ignorer ou refuser de le voir équivaut à essayer de poser du papier peint en ayant un bras attaché dans le dos.
- **Respectez les émotions, même si vous ne les partagez pas.** Faites preuve d'empathie, y compris si vous n'éprouvez pas la même chose que l'autre. Ne lui reprochez pas ses sentiments.
- **Soyez à l'écoute de vos propres émotions.** Nous avons vu dans la stratégie II (tactique 31, « Partez quand il est encore temps »), qu'il nous arrive de prendre de mauvaises décisions (ou d'éviter de décider) sous l'emprise des émotions. Soyez attentive à vos émotions et évaluez leur impact sur vos décisions.

Tactique 70

Donnez aux autres le temps de s'habituer à votre idée

Un refus n'est jamais définitif. Que vous demandiez une faveur ou que vous proposiez une nouvelle idée, vous trouverez face à vous des opposants ou des esprits sceptiques dont la première réaction sera négative. Il y a aussi tous ceux qui ont simplement besoin de temps pour réfléchir avant de décider. Si on les oblige trop tôt à se déterminer, ils diront « non », parce que c'est la réponse la plus facile.

Nous avons vu qu'en préparant le terrain à l'avance, vous avez plus de chances de faire accepter votre idée ou de parvenir au résultat souhaité. Il suffit aussi parfois de laisser à votre proposition le temps de cheminer dans l'esprit de l'autre, surtout si vous avez affaire à un opposant systématique ou à une personne qui veut rassembler le maximum d'informations avant de prendre sa décision.

Voici un exemple : dans votre jardin, il y a un arbre que vous voudriez abattre pour construire une cabane à outils à la place; seulement, il est situé près de la palissade qui sépare votre terrain de celui de la maison d'à côté. Vous avez le droit de le faire sans rien demander à personne, mais vous ne voulez pas créer de frictions avec votre voisin et vous décidez de l'en avertir. Sa réponse est immédiate : « Cet arbre nous donne de l'ombre quand il fait trop chaud et une cabane à outils va dénaturer le paysage. » Au lieu de rétorquer que l'arbre se situe sur votre terrain et que vous avez déjà pris votre décision, vous décidez de lui laisser le temps de s'habituer à l'idée. Et vous proposez : « Je ne vais rien entreprendre pour le moment, nous allons y penser à tête reposée et nous en rediscuterons. »

Passé un certain délai, il réalisera qu'une cabane à outils n'est pas la pire des choses. De votre côté, connaissant désormais la principale raison de son refus, vous allez l'intégrer dans votre réflexion. Lorsque vous le croiserez une semaine plus tard, vous pourrez lui annoncer de bonne foi : « Après avoir examiné vos objections, il me semble que la solution serait de planter un rideau d'arbres autour de la cabane à outils. Ainsi vous ne la verrez plus, et les arbres nous fourniront de l'ombre en été. » Il peut ne pas accepter votre suggestion, au moins aurez-vous fait votre possible pour arriver à un compromis.

N'oubliez jamais ceci : il s'agit de votre idée ou de votre demande, vous y avez donc longuement réfléchi, vous avez sans doute rassemblé des données, effectué des recherches, vous en avez peut-être parlé avec des spécialistes. Mais pour la personne à laquelle vous la présentez, elle est totalement neuve. Certains aspects qui vous paraissent légitimes ou logiques peuvent lui sembler incongrus ou non justifiés. Donnez-lui le temps de s'acclimater à l'idée et de l'étudier, c'est le meilleur moyen de briser sa résistance initiale.

APPLICATION PRATIQUE

- **Labourez le terrain avant de semer des idées neuves.** Si votre contradicteur éprouve une aversion pour tout ce qui est nouveau ou inhabituel, il vous faudra de la patience et du temps pour le convaincre. Préparez soigneusement le terrain avant de négocier.
- **N'exigez pas de réponse immédiate.** Entamez la discussion en disant par exemple : « J'aimerais vous parler d'une idée qui m'est venue à l'esprit. Je ne vous demande pas de me donner votre réponse aujourd'hui ; je vais simplement vous présenter les faits pour que vous ayez le temps de réfléchir. Nous pourrons en parler lorsque vous les aurez assimilés. » En ne l'obligeant pas à donner tout de suite une réponse, vous lui enlevez de la pression,

ce qui le libère et l'incite à examiner le sujet avec une plus grande ouverture d'esprit.

- **Soyez patiente.** N'hésitez pas à revenir sur la question aussi souvent que nécessaire. De même que le ruissellement de la cascade polit les cailloux au fil des années, vous viendrez graduellement à bout des résistances.

Tactique 71

Fournissez les cartouches et laissez-les atteindre leur cible

Certaines personnes ont naturellement l'esprit de contradiction. Elles sont nées ainsi : vous pensez blanc, elles disent noir. Vous dites « oui », elles répondent « non », et ainsi de suite… Ces tendances sont encore exacerbées dès qu'il est question du changement. Danièle en fait chaque jour le constat. Elle dirige un laboratoire de recherche et règne sur plusieurs dizaines de scientifiques brillants, qui ne sont pas arrivés là où ils sont par hasard. Pourtant, chaque fois qu'elle leur soumet une idée visant à améliorer le fonctionnement du laboratoire, ils lui opposent mille arguments pour prouver que son projet ne marchera pas.

À la longue, elle a fini par se décourager. Un ami lui a conseillé une tactique : au lieu de présenter son projet comme un fait accompli, elle devrait les inviter à participer à son élaboration, quitte à le démolir, et à trouver eux-mêmes des solutions pour le mettre en œuvre. Pour le coup, ce fut elle qui accueillit sa proposition avec scepticisme ! Cette approche n'allait-elle pas conduire à une impasse supplémentaire ? Mais faute d'alternatives, elle accepta de tenter l'essai.

Et miracle, la solution fonctionnait ! Après avoir fourni à son équipe les données de départ, Danièle lui donnait la latitude de se déterminer, *en fonction de paramètres qu'elle avait elle-même fixés.* L'astuce étant de définir les résultats désirés et de permettre aux autres de décider eux-mêmes du chemin à emprunter pour y aboutir.

Dans le monde des affaires, cela s'appelle *donner délégation sur le processus*, et non *sur le produit lui-même*. Les gens s'investissent d'autant plus dans le processus qu'ils en sont devenus *propriétaires*.

On peut également appliquer cette théorie avec ses proches. Personne n'aime qu'on lui dise quoi faire, ni comment, ni quand. Supposons que vous vouliez convaincre votre enfant de participer aux travaux ménagers ; au lieu de lui assigner des missions précises, parlez-lui des tâches à réaliser, demandez-lui ce qui l'empêcherait de se charger de certaines, et discutez avec lui de la manière de les gérer. S'il objecte qu'il lui faut du temps pour ses devoirs, par exemple, laissez-le trouver seul comment s'organiser pour consacrer dix minutes entre deux devoirs à charger le lave-vaisselle.

La résistance naît souvent du sentiment de la contrainte. Désarmez-la en donnant aux gens la possibilité d'exprimer leur scepticisme et en leur fournissant l'occasion de trouver eux-mêmes la solution aux problèmes qu'ils ont soulevés.

APPLICATION PRATIQUE

- **Ne jouez pas au dictateur.** Personne n'aime les autocrates. Toute directive, tout ordre donné peut provoquer des résistances. Rien ne vous empêche d'avoir un projet précis en tête, mais vous devez donner aux autres la permission de le critiquer et de proposer des alternatives ou différents moyens de parvenir au résultat souhaité.
- **Allouez du temps à la discussion.** Notre impatience à terminer une tâche ou à finaliser un projet nous empêche souvent d'autoriser les autres à dire leur mot. Dans certains cas, l'urgence oblige à décider et à imposer des directives. Mais en allouant du temps pour la discussion lorsque la situation le permet, vous obtiendrez plus de coopération de la part des autres au moment où cela s'avérera nécessaire. De même, en vous préparant à l'avance, vous éviterez d'être enfermée dans une position qui ne vous laisse pas la possibilité de solliciter l'avis des autres.

Tactique 72

Prévoyez un entracte

Les femmes qui gagnent savent qu'il n'est pas toujours possible de tout prévoir. Lorsqu'elles se trouvent au milieu d'une situation tendue, avant que les choses ne dérapent, elles « montent au balcon ».

Cette expression, utilisée pour la première fois par William Ury dans *Comment négocier avec les gens difficiles*[1] est une métaphore qui signifie prendre ses distances quand un conflit menace. L'idée étant de vous imaginer au balcon, en train d'assister de loin au drame qui se déroule sur la scène. Au lieu de réagir par l'émotion primaire, vous mettez de la distance entre les événements et vous, afin d'avoir une vision objective de la situation. Dans *Everyday Negotiation*[2], Deborah Kolb et Judith Williams reprennent l'idée en la développant. Quand tout va mal, elles conseillent d'interrompre l'action ou, si l'on veut poursuivre la métaphore théâtrale, de prévoir un entracte. Cela donne le temps de retrouver un second souffle et permet de reprendre la conversation sur de nouvelles bases.

Nicole ne s'attendait pas à avoir une conversation facile avec son mari. Elle lui reprochait en effet de consacrer trop de temps à ses amis et de la négliger. Mais lorsqu'il explosa dès qu'elle aborda le sujet, au lieu de se mettre à crier à son tour, elle fit une pause, inspira profondément et se leva. Elle ne quitta pas la pièce. Elle laissa simplement quelques instants s'écouler, jusqu'à ce qu'elle se sente

1. Éditions du Seuil, 2006.
2. Paru chez Jossey-Bass, 2003. Le titre peut se traduire par « Négocier au quotidien ».

suffisamment calme pour reprendre le débat sans se mettre en colère. Elle évita ainsi un affrontement pénible qui ne résolvait en rien le problème.

Laura s'accorda un long intermède lorsqu'elle sentit la situation lui échapper au cours d'une réunion qu'elle dirigeait. Les membres de l'assistance n'étaient pas d'accord sur la manière de gérer un problème majeur et commençaient à manifester bruyamment leurs divergences d'opinion. Elle décida de mettre un terme au processus par ces mots : « Il est clair que nous nous sentons concernés par cette question et que nous avons de nombreuses idées sur les moyens de la résoudre. Je pense que nous en avons suffisamment débattu aujourd'hui. Je vous propose de réfléchir aux solutions proposées et de nous retrouver demain matin. Après une bonne nuit de repos, nous envisagerons la situation sous une nouvelle perspective. » La suite lui donna raison, l'assemblée du lendemain fut nettement moins houleuse et plus productive.

Les filles sympas qui ont trop souvent tendance à réagir émotionnellement dans l'instant, seraient bien inspirées de « monter au balcon », et de s'accorder un entracte. Cela leur donnerait le temps de réfléchir à une autre stratégie et de se reprendre.

APPLICATION PRATIQUE

- **Détendez-vous ou allez prendre un café.** Si le problème à régler est urgent, ou s'il est impossible de reporter la discussion, organisez une interruption de quelques minutes.
- **Légitimez votre décision d'ajourner la discussion.** Expliquez aux participants les bénéfices qu'ils retireront du report du débat.
- **N'acceptez pas de subir une pression, temporisez.** Ne prenez pas de décision avant d'y être disposée. Dites par exemple : « Je souhaiterais y réfléchir », ou « J'aurais besoin d'effectuer d'autres recherches avant de vous donner une réponse », ou encore « Je dois consulter mon associé. »

Stratégie VI

Utilisez et partagez vos réseaux

Les tactiques associées à la stratégie VI consistent principalement à :
• Reconnaître que vous ne réussirez pas seule et que vous avez besoin d'un réseau d'alliés. • Aller à la rencontre des autres.

Nous allons vous raconter l'histoire d'une femme, appelons la Violette. C'était la fille d'un psychologue célèbre, mais la plupart des gens l'ignoraient. Elle ne faisait jamais allusion à lui et utilisait systématiquement le patronyme de son mari pour se présenter. Comme nombre de filles sympas, elle voulait se prouver qu'elle pouvait réussir seule, sans « profiter » (selon ses mots) des relations de son père. Grâce à son intelligence et à son travail, elle avait acquis une certaine renommée dans son champ d'expertise, qui se trouvait être voisin de celui de la psychologie. Elle était fière d'une réussite qu'elle devait exclusivement à elle-même.

Elle écrivit un ouvrage, mais ne parvint pas à le faire publier. Les éditeurs auxquels elle avait envoyé le manuscrit ne paraissaient pas intéressés. Un jour, un ami lui conseilla de le soumettre à l'éditeur de son père. Elle le considéra d'un air horrifié. L'idée la répugnait : comment imaginer de se servir du crédit de son père, alors qu'elle s'était forgé par ses propres mérites une réputation tout à fait honorable. À l'image de tant d'autres filles sympas, Violette ne comprenait pas que les relations ouvrent seulement des portes – et qu'on est soi-même responsable de ce qui se passe ensuite. Finalement, sous la pression de collègues convaincus qu'il serait plus grave de ne pas publier son livre que de solliciter les relations paternelles, elle accepta de prendre contact avec l'éditeur. Le livre fut publié et personne ne s'en offusqua. S'il avait été de mauvaise qualité, l'éditeur ne l'aurait jamais accepté ; les relations du père de Violette avaient uniquement servi d'introduction.

Dans un précédent chapitre nous avons vu comment établir des relations constructives. Nous allons maintenant vous apprendre l'art et la manière de les exploiter – n'en déplaise aux filles sympas qui détestent ce mot ! Utiliser ses relations pour atteindre ses objectifs et réaliser ses souhaits n'est ni amoral, ni malhonnête, ni scandaleux, mais tout simplement intelligent. En outre, c'est indispensable : quel que soit votre niveau d'excellence, vous ne pourrez pas mener la vie dont vous rêvez sans un minimum d'aide de la part de vos amis.

Si vous avez suivi nos conseils, vous avez noué des liens avec d'autres individus prêts à vous ouvrir des portes, à vous protéger quand on vous attaque, et à vous lancer une corde pour vous empêcher de couler. Tout cela est très positif. Mais ils ne peuvent pas vous aider s'ils ignorent que vous avez besoin d'eux. Vous devez le leur indiquer. Au fond de vous, une petite voix négative vous répète que s'ils voulaient vraiment vous porter secours, ils le feraient sans que vous ayez à leur demander. Ne l'écoutez pas. Rappelez-vous, ce ne sont ni des devins, ni des saints, seulement des êtres humains qui vous tendent la main. À vous de la saisir.

Tactique 73

Apprenez à connaître votre réseau

En termes techniques, un *réseau* est une série de points interconnectés rattachés à un pivot central. Dans votre réseau, vous représentez ce pivot autour duquel gravitent vos amis, vos parents, vos collègues, ainsi que les autres personnes auxquelles ils sont eux-mêmes reliés. Si vous avez adressé un de vos amis à votre conseiller fiscal ou un membre de votre famille à un des médecins qui vous soignent, vous avez établi un contact. La plupart des gens ignorent l'envergure exacte de leur réseau. Beaucoup d'entre nous ont des réseaux si vastes qu'ils seraient incapables d'en dénombrer les membres.

Pour vous représenter votre réseau, prenez en compte les différents canaux qui vous relient aux autres :

- la famille ;
- les amis ;
- le milieu professionnel ;
- les prestataires de service (médecins, conseiller fiscal, artisans, etc.) auxquels vous faites appel ;
- la communauté religieuse à laquelle vous appartenez ;
- les établissements d'enseignement fréquentés (par vous et/ou vos enfants) ;
- les associations professionnelles ;
- les activités de loisir (club de sport, cours de peinture, chorale, etc.) ;
- les activités de bénévolat.

En calculant le nombre de personnes que vous connaissez dans chacun, vous constatez que vous avez un réseau relativement étendu. Mais ce n'est pas tout. Les gens que vous connaissez par l'intermédiaire de ces personnes font aussi partie de votre réseau. Si un collègue vient de vous présenter son épouse ou si vous avez rencontré la sœur de l'institutrice de votre fille, elles sont désormais intégrées dans votre réseau. Elles représentent aussi des ressources potentiellement exploitables en cas de besoin. Prenez modèle sur le schéma ci-après pour représenter votre réseau et identifier les ressources dont vous disposez et les personnes à prendre en considération pour solliciter une recommandation, diffuser une information ou établir un contact.

APPLICATION PRATIQUE

- **Représentez votre réseau.** Reproduisez le schéma ci-après et indiquez le nom de tous ceux qui forment votre réseau. Conservez-le dans un endroit où il restera accessible pour pouvoir le consulter

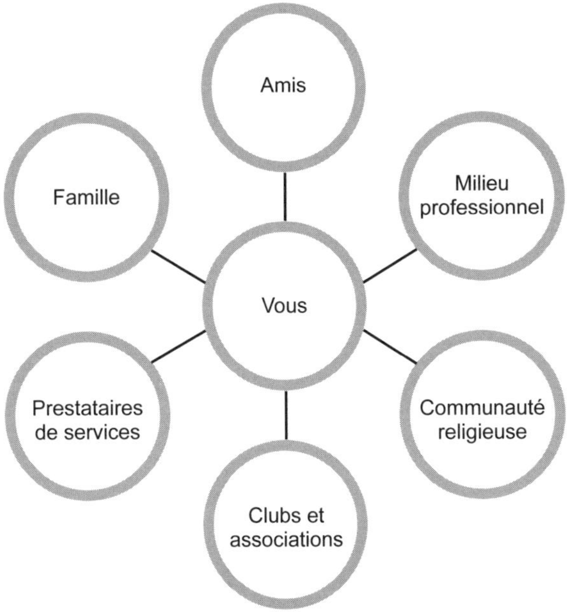

facilement. Il vous rappellera que vous disposez de nombreuses ressources mais que vous devez, vous aussi, représenter une ressource pour les autres.

- **Respectez le principe de réciprocité.** Toute relation, nous vous le rappelons, est fondée sur l'échange de services, de biens, d'amitiés, d'entraide. Respectez cet équilibre en aidant les autres comme ils vous aident.
- **Élargissez votre réseau.** Votre réseau perd inévitablement des membres, certains changent de travail ou de mode de vie, d'autres déménagent ou s'expatrient. Remplacez ceux qui partent et prospectez pour intégrer de nouveaux venus qui ont quelque chose à vous offrir et auxquels vous pouvez aussi apporter quelque chose. Comme nous l'avons écrit (à plusieurs reprises, pour être certaines que vous ne l'oublierez pas !), *il est trop tard pour établir une relation quand vous avez besoin d'elle.*

Tactique 74

Initiez-vous à l'art de la conversation

Contrairement à ce que l'on croit, faire la conversation n'est pas un passe-temps futile; c'est même une activité capitale. Les femmes qui gagnent maîtrisent souverainement cet art. Avec elles, les conversations professionnelles ou privées sont enrichissantes. Cependant, mener une discussion n'est pas chose aisée; les gens les plus à l'aise en société éprouvent parfois des difficultés à dialoguer avec des gens qui leur sont totalement inconnus.

Muriel participe à des événements de réseautage afin d'accroître sa clientèle. Mais ses efforts sont rarement couronnés de succès parce qu'elle reste près des gens qu'elle connaît déjà au lieu d'aller à la rencontre des autres. Vanessa voudrait faire des rencontres, mais quand elle va dans une boîte de nuit, elle ne quitte pas son groupe d'amies d'une semelle – quel garçon oserait s'aventurer seul au milieu de ce cercle protecteur? Nancy accompagne souvent son mari aux soirées organisées par son entreprise, mais elle trouve ses collègues si intimidants qu'elle n'ouvre pas la bouche et saisit la première occasion pour s'en aller.

Même dans les situations peu stressantes, certains éprouvent des difficultés à établir le contact. Ils s'inquiètent de tout : ils ont peur de ne pas être appréciés, de ne pas trouver quoi dire, de passer toute la soirée en compagnie d'un raseur ou de jouer eux-mêmes ce rôle. L'inquiétude est un sentiment inutile, elle n'aide pas à acquérir le sens de la répartie.

Gabrielle n'a plus cet handicap depuis longtemps. Elle a pris des mesures pour ne plus être stressée quand elle rencontre des gens nouveaux. Avant une soirée, elle surfe par exemple sur le Net pour trouver des informations sur les invités ou interroge la personne qui reçoit. Forte de cette connaissance, elle trouve sans peine des sujets de discussion communs ; avec un amoureux des grands espaces, elle parlera de son récent trekking dans l'Atlas, à une passionnée d'histoire de l'art, elle racontera son voyage à Florence. Elle aborde aussi des thèmes plus spécifiques : en tant qu'enseignante, elle a toujours en réserve quelque anecdote amusante à rapporter sur ses élèves. Et même si l'interlocuteur n'a pas d'enfant, il l'a été autrefois et il se sent forcément concerné par ses histoires. Elle sait aussi poser des questions qui ouvrent la conversation. Elle dira par exemple : « Je reçois des amis ce week-end, j'aimerais leur faire découvrir un nouveau restaurant. Avez-vous des adresses à me recommander ? » ou encore « J'ai besoin de me détendre, auriez-vous un livre à me conseiller ? » Elle reste dans le registre léger et évite soigneusement les sujets touchant à la politique et à la religion. Tout le monde apprécie sa compagnie. Vous aussi, vous aimeriez discuter avec elle !

Malheureusement, même en étant habile et bien intentionné, on ne peut pas tout prévoir. Au cours d'un dîner chez une amie, Delphine demanda à la personne assise de l'autre côté de la table : « Comment occupez-vous vos journées ? » La question était banale et rituelle. Delphine était suffisamment intelligente pour éviter la formulation plus directe : « Que faites-vous ? », susceptible d'embarrasser quelqu'un sans travail ou une mère au foyer. Cela n'empêcha pas son interlocutrice de répliquer : « Je suis au chômage ». Elle aurait aussi pu lui répondre en détaillant chaque minute de son emploi du temps journalier ; ce qui aurait été pénible d'une autre façon. Heureusement, aucune loi n'oblige à subir la compagnie d'un fâcheux qui raconte sa vie de A à Z. À la différence des filles sympas, trop gentilles pour s'en aller, les femmes qui gagnent savent battre en retraite avec élégance quand la conversation prend un tour imprévu.

APPLICATION PRATIQUE

- **Boostez votre confiance en vous.** Répétez-vous que vous êtes aussi intéressante que ceux qui se trouveront dans la pièce. Seulement, personne ne s'en apercevra si vous restez dans votre coin. Si vous manquez vraiment d'assurance, faites la liste des réalisations dont vous êtes fière, des relations que vous avec construites et que vous cultivez avec succès. En vous remémorant vos réussites passées, vous préparez celles à venir.
- **Préparez des sujets de discussion.** Réfléchissez aux thèmes que vous pouvez aborder et aux questions que vous poserez. Refusez la banalité ; essayez d'être créative en tenant compte des centres d'intérêt de l'autre. Si vous assistez à une soirée ou à une réunion professionnelle, parlez si possible d'autre chose que de votre métier ou de sport. La plupart des hommes, et certaines femmes, choisissent ce thème parce qu'il permet d'établir le contact. Si vous éprouvez une aversion pour toute forme de sport ou si vous n'y connaissez rien, orientez la conversation sur un sujet que vous aurez préparé.
- **Ne vous laissez pas piéger.** Si vous êtes engagée dans une conversation qui n'en finit plus ou que vous trouvez lassante, excusez-vous poliment et trouvez d'autres interlocuteurs. Dites par exemple : « J'ai apprécié cet échange sur votre travail. Excusez-moi, je m'aperçois que mon verre est vide. » Ne proposez pas « de déjeuner ensemble un de ces jours » ou de rester en contact, sauf si vous en avez vraiment envie.

Tactique 75

Gérez vos réseaux comme un agenda

Certaines personnes sont naturellement des virtuoses du réseautage et adorent rencontrer des gens nouveaux. Elles sont à l'aise pour établir et cultiver des relations et les autres recherchent leur compagnie. Si vous avez la chance de faire partie de ces privilégiées, sautez ces pages et passez directement à la tactique suivante ! En revanche, si au-delà du cocon protecteur de vos amis intimes et de votre famille, vous avez des difficultés à entretenir un réseau de relations, poursuivez votre lecture. La gestion d'un réseau n'est pas plus compliquée que celle d'un agenda. Utilisez votre calendrier électronique, un carnet ou n'importe quel autre moyen pour noter les jours et les heures où dialoguer avec les membres de votre réseau.

C'est la meilleure méthode pour garder le contact et pouvoir disposer de vos relations au moment où vous en aurez besoin :

- notez les anniversaires et les dates importantes dans la vie de chacun et envoyez une carte ou un courriel le jour J ;
- programmez une alerte sur votre calendrier électronique pour vous obliger à faire deux fois par jour une pause de cinq minutes pour discuter avec quelqu'un ;
- notez le nom des enfants et des conjoints des membres de votre réseau et n'oubliez pas de les mentionner dans vos échanges avec eux ;
- chaque semaine, invitez une personne différente à déjeuner ;
- notez les événements importants, par exemple la date d'une opération chirurgicale, celle d'une présentation déterminante, ou

celle d'un concours et envoyez un mot à la personne concernée pour lui souhaiter bonne chance ;
- enregistrez le jour, l'horaire et le lieu de la prochaine réunion des associations professionnelles qui vous intéressent, et efforcez-vous d'y assister ;
- bloquez quelques heures par mois (un vendredi après-midi par exemple) pour envoyer des courriels ou téléphoner aux gens dont vous n'avez pas eu de nouvelles depuis un certain temps.

Les filles sympas veulent occuper le temps à des activités « productives » et elles tiennent les heures passées à réseauter pour du gaspillage. Rien n'est plus faux. Vous trouvez peut-être que cette activité exige une somme de travail considérable, mais croyez-nous, le jour où vous aurez besoin d'une faveur, d'une information ou d'une aide quelle qu'elle soit, vous serez heureuse d'avoir pris le temps d'entretenir les liens avec les membres de votre réseau.

APPLICATION PRATIQUE

- **Restez connectée !** Que ce soit par l'intermédiaire d'un calendrier numérique, d'une alerte pour ne pas oublier d'envoyer une carte d'anniversaire, ou d'une application pour smartphone, la technologie met à votre disposition une multitude de ressources qui vous permettent de garder le contact.
- **Consacrez au moins deux heures par mois à faire vivre votre réseau.** Il est inutile de bloquer une heure entière ou même une demi-heure. Segmentez la durée comme vous l'entendez, l'essentiel étant de ne pas passer moins de deux heures par mois à cette activité essentielle qui vous relie avec les gens dont dépendent votre réussite et votre épanouissement à long terme.
- **Réseautez encore et toujours !** N'attendez pas forcément qu'un événement marquant ou tragique se produise dans votre vie. N'hésitez pas à prendre contact avec les autres pour leur dire que vous pensez à eux. Un courriel rapide, quelques mots déposés sur une messagerie ou l'envoi d'un commentaire susceptible de les intéresser suffit.

Tactique 76

Utilisez les six degrés de séparation à votre avantage

Les « gagnantes » exploitent les réseaux sociaux pour élargir leur univers. Que vous soyez à la recherche d'un emploi, de l'homme de votre vie ou plus simplement d'une nouvelle amie pour vous accompagner à votre cours de cuisine, Facebook, LinkedIn ou les autres réseaux sociaux vous offrent la possibilité d'entrer en relation avec les amis de vos amis ou les contacts de vos contacts. Voici comment certaines ont utilisé à leur avantage les six degrés de séparation :

- Quand Hélène a eu besoin d'un avocat spécialisé dans les procédures de divorce, elle s'est adressée à ses amis sur Facebook pour obtenir l'adresse d'un homme de loi en qui elle pouvait avoir confiance. Elle ne souhaitait pas confier une affaire aussi importante au premier venu dont elle aurait trouvé les coordonnées dans les pages jaunes de l'annuaire.
- Cathy dirige une PME et souhaitait conclure un partenariat avec une autre entreprise de son secteur, mais il lui fallait une introduction. Elle lança une recherche sur LinkedIn ; il s'avéra qu'un de ses contacts connaissait un responsable de cette entreprise. Grâce à lui, elle réussit à approcher sa cible sans difficulté.
- Frédérique, fraîchement émoulue de l'enseignement supérieur désespérait d'entrer dans la vie active après plusieurs essais infructueux. Elle utilisa l'Intranet de son école pour recenser les anciens élèves travaillant dans le secteur qui l'intéressait et prit contact par courriel avec eux. Plusieurs lui répondirent rapidement et lui

conseillèrent d'aller sur un site spécialisé dont elle ignorait l'existence jusque-là ; elle posa sa candidature à l'un des postes proposés sur le site et fut embauchée. Sans l'Intranet de son école et sans l'aide des anciens élèves, elle n'aurait jamais connu ce site professionnel, ni réussi à trouver un emploi.

Si elles utilisent volontiers les réseaux sociaux, les « gagnantes » ne commettent pas l'erreur de croire que chacun de leurs « amis » sur Facebook est un ami véritable au sens traditionnel du terme. À moins de connaître parfaitement leur interlocuteur, elles sont attentives aux informations qu'elles donnent. Et même avec des relations proches, elles restent prudentes. Elles savent par exemple qu'elles n'ont pas de garantie de confidentialité si elles accèdent aux sites de réseaux sociaux en utilisant les ordinateurs et les serveurs de leur entreprise.

Contrairement aux filles sympas, elles ne se sentent pas obligées d'accepter tous les « amis » ou tous les « contacts » qui se présentent et ignorent sans état d'âme les demandes qui ne leur conviennent pas. Si elles ne suppriment pas de gaieté de cœur les anciens amis avec lesquels elles n'entretiennent plus de lien suivi, elles n'hésitent pas à le faire quand cela devient nécessaire.

Les réseaux sociaux sont utiles, mais ils ont leurs limites. Ils constituent un moyen et non une fin en soi. S'ils ne remplacent pas le face-à-face avec l'autre, ils représentent cependant une ressource appréciable pour mobiliser vos relations en cas de besoin.

APPLICATION PRATIQUE

- **Entrez dans l'univers des réseaux sociaux.** Il est temps de vous familiariser avec les réseaux sociaux. C'est beaucoup plus facile que vous ne le pensez. Consultez par exemple *Facebook, Twitter et les autres...* de Christine Balagué[1], un ouvrage à la fois complet

1. Pearson, 2010.

et accessible. N'exploitez pas seulement les réseaux sociaux pour votre propre usage, utilisez-les aussi pour aider les autres.

- **Fixez-vous des limites.** Ne devenez pas accro. Fixez-vous une durée à ne pas dépasser et respectez-la. Note à l'intention des parents : déterminez avec vos enfants, en fonction de leur âge, de leur degré de maturité et d'autres critères, combien de temps, quand et où ils peuvent utiliser les réseaux sociaux.
- **Ignorez les sollicitations inopportunes.** Ne vous précipitez pas pour accepter n'importe qui comme « ami » – pensez à ce que cela implique avant de cliquer sur « accepter ». Prudence également en ce qui concerne les informations que vous partagez ; n'oubliez pas que tous les membres de votre réseau y ont accès. Êtes-vous certaine que votre collègue du service comptable a besoin de voir les photos de votre lune de miel ? Et si votre *patronne* tente de devenir votre « amie », réfléchissez deux fois avant de dire « oui ». Au lieu de vous contenter de cliquer sur « ignorer », il vaudrait peut-être mieux en discuter avec elle de vive voix. Prévenez-la avec diplomatie que vous vous êtes donné pour règle de n'utiliser les réseaux sociaux qu'avec les membres de votre famille et vos amis personnels.

Tactique 77

Complétez votre savoir-faire

Vous connaissez sans doute le proverbe : « Deux têtes valent mieux qu'une. » Les filles sympas ont tendance à faire cavalier seul, alors que les « gagnantes » sollicitent volontiers les compétences des autres quand elles sont complémentaires des leurs.

Bénédicte et Christine coprésident le comité d'organisation de la fête de l'école de leurs enfants. Pour faire de cette journée un moment unique dont tout le monde se souvient avec plaisir et émotion, elles mobilisent la bonne volonté et les talents des autres parents d'élèves. Elles les contactent individuellement et leur demandent de participer en fonction de leurs compétences et de leur disponibilité. Ceux qui ont des dispositions artistiques décorent la salle, d'autres préparent le buffet, d'autres encore en appellent à la générosité des entreprises locales ou des commerçants pour donner des lots, certains pères de famille assurent l'accueil le jour dit, les enfants eux-mêmes interviennent pour aider à dresser les stands ou demandent à leurs frères et sœurs aînés de s'occuper de l'animation musicale.

Pauline voulait revoir le mode de distribution de la lettre d'information qu'elle adressait aux membres de son association. Jusque-là, elle leur était envoyée par la poste. Mais la rédaction, l'impression et l'acheminement prenaient tant de temps que le contenu n'était déjà plus d'actualité quand ils la recevaient. En outre, certains la jetaient purement et simplement à la poubelle sans même l'ouvrir. Pauline pensa que le moment était venu d'utiliser les ressources de l'informatique. Mais elle n'avait ni le loisir ni le goût de suivre une formation adaptée. Elle s'adressa à Marie, une spécialiste qu'elle avait rencontrée dans le cadre de son travail. Celle-ci créa un modèle de newsletter envoyée par courriel à tous les membres inscrits.

Responsable du développement et de la formation, Agnès devait solliciter une rallonge budgétaire pour mettre en place de nouveaux programmes. Mais elle était nulle en mathématiques. Elle demanda à sa collègue du service financier de chiffrer les besoins, afin de présenter à ses supérieurs un dossier inattaquable. Son but était de prouver que l'investissement dans la formation était rentable, qu'il accroîtrait à terme la productivité des salariés et les bénéfices de l'entreprise. L'analyse coût/rentabilité réalisée par sa collègue était plus apte à les convaincre que le discours qu'elle leur aurait tenu elle-même.

Nous avons vu que les femmes qui gagnent comblent les lacunes qui les empêchent de réussir. Elles acquièrent les savoirs indispensables, mais elles savent qu'elles n'ont pas besoin de posséder une connaissance encyclopédique, ni d'assumer toutes les responsabilités elles-mêmes. Cette prise de conscience les conduit logiquement à aller chercher ailleurs des talents et des compétences complémentaires.

APPLICATION PRATIQUE

- **Reconnaissez vos limites.** Vous ne pouvez pas tout assumer vous-même. N'ayez pas honte, ne vous excusez pas de ne pas posséder tous les talents et toutes les compétences. Personne n'est universel.
- **Choisissez des partenaires avec lesquels vous aimez travailler.** Il n'y a pas de coopération efficace sans plaisir et sans estime réciproques.
- **Offrez votre aide à ceux qui vous ont apporté la leur.** Nous l'avons déjà dit, une relation, c'est une voie à double sens. N'oubliez pas de remercier ceux qui vous ont porté secours et guettez l'occasion de leur rendre la pareille.

Tactique 78

Facilitez les contacts entre les gens en jouant les intermédiaires

Carl Terzian est très connu en tant que PDG d'un cabinet de relations publiques, mais aussi pour son rôle d'intermédiaire. Si vous devez recruter un expert-comptable fiable et rigoureux, si vous voulez trouver de nouveaux clients ou un investisseur pour votre start-up, il connaît forcément quelqu'un qui peut vous aider et il vous mettra en rapport avec lui. Bien qu'il n'exige pas de rémunération pour ses services, son entreprise en profite indirectement dans la mesure où tout le monde le connaît, l'aime et le respecte. La recherche du gain n'est pas sa motivation première, il récolte simplement les bénéfices de sa générosité naturelle.

Personne ne vous demande de vous impliquer autant que Carl, mais faites en sorte que tout le monde sache que vous disposez d'un vaste réseau de relations et que vous l'ouvrez volontiers aux autres. Nombre de femmes (nous en connaissons) ont un carnet d'adresses pléthorique qu'elles protègent jalousement comme s'il s'agissait du coffre-fort de la Banque de France. Elles se comportent comme si le fait de partager leurs contacts devait les dépouiller de quelque chose de précieux. Si vous décidez d'agir comme intermédiaire, prenez trois précautions :

- **Vérifiez que les intérêts des deux parties coïncident.** Ne mettez pas en relation une amie qui cherche à investir 10 000 euros et un gestionnaire de fortune dont les clients habituels ont des avoirs qui dépassent largement 1 000 000 euros. Vous y perdriez votre réputation.

- **Demandez l'autorisation des personnes concernées.** Ne vous contentez pas de fournir un numéro de téléphone ou une adresse électronique sans demander d'abord à son propriétaire s'il vous autorise à transmettre ses coordonnées. C'est une entrée en matière qui permet d'évaluer la cohérence des intérêts en présence, ainsi que la disponibilité et le bon vouloir de celui qui doit fournir le secours ou l'information. En outre, c'est l'occasion d'élargir votre propre réseau. Si la personne sollicitée n'a pas le temps ou la possibilité de répondre à votre demande, elle vous indiquera quelqu'un d'autre. Vous prendrez contact avec ce quelqu'un, qui viendra par la même occasion enrichir votre réseau.
- **Débriefez.** Lorsque les deux parties auront pris contact, intéressez-vous au résultat de leurs tractations. Comment saurez-vous, par exemple, si l'électricien que vous avez recommandé à vos amis a effectué chez eux un travail de la même qualité que celui qu'il a réalisé chez vous ? Ou si les amis en question n'ont pas oublié ou n'ont pas fait de difficulté pour le payer ? Ce qui pourrait à l'avenir vous inciter à réfléchir avant de les mettre en relation avec d'autres membres de votre réseau.

APPLICATION PRATIQUE

- **Partagez généreusement vos contacts.** Si vous respectez ces trois règles, votre réputation s'en trouvera rehaussée et les autres vous rendront la pareille le jour où vous aurez besoin d'une introduction ou d'un service.
- **Établissez une base de données.** Exploitez votre liste d'adresses électroniques. Au besoin, faites appel à un spécialiste de la gestion de base de données ou utilisez un logiciel de stockage et de tri. Complétez-la par des renseignements sur la famille, le parcours académique, les centres d'intérêts de chacun. À mesure que votre base de données s'enrichira, ces informations vous seront indispensables pour savoir qui est qui, et pour quelles raisons il figure dans votre carnet d'adresses.

- **Ne communiquez jamais votre fichier à des tiers.** Recommander quelqu'un est une chose, ouvrir l'accès à votre réseau en est une autre. Un vaste réseau suscite toujours des convoitises. Si un ami qui lance son entreprise veut utiliser votre liste d'adresses électroniques, justifiez votre refus de la manière suivante : « Je ne donnerais jamais tes coordonnées sans que tu m'y autorises. Et je ne me permettrai pas non plus de te communiquer des informations sur d'autres personnes sans avoir leur feu vert. Mais si tu veux, je peux parler de ton projet autour de moi. »

Tactique 79

Honorez vos engagements

Céline était découragée et exaspérée. Elle se disait qu'il était sans doute plus facile de conduire une meute de chiens fous que de convaincre les six membres de sa bibliothèque tournante de se mettre d'accord sur une date. L'une déclarait : « Cette semaine, je préférerais mardi plutôt que mercredi » ; l'autre prétextait : « Je sors déjà le soir précédent et je n'aime pas être absente deux soirées de suite pour mes enfants. » Le jour de la réunion, il y en avait toujours une ou deux qui téléphonaient pour s'excuser de ne pouvoir venir et la moitié de celles qui étaient là n'avaient pas lu le livre. C'était une bibliothèque tournante qui tournait mal ! Les filles sympas ont si peur d'offenser les autres qu'elles ne refusent aucune invitation. Résultat : leur emploi du temps est surchargé et elles n'honorent pas le quart de leurs engagements. Ce qui est plus dommageable que bénéfique pour elles.

Quand une « gagnante » accepte de donner de son temps pour une action de bénévolat en faveur des sans-abri, elle ne manque pas un seul rendez-vous. Si elle siège dans un comité ou une assemblée, elle n'hésite pas à lever la main quand on réclame des volontaires pour une mission exigeante. Lorsqu'elle fait partie d'une communauté en ligne, elle ne se contente pas de surfer passivement, elle intervient pour poster des commentaires et échanger des informations avec les autres. Et le jour où elle décide de participer à une bibliothèque tournante, elle arrive à la réunion en ayant lu le livre. Les femmes qui gagnent s'impliquent à fond dans toutes leurs activités.

APPLICATION PRATIQUE

- **Réfléchissez avant de vous engager.** Si vous vous engagez au-delà de vos possibilités, vous risquez à terme de décevoir les autres. N'acceptez pas d'obligations quand votre emploi du temps est déjà surchargé. Vous finirez pas oublier des rendez-vous ou par être contrainte de vous dédire et vous le regretterez.
- **Ne manquez jamais une réunion, sauf impératif contraire.** Nous passons trop de temps en réunions de toute sorte, c'est vrai. Cela dit, ne commettez pas l'erreur d'en sauter quelques-unes sous prétexte qu'elles ne servent à rien. Il ne s'agit pas de séances de travail imposées, mais de rassemblements d'individus qui ont choisi de se retrouver pour échanger et s'apporter mutuellement quelque chose. Ce sont autant d'occasions d'exercer vos compétences ou vos talents, de recueillir des informations que vous n'obtiendriez pas ailleurs et d'établir des relations. Quand vous avez l'impression que l'attention des participants s'éparpille, signalez-le pour essayer de recentrer la réunion sur le sujet.
- **Soyez totalement présente.** Éteignez votre portable et concentrez-vous sur ce qui se passe et sur ceux qui vous entourent. Si vous animez la réunion, demandez aux participants de vous imiter.

Tactique 80

Soyez volontaire pour les missions porteuses

Le mot à souligner ici, est *porteuses.* Qu'il s'agisse d'une mission au bureau, d'une activité à la maison ou d'un projet associatif, les filles sympas ont tendance à se porter volontaires pour les tâches dont les autres (notamment les hommes) ne veulent pas se charger. Elles acceptent parce qu'elles veulent vraiment rendre service; ou parce qu'elles pensent que les autres noteront leur sacrifice et leur en sauront gré (voir la tactique 35, « Ne jouez pas les martyres »); ou tout simplement parce qu'elles ne supportent pas le silence pesant qui règne dans la salle quand aucune main ne se lève. En agissant ainsi, elles cumulent deux inconvénients : elles s'épuisent, sans recevoir de reconnaissance en contrepartie. Elles imaginent pouvoir retirer un bénéfice de leur effort, mais c'est l'inverse qui se produit; les gens ne respectent pas ceux qui se dévouent pour assurer « les humbles besognes ». Elles perdent un temps précieux qu'elles feraient mieux de consacrer à des activités qui leur offriraient l'occasion de montrer ce dont elles sont capables.

Les missions porteuses sont celles qui vous donnent l'occasion de déployer vos talents, de compléter votre savoir-faire, de rehausser votre réputation, ou d'enrichir votre réseau. Elles vous apportent plusieurs types de bénéfices :

- vos talents sont reconnus et récompensés (dans l'immédiat ou à terme);
- vous acquérez des compétences que vous pourrez appliquer par la suite;

- vous établissez de nouvelles relations ;
- vous « capitalisez » sur la reconnaissance des autres ;
- vous vous préparez à devenir potentiellement *bénéficiaire* de contrats, de projets, d'avantages divers ;
- vous vous imposez comme une personne généreuse de son temps – mais dont le temps est précieux.

Ce qui ne signifie pas que vous ne devez *jamais* vous porter volontaire pour des activités qui n'entraînent pas ce type de bénéfices. Nous vous conseillons simplement de réfléchir s'il est vraiment indispensable que vous accompagniez le voyage scolaire de votre fille ou que vous organisiez le cocktail de départ de votre collègue. Toutes ces tâches ont leur raison d'être, bien sûr, mais si vous n'avez pas le temps de vous consacrer à ce que vous jugez vraiment important, si vous pensez que vos efforts restent méconnus ou sous-estimés, cela signifie peut-être que votre vie est encombrée d'occupations inutiles et peu productives.

APPLICATION PRATIQUE

- **Asseyez-vous sur vos mains (au sens propre).** Faites-le réellement si c'est le seul moyen pour vous empêcher de vous porter volontaire sans avoir réfléchi. Et tant que vous y êtes, apprenez à supporter le silence. C'est un puissant déclencheur de motivation… pour les autres.
- **Analysez le rapport coûts/bénéfices.** Le volontariat a un coût. Que ce soit en termes de temps passé, ou d'énergie consacrée à motiver les autres, ou de sacrifice au détriment d'une activité plus porteuse. Avant d'accepter, tenez d'abord compte de la charge que représentent vos autres engagements, ensuite prenez en considération les gens avec lesquels vous travaillerez, le rôle que vous jouerez et son impact sur le résultat, et le bénéfice lié à cette expérience. Si vous en retirez la satisfaction de savoir que vous avez fait quelque chose de bien pour votre communauté, votre famille ou vos collègues, n'hésitez pas ; mais si vous devez être

malheureuse tout au long du processus, alors le coût n'est pas à la hauteur de la récompense.

- **Identifiez les compétences que vous souhaiteriez acquérir à travers cette activité.** Elle peut fournir l'occasion d'exercer un talent ou d'en acquérir un nouveau. Au lieu de vous porter volontaire pour une tâche que vous maîtrisez déjà, saisissez la possibilité de vous perfectionner dans une autre. Si vous êtes timide et que la perspective de vous exprimer en public vous donne des sueurs froides, portez-vous candidate à la présidence de votre association, vous serez obligée de prendre la parole et vous acquerrez peu à peu confiance en vous. Si vous manquez d'aisance avec les chiffres, devenez trésorière de votre club, c'est un moyen radical pour apprendre les bases de la comptabilité.

Tactique 81

Encaissez les dividendes que vous rapporte votre réseau

Ariane est l'exemple même de la fille sympa qui se dérange toujours pour les autres. Le mot « non » n'existe pas dans son vocabulaire. Outre son travail à plein temps, elle est active dans une association de parents d'élèves, fait du bénévolat et s'occupe de ses parents âgés. Elle dispose donc d'un vaste réseau de relations qui l'*adorent*. Comment s'en étonner ? Elle ne se plaint, ni ne réclame jamais rien et a en permanence le sourire aux lèvres.

Comme bien d'autres, nous sommes persuadées, Carol et moi, que tout ce qu'un individu fait de bien dans ce monde s'accumule pour créer une sorte de capital karmique de bonne volonté. Cela n'a rien à voir avec la réciprocité, dans laquelle on échange une valeur contre une autre valeur équivalente. Il s'agit plutôt d'un phénomène en relation avec le fonctionnement de l'univers. Nous ne *croyons* pas seulement que nos bonnes actions ont une valeur en elles-mêmes et qu'elles nous attirent en retour des bienfaits ; nous l'avons effectivement constaté à plusieurs reprises. Le problème des filles sympas telles qu'Ariane, c'est qu'elles se refusent à demander quoi que ce soit à quiconque (et même à l'univers), parce qu'elles ont peur de s'imposer ou de paraître égoïstes. Leur capital bonté leur rapporte des milliards de dividendes qu'elles n'encaissent jamais.

Un jour, Ariane eut un accident de voiture. Ses blessures n'étaient pas graves, mais avec une cheville et un poignet cassés, elle ne pouvait plus assumer toutes ses responsabilités, ni conduire sa voiture.

Elle s'inquiétait de savoir comment ses enfants iraient à l'école et qui prendrait en charge ses parents. Aussi bizarre que cela paraisse, elle n'eut pas l'idée de solliciter de l'aide. Heureusement, ses frères et sœurs s'organisèrent pour se relayer auprès de leurs parents, une collègue la véhicula matin et soir entre son domicile et le bureau et les autres mères de famille se chargèrent d'accompagner ses enfants à l'école. Ariane, qui n'avait jamais songé à demander le moindre service eut enfin l'occasion d'encaisser une partie des dividendes que lui avaient rapportés sa gentillesse et comprit qu'elle pouvait exiger davantage de tous ceux qu'elle avait aidés. Elle l'avoue elle-même : « J'ignorais que les autres pouvaient montrer autant de générosité à mon égard. J'ai réalisé que j'avais autour de moi un soutien que je ne soupçonnais même pas. » Vous pouvez vous aussi faire la même constatation. En n'encaissant pas les dividendes que vous avez capitalisés, vous vous créez inutilement du stress. Bien sûr, vous ne témoignez pas aux autres de la générosité et de la gentillesse pour obtenir un bénéfice en retour, mais sachant que vous avez accumulé des dividendes à encaisser, vous pourrez gardez l'esprit serein en toute circonstance.

APPLICATION PRATIQUE

- **Faites le compte des dividendes que vous avez accumulés.** Faute de quoi vous n'aurez pas l'idée de les utiliser le jour où vous en aurez besoin. Rappelez-vous tout ce que vous avez fait pour mériter le droit d'encaisser les dividendes que vous rapporte votre réseau de relations.
- **N'attendez pas d'avoir fait faillite.** Ce terme est à prendre au propre et au figuré. Si vous ne savez plus où donner de la tête parce que vous ne parvenez plus à jongler avec toutes les balles que vous avez entre les mains, la faillite psychique vous guette. Si vous avez des difficultés à sortir du chômage, vous pourriez bien vous trouver en situation de faillite matérielle. Dans les deux cas, n'attendez pas d'être à la dernière extrémité pour récolter les

bénéfices de votre capital bonté. Demandez de l'aide pour sortir de l'ornière.

- **Accusez réception des dividendes que vous encaissez.** Qu'une personne fasse peu ou beaucoup pour vous, témoignez-lui votre reconnaissance en lui téléphonant ou en lui adressant quelques mots de remerciement. Les filles sympas pèchent par excès de fierté et sont si gênées par les marques de sollicitude qu'elles n'osent pas montrer leur gratitude. Au risque de répéter une évidence (c'est vrai, nous l'avons déjà dit), un petit merci peut rapporter gros.

Tactique 82

Exploitez la relation sans exploiter l'autre

Au début de cette partie, nous avons évoqué le cas de Violette, la fille d'un psychologue de renom qui refusait de « profiter » des relations de son père. Elle s'est finalement résolue à les solliciter et a légitimement obtenu l'aide dont elle avait besoin. Mais dans certains cas, la démarche est mal conduite, elle apparaît non justifiée et échoue. Comment faire la différence entre obtenir une faveur en retour de services rendus, utiliser ses relations de manière légitime, ou exploiter indûment l'autre ? Si vous voulez le savoir posez-vous les questions suivantes :

- Notre relation est-elle fondée sur la réciprocité ? La personne que je sollicite aujourd'hui m'a-t-elle déjà demandé de l'aider ?
- Ce que je peux lui apporter a-t-il vraiment de l'intérêt ou de la valeur pour elle ?
- Ma demande est-elle raisonnable (peut-elle y répondre sans sacrifier un temps ou des efforts considérables) ?
- Est-ce que je lui demande régulièrement de m'accorder une faveur ?
- Est-ce que son travail est de m'aider ? Est-ce que je la rémunère pour ses services ?
- La gratitude que je lui témoigne est-elle en rapport avec l'aide que je reçois d'elle ?

Si vous avez répondu « non » à deux de ces questions au moins, cela indique que vous exploitez la personne que vous sollicitez et non la relation que vous entretenez avec elle. Si la réponse est « oui » à toutes les questions, ce n'est pas le cas. De manière générale, on peut avoir l'impression d'être « exploité » quand l'échange est déséquilibré ou lorsque l'autre n'apprécie pas le service rendu à sa juste valeur. Cette situation relativement fréquente met la relation en danger. Voici quelques exemples typiques :

- Vous gagnez moins bien votre vie que votre meilleure amie qui vous invite souvent à déjeuner ou à dîner. Elle ne semble pas y attacher d'importance, aussi la laissez-vous régler l'addition quel qu'en soit le montant. Depuis peu, elle a cessé de vous inviter et cela a provoqué une certaine tension entre vous.
- Vous avez quatre enfants et une vie sociale active. Votre sœur, qui habite non loin est célibataire et vous lui demandez souvent de garder vos enfants quand vous sortez. Au début, il s'agissait de quelques soirées par an, mais la cadence s'est accentuée. Maintenant, elle vient une fois par mois. Vous estimez que vous lui donnez l'occasion d'exercer « son instinct maternel ». Mais son instinct lui dit plutôt que vous l'exploitez…
- Une collègue a insisté pour faire du bénévolat dans une association dont vous vous occupez. Vous l'avez d'abord chargée de mettre des documents sous pli lors d'un mailing. Et maintenant, vous la sollicitez systématiquement quand vous avez besoin d'aide pour une tâche fastidieuse.

Dans chaque cas, on retrouve le même scénario. Vous demandez à l'autre d'aller au-delà de ce qui serait raisonnable. Si vous voulez entretenir votre réseau et conserver vos relations, vous devez respecter à la fois le temps, les capacités et les besoins des autres. Examinons maintenant d'autres exemples : vous observerez qu'on peut exploiter la relation que l'on entretient avec quelqu'un, sans exploiter ce quelqu'un.

- Vous cherchez un emploi et le mari d'une amie proche travaille dans une entreprise auprès de laquelle vous avez postulé. Vous lui demandez s'il pourrait éventuellement recommander votre candidature au responsable des ressources humaines. Il vous assure qu'il le fera et vous en restez là. Vous ne voulez pas l'embarrasser en le relançant sans arrêt pour savoir s'il est intervenu.

Finalement, vous n'obtenez pas le poste. Mais à titre de remerciement, vous lui envoyez une carte-cadeau d'un montant modeste à utiliser à la Fnac.

- Vous êtes souvent en déplacement et à votre retour, il vous arrive de trouver des paquets de la poste sur les marches de l'escalier. Vous demandez donc à votre voisine de garder les paquets pendant votre absence. En échange, vous lui proposez de faire de même et d'arroser ses plantes quand elle est en vacances.
- Vous siégez au conseil d'administration d'une association qui lève souvent des fonds et il vous arrive de solliciter des amis chefs d'entreprise pour donner des objets à vendre aux enchères silencieuses. Bien qu'ils aient la possibilité de déduire ces dons de leurs impôts, vous les remerciez de leur générosité en leur réservant gratuitement les meilleurs sièges le jour de la vente et en veillant à ce que le nom de leur société apparaisse en bonne place sur les publicités et dans les communiqués de presse.

Dans tous ces exemples, on retrouve deux constantes : la réciprocité et la reconnaissance pour les bienfaits reçus.

APPLICATION PRATIQUE

- **Mobilisez tous vos réseaux.** Il est indispensable de pouvoir compter sur un réseau de relations suffisamment vaste. S'il est trop étroit, vous solliciterez toujours les mêmes personnes. Et si vous avez tendance à faire appel à certains plutôt qu'à d'autres, cela revient à exploiter l'individu et non la relation. Reportez-vous à la figure sur laquelle vous avez représenté vos réseaux pour identifier toutes vos ressources disponibles.
- **Comptez sur les autres pour prendre soin d'eux-mêmes.** Nous connaissons tous l'adage : « Il n'y a aucune honte à demander quelque chose. » Il s'applique chaque fois que vous donnez aux autres la latitude de refuser et de vous expliquer ce qui les gêne dans votre demande. Dans ces cas-là, la solution la plus avisée est de les remercier d'avoir pris votre requête en considération et de les quitter sans grief.

- **Accordez aux autres l'autorisation de refuser.** Dans l'idéal, chacun doit prendre soin de lui-même, mais on est parfois obligé de demander de l'aide. Si vous avez constamment sollicité les mêmes personnes et si vous craignez qu'elles deviennent moins disponibles dites-leur : « Je sais que je vous ai demandé plusieurs services et je ne voudrais pas abuser. Si ma demande vous pose un problème, dites-le moi franchement. »
- **Montrez *toujours* votre gratitude.** Un mot de remerciement ou un témoignage de reconnaissance font toute la différence entre le fait de profiter de l'autre ou d'accepter le service qu'il vous rend.

Tactique 83

Ne vous laissez pas impressionner par les experts : posez-leur des questions

Il est normal de respecter les experts. Mais les filles sympas suivent si fidèlement ce principe qu'elles s'en remettent totalement à leur avis, sans poser de questions par crainte de paraître impolies. Et les résultats obtenus ne vont pas toujours dans le sens de leur intérêt. C'est ce qui est arrivé à Amélie. Elle avait entamé une procédure de divorce et choisi un avocat qui lui avait été recommandé. Lors de la première consultation, comme elle ne voulait pas lui donner l'impression de mettre en cause ses méthodes, elle ne lui demanda pas de lui décrire le déroulement de la procédure, ni s'il défendrait lui-même son dossier ou s'il le déléguerait en partie à un autre associé du cabinet. Elle ne lui demanda pas non plus de lui donner une estimation approximative des frais et des honoraires. Amélie voulait absolument qu'il se charge personnellement de sa défense et elle n'osait pas soulever ces questions de crainte de l'indisposer. Il accepta de la représenter; elle signa sans la moindre hésitation un accord en versant son premier acompte.

Ce fut une erreur capitale. Au bout de plusieurs semaines Amélie dut se rendre à l'évidence : la procédure traînait en longueur et cela menaçait de durer. Il n'y avait qu'un élément tangible sur lequel elle pouvait compter, c'était la régularité d'horloge avec laquelle elle recevait les notes d'honoraires. Le temps passant, elle comprit que non seulement l'avocat avait délégué l'affaire à l'un de ses collaborateurs (une pratique classique dans la profession), mais qu'en outre, le personnel du cabinet se renouvelait à une cadence inquiétante. En résumé, Amélie finançait l'apprentissage des nouveaux venus *en plus* des heures que l'avocat passait à vérifier leur travail. Bientôt, il lui devint difficile d'honorer les factures. Malheureusement, il était trop tard pour se dédire et remettre en cause la manière de procéder.

Dans le domaine de la santé également, il faut parfois avoir le courage de poser des questions précises. Albane, qui souffrait de sclérose en plaques, envisageait de participer à un essai clinique. Le laboratoire pharmaceutique qui testait le nouveau médicament prenait à sa charge les coûts médicaux de l'essai mais ne couvrait pas le traitement des effets secondaires qu'il pouvait provoquer. Lorsqu'elle téléphona à sa mutuelle, on lui répondit qu'elle serait couverte. Satisfaite de la réponse, mais encore dans l'incertitude quant à sa participation à l'essai, elle remercia et raccrocha. Mais elle se dit qu'il n'était pas prudent de se fier à la parole d'une seule personne sur un sujet aussi important. Elle composa de nouveau le numéro, et cette fois sa correspondante avoua qu'elle ne savait pas si les essais cliniques étaient totalement couverts. Albane décida d'écrire pour obtenir une réponse précise. La réponse lui parvint quelques jours plus tard ; elle était négative. La jeune femme se félicita d'avoir eu le courage de remettre en question la fiabilité du premier avis reçu.

Les femmes qui gagnent n'hésitent jamais à poser des questions à leur médecin, par exemple. Quand elles ont un problème de santé, elles s'informent consciencieusement et dressent une liste de questions. Elles notent les réponses du médecin et n'ont pas peur d'exiger des précisions et des explications. Elles n'hésitent pas non plus à refuser des examens ou des procédures qui ne leur semblent pas indispensables. En bref, elles ne se contentent pas d'être des patientes dociles et soumises.

Elles font preuve de la même opiniâtreté en ce qui concerne les questions d'ordre financier. Elles demandent au garagiste s'il est vraiment opportun de remplacer l'alternateur avant d'accepter qu'il le fasse, et elles se renseignent sur la durée de la garantie. Elles interrogent très précisément le cuisiniste sur les matériaux qu'il compte utiliser et sur la durée des travaux. Elles demandent à leur conseiller financier d'expliquer en langage courant et compréhensible les avantages et les risques des placements qu'il propose.

Il n'est pas scandaleux de poser des questions à un spécialiste. Votre curiosité montre au contraire que vous respectez à la fois son expertise *et* vos propres intérêts.

APPLICATION PRATIQUE

- **Prenez des références.** Vous n'avez pas le droit à l'erreur. Sollicitez vos réseaux, renseignez-vous auprès de vos amis, de votre famille, de vos collègues et complétez par des recherches sur Internet. Certains professionnels (les avocats, par exemple) proposent une première consultation gratuite. Payant ou non, cet entretien initial doit vous permettre de déterminer si vous vous sentez en adéquation avec la personne que vous consultez – ses diplômes et ses références seuls ne prouvant pas qu'elle saura répondre à votre attente.
- **Posez très clairement la question de la rémunération.** Tout spécialiste doit être rémunéré selon ses compétences. N'hésitez pas à évoquer ce sujet, afin d'éviter des surprises désagréables.
- **Exigez un document écrit.** Selon les cas, demandez une copie écrite de l'accord que vous avez signé. Si le professionnel que vous consultez refuse de s'engager par écrit à tenir ses promesses, allez en voir un autre. Autre chose : vous avez le droit d'être informée. Vous payez pour exercer ce droit.

Tactique 84

Engagez-vous dans le tutorat

Les femmes qui gagnent aiment servir de guide aux autres. Elles connaissent la qualité de leur expertise et de leur expérience et elles n'hésitent pas à les partager. Il ne s'agit pas seulement de générosité ; elles agissent ainsi pour renforcer leur réseau, parce qu'en aidant une autre personne à mieux exploiter ses compétences, elles font un investissement qu'elles récupéreront tôt ou tard. Bénédicte, qui assurait en partie l'organisation de la fête de l'école de ses enfants, a passé le flambeau à d'autres mères de famille quand son fils est entré au collège. Elle a spontanément offert de siéger au comité une année supplémentaire à titre de conseillère.

Généreuses de leur temps et de leur talent, elles prennent leur rôle de mentor très au sérieux et imposent à ceux qu'elles guident des exigences en rapport avec leur propre engagement. Élise, cadre supérieur dans le secteur financier, a longtemps dirigé des programmes de formation destinés à de jeunes collègues. Lorsqu'on l'a sollicitée pour assurer une mission de tutorat dans l'enseignement supérieur, elle n'a pas hésité une seconde. L'étudiante qu'elle devait accompagner était la première de sa famille à accéder à l'université. De nature introvertie, elle mettait toujours beaucoup de temps à réagir aux courriels d'Élise, ou n'y répondait pas du tout. Leurs échanges se résumaient donc aux entretiens en face-à-face qui s'échelonnaient tout au long de l'année. La veille d'une de ces rencontres, la jeune fille fit savoir par courriel qu'elle ne serait pas présente le lendemain. Élise téléphona au directeur des études, inquiète de ce qui avait pu se passer et pour savoir si l'étudiante avait l'intention de continuer à bénéficier du tutorat. Il s'avéra que la jeune fille occupait un travail à mi-temps pour financer ses études et qu'elle n'avait pas demandé suffisamment tôt la permission de s'absenter. Élise, furieuse, expliqua au directeur qu'elle-même avait été obligée de renoncer à un déplacement prévu pour tenir ses engagements en tant que tuteur, que son temps était précieux et qu'elle n'entendait pas le gaspiller. Il reprit contact avec l'étudiante en lui expliquant que sa présence était indispensable et qu'au besoin, il interviendrait en sa faveur auprès de son patron. L'étudiante déclara qu'elle s'arrangerait pour venir ; et elle tint parole.

APPLICATION PRATIQUE

- **Fixez les règles du jeu.** Quand vous acceptez d'être le tuteur de quelqu'un, vous ne vous engagez pas à remplacer sa mère ! Vous devez avoir une vision claire de la finalité du tutorat et savoir ce que vous voulez apporter à la personne que vous accompagnez. Il n'est pas inutile de définir la durée de votre mission, en vous laissant le cas échéant la possibilité de la prolonger.
- **Définissez ensemble les modalités de fonctionnement.** À quelle fréquence voulez-vous communiquer ? Allez-vous privilégier les entretiens en face-à-face, les échanges par téléphone, ou par courriel, ou une combinaison des trois ? Si l'un ou l'autre des partenaires renonce, quelles sont les procédures de résiliation les plus adaptées ?
- **Communiquez le plus tôt et le plus souvent possible.** Dans les programmes structurés, des points de contact sont prévus. Si la relation de tutorat est informelle, vous devez planifier vous-même les prises de contact, pour avoir régulièrement un retour de votre « élève » et lui donner les orientations dont il a besoin. C'est une relation qui demande du temps et des efforts, mais ce que vous apportez à l'autre en vaut largement la peine.

Tactique 85

Distribuez de l'amitié sans compter

Il y a les AMIS et les amis. Nos AMIS trouvent toujours notre porte ouverte pour les accueillir ; nous ferions presque tout pour eux. Nous sommes là quand ils ont besoin de nous et nous savons que nous pouvons compter sur eux. Dans son article « Étude de l'université de Los Angeles-Californie (UCLA) sur l'amitié entre les femmes » paru en 2002, Gale Berkowitz souligne l'importance de ces liens :

> *Elles (les amitiés féminines) façonnent ce que nous sommes et ce que nous ne sommes pas encore tout à fait. Elles adoucissent les tumultes de notre monde intérieur, comblent les vides émotionnels dans notre mariage, et nous aident à ne pas oublier qui nous sommes vraiment. Mais ce n'est pas tout, elles font bien davantage. Les amies nous aident aussi à mieux vivre. La célèbre étude américaine Nurses'Health Study de l'École de médecine de Harvard (Harvard Medical School) a montré que plus une femme entretenait des liens d'amitié avec d'autres femmes, moins elle était sujette à des affections physiques au cours de la vieillesse et plus elle connaissait une vie heureuse. Au vu de résultats aussi probants, les chercheurs ont conclu que l'absence d'amies ou de confidentes proches était aussi néfaste pour la santé que le fait de fumer ou de porter des charges trop lourdes.*

Avoir de véritables amis est donc vital. Certes, nous n'avons pas, pour la plupart, le temps de cultiver des liens étroits, mais il existe mille façons de partager quelques moments d'amitié avec les autres : en prêtant une oreille attentive à celui qui se plaint d'une journée éprouvante, en célébrant la réussite d'un autre, en rendant visite à une personne qui vit des moments difficiles, en préparant un repas pour un malade, en prenant la peine de téléphoner à une amie pour lui souhaiter son anniversaire avant de partir au bureau. S'il est vrai que votre réseau est constitué d'amis et d'AMIS, vous ne pouvez pas commettre d'impair en témoignant cette forme d'amitié à ceux qui en ont besoin.

APPLICATION PRATIQUE

- **Faites la différence entre vos AMIS et vos amis.** Les filles sympas se font un devoir de donner à chacun le temps, l'énergie et l'attention qu'il demande. C'est une entreprise impossible. En déterminant qui compte vraiment pour vous (par opposition à ceux qui méritent seulement du respect et de la gentillesse), vous saurez où investir votre temps.
- **Gagnez de nouveaux amis en organisant des réunions en petits groupes.** Mettez en relation quelques personnes qui partagent les mêmes intérêts en les réunissant autour d'un verre, en organisant un dîner chez vous ou une sortie. Il y a des chances pour qu'ils agissent de façon réciproque, vous donnant ainsi l'occasion d'élargir votre cercle d'amis.
- **Faites les premiers pas.** L'ironie de l'histoire, c'est que les autres ont envie de mieux vous connaître dès qu'ils voient que vous vous intéressez à eux. Dressez mentalement la liste des questions que vous pouvez poser sans paraître intrusive et qui permettent d'engager facilement le dialogue.

Stratégie VII

Vivez en accord avec vos valeurs

Les tactiques associées à la stratégie VII consistent principalement à :
• Être vous-même, sans vous excuser ni culpabiliser. • Passer au plan B quand la situation l'exige. • Prévoir.

Nous avons gardé cette stratégie pour la fin, parce que nous pensons que l'essentiel dans la vie n'est pas seulement de réaliser ses désirs, mais d'y parvenir en restant fidèle à ses valeurs. Trop souvent, les filles sympas voient dans ce double objectif une contradiction, voire une incompatibilité. En tant que femmes, nous sommes élevées dans l'idée que pour réussir, il faut se montrer froides et calculatrices ou renoncer aux principes qui nous tiennent à cœur. Rien ne saurait être plus éloigné de la vérité. Car si nous devons agir à l'encontre de nos valeurs pour obtenir ce que nous voulons, cela veut probablement dire que nous ne le voulions pas vraiment. Les filles sympas acceptent les valeurs que les autres leur imposent en se persuadant que ce sont les leurs, parce qu'elles ont peur de remettre le statu quo en question.

Émilie s'est mariée très jeune à un homme nettement plus âgé qu'elle. Ils occupaient l'un et l'autre un poste important dans la même entreprise. La jeune femme voulait avoir des enfants, mais n'entendait pas renoncer totalement à son métier. Les années passant, elle adopta peu à peu la vision de son mari, à savoir que l'homme pourvoit aux besoins de la famille et que la femme veille à son bien-être. Elle accepta de rester à la maison, tandis qu'il poursuivait sa carrière. Chaque fois qu'elle évoquait l'intention de reprendre une activité, il l'en dissuadait en arguant que son salaire servirait à peine à régler les frais de garde des enfants. En outre, ce qu'il gagnait leur permettait de vivre très confortablement. Les amis et la famille d'Émilie ne comprenaient pas non plus pourquoi elle tenait tant à retourner au bureau, avec un mari qui lui offrait des conditions d'existence aussi privilégiées.

Émilie finit par perdre contact avec ses anciens collègues et par ne plus être capable de suivre l'évolution de son métier. Elle en arriva au point où il lui aurait été difficile de retrouver un poste du niveau de celui qu'elle occupait précédemment. Elle renonça définitivement et s'adapta à sa situation de mère de foyer, qui n'était d'ailleurs pas désagréable, même si elle ne correspondait pas à ce qu'elle avait envisagé pour elle-même. Puis son mari décéda brusquement d'un accident cardiaque, la laissant seule avec trois jeunes enfants. Par manque de prévoyance, il avait peu épargné, préférant vivre au jour le jour et profiter de l'existence. Mal adaptée au marché du travail, Émilie fut obligée d'accepter un poste qui ne correspondait ni à son éducation, ni à son expérience antérieure.

Quand elle considère rétrospectivement la situation, Émilie se rend compte qu'elle a vécu pendant des années d'après les valeurs de son mari au lieu d'obéir aux siennes. Avec lucidité, elle avoue son regret de ne pas avoir réussi à faire ce qui était important pour elle sans sacrifier sa vie de famille. Ce n'était pas le poste ou le salaire qui lui importaient, mais l'indépendance et l'estime d'elle-même qu'ils procuraient. Quelles que soient les valeurs que vous défendez, elles vous appartiennent. Vivez en accord avec elles.

Tactique 86

Revenez à vos fondamentaux

Des femmes que nous accompagnons nous demandent parfois : « Comment savoir quelles sont mes valeurs ? » Si vous connaissez les vôtres, cette question vous paraît sans doute simpliste. Mais elle ne l'est pas. Car il est si facile de perdre le sens de nos valeurs. La vie nous engloutit dans son flot d'obligations multiples. Nous sommes submergées de responsabilités et d'attentes de toute sorte – les nôtres et celles des autres. Si votre existence vous semble parfois étrange et irréelle, si vous avez l'impression qu'elle se déroule en dehors de vous, cela peut être dû au stress provoqué par les pressions qui pèsent sur vous, ou au fait que vous ne vivez pas en accord avec vos valeurs. Et si vous vous sentez particulièrement stressée, cette seconde explication vous concerne particulièrement. Il faut parfois une catastrophe pour nous ouvrir les yeux et nous forcer à retrouver l'essentiel. Mais nous pouvons aussi trouver les moyens de concilier nos valeurs avec les réalités de la vie au quotidien.

Nos valeurs sont les croyances, les attitudes et les comportements que nous adoptons et qui définissent ce que nous sommes fondamentalement. Elles nous servent de repère quand nous devons prendre des décisions. Dans notre vie personnelle et professionnelle, elles nous aident à choisir ceux dont nous voulons nous rapprocher et ceux que nous préférons tenir à distance. Elles nous permettent d'évaluer la « justesse » de la direction que nous empruntons. Lorsque Carol et moi discutons avec des femmes qui traversent des épreuves, nous leur conseillons de revenir à leurs valeurs pour trouver une solution. Trop souvent, elles nous disent : « Cela fait si longtemps que je n'ai pas pensé à mes valeurs que je me demande si elles existent encore. »

Si vous êtes l'une de ces femmes, voici un exercice efficace. Imaginez que vous assistez à une vente aux enchères et que tout ce qui figure sur le tableau ci-après est à vendre. Vous avez seulement 150 euros à dépenser. Cochez les « articles » que vous souhaiteriez acquérir.

	Un travail que j'aime
	La confiance en moi
	L'épanouissement spirituel
	Des liens forts avec ma famille d'origine (mère, père, frères et sœurs, etc.)
	La sécurité matérielle toute ma vie durant
	Le fait d'être considérée comme quelqu'un d'influent
	La liberté de faire ce que je veux
	La sécurité de l'emploi
	Une bonne santé
	Une maison à moi
	La paix dans le monde
	La possibilité d'exercer ma créativité
	La célébrité ou la reconnaissance de mes mérites
	L'éducation
	Du temps à consacrer à mes loisirs préférés
	Une relation sans nuages avec un mari, un partenaire aimant
	Être entourée d'amis
	Comprendre le sens de la vie
	Des enfants
	L'occasion de me mettre au service des autres
	La sérénité/le contentement

Et maintenant, à supposer que vous ayez coché plus de trois propositions, sélectionnez *trois* priorités. Ensuite répondez aux questions suivantes :

- Mon comportement actuel est-il cohérent avec ces trois valeurs ?

- Quels sont les obstacles (personnes, activités, travail, etc.) qui m'empêchent de vivre en accord avec elles ?
- Quels changements devrais-je entreprendre pour vivre réellement selon ces valeurs ?
- À quels types de résistance dois-je m'attendre si je décide de vivre ainsi ?
- Comment puis-je contrer ces résistances ?
- Comment les autres pourraient-ils m'aider à mieux respecter mes valeurs dans ma vie quotidienne ?

Voilà les questions auxquelles vous devez répondre si vous voulez non seulement mener l'existence que vous souhaitez, mais aussi la vivre en accord avec vos valeurs personnelles.

APPLICATION PRATIQUE

- **Identifiez vos trois valeurs fondamentales.** Nous espérons que ce test vous a aidée à les définir. Assurez-vous que vous respectez ces valeurs dans votre vie de tous les jours. Chaque fois que vous doutez, revenez à vos valeurs fondamentales, elles vous indiqueront la voie à suivre.
- **Résistez à la tentation d'adopter les valeurs des autres.** Quand on se fait de nouveaux amis, quand on se marie ou quand on change d'entreprise, on se laisse happer par les valeurs des autres au risque de les confondre avec les siennes. Si vous vous sentez stressée ou si vous avez l'impression que votre vie déraille, demandez-vous si vous ne vous êtes pas écartée de *vos propres* valeurs. Et dans ce cas, appliquez les tactiques proposées dans ce livre. Elles vous remettront sur le bon chemin.
- **Ne doutez pas de vos valeurs.** Certaines personnes peuvent vous inciter à croire que vous êtes anormale parce que vous ne partagez pas leur vision du monde. Résistez et elles cèderont. Il faut du courage pour vivre selon ses valeurs envers et contre tout.

Tactique 87

Définissez vos valeurs non négociables

Il est plus facile de vivre selon ses valeurs dès lors qu'on décide de les traduire en termes concrets, en stipulant ce qu'on est prêt ou non à accepter. Les femmes qui gagnent se font un devoir de définir non seulement ce qu'elles acceptent et ce qu'elles refusent des autres, mais aussi ce qu'elles s'autorisent ou s'interdisent pour elles-mêmes. Elles ne transigent pas là-dessus.

Clara a obtenu une promotion qui l'obligerait à déménager à l'autre bout du pays. Elle est célibataire et très attachée à sa famille et à ses amis. Si elle accepte le poste, elle devra quitter cet univers familier pour habiter une ville où elle ne connaîtra personne, hormis ses collègues de travail. La décision est difficile à prendre. Après mûre réflexion, Clara a finalement tranché en faveur du poste, parce que les valeurs de l'entreprise – l'honnêteté, le respect de l'individu et la priorité donnée au client – coïncidaient si parfaitement avec les siennes qu'elle ne pouvait imaginer travailler ailleurs.

Ce sont également ses valeurs fondamentales qui ont conduit Irène à divorcer de son mari, un alcoolique invétéré. Elle a compris que ce choix s'imposait le jour où son fils cadet lui a avoué qu'il ne voulait pas inviter d'amis à la maison, parce qu'il ne savait jamais dans quel état se trouverait son père. Soucieuse de la sécurité et de l'équilibre de ses enfants, Irène a pris sa décision rapidement et sans faiblir.

Heureusement, les valeurs auxquelles nous ne voulons pas déroger n'imposent pas toujours des choix aussi décisifs. Nina, par exemple, ne négocie pas sur le temps qu'elle se réserve pour lire des romans, nonobstant ses occupations de mère de famille et de femme active. Quant à Christine, elle s'est juré de ne jamais sacrifier la pratique du sport.

Être capable de faire la différence entre ce qui *serait* bien ou ce qu'on *voudrait* et ce qu'on *doit* : telles sont les valeurs non négociables des « gagnantes ».

APPLICATION PRATIQUE

- **Dressez la liste des choses avec lesquelles et sans lesquelles vous ne pouvez pas vivre.** Privilégiez l'essentiel. Tout ce qui entre dans la catégorie « ce qui serait bien » n'est pas indispensable et peut donc facilement être négocié.
- **Révisez cette liste à intervalles réguliers.** À mesure que nous changeons, certaines de nos valeurs évoluent. Lorsque vous étiez célibataire, par exemple, le temps réservé aux amis était non négociable. Maintenant que vous êtes mère de famille, c'est le temps consacré à la famille qui l'est devenu.
- **Vivez en accord avec vos priorités.** N'attendez pas indéfiniment le moment « opportun » pour effectuer des changements dans votre vie. Ce sera peut-être douloureux, mais vous ne serez pas heureuse tant que vous ne vous serez pas débarrassée des gens et des choses qui ne correspondent plus à vos valeurs.

Tactique 88

Délivrez-vous de votre culpabilité

N'êtes-vous pas frappée de voir que les femmes ont davantage tendance à se sentir coupables que les hommes ? Et que dire des filles sympas ? C'est bien simple : elles ne peuvent pas s'en empêcher. Une étude rassemblant Itziar Etxebarria, José Ortiz, Susana Conejero et Aitziber Pascual, publiée dans le *Journal espagnol de psychologie*[1], semble confirmer que les femmes sont plus souvent concernées, parce que leur conditionnement social les rend sensibles aux sentiments et aux besoins des autres. Selon les auteurs de l'étude : « Le sentiment de culpabilité est plus intensément ressenti par les femmes que par les hommes dans toutes les classes d'âge. » La culpabilité est l'une des émotions les moins productives et elle nous freine pour obtenir ce que nous désirons vraiment.

Elle prend plusieurs formes et pour l'évacuer définitivement, vous devez les connaître et les comprendre :

- **La culpabilité provoquée intentionnellement.** C'est ce qui passe lorsque quelqu'un se sert de la culpabilité pour vous manipuler. Votre belle-sœur vous dit par exemple que vous n'êtes pas gentille avec elle, parce que vous ne l'avez pas rappelée immédiatement quand elle vous a raconté qu'elle avait des problèmes.
- **La culpabilité suggérée.** On peut fort bien vous culpabiliser sans dire explicitement que vous avez fait quelque chose de négatif. Une réflexion du type : « Les mères des autres garçons assistent

1. Vol. 12, n° 2, 2009.

au match » provoque immanquablement chez vous un sentiment de culpabilité parce qu'elle implique que vous êtes une mauvaise mère.

- **L'autoculpabilité.** Elle est déclenchée par nous-mêmes, sans cause ni motivation extérieure. Elle est souvent liée à nos valeurs personnelles et aux messages que nous avons intériorisés. Si la famille compte beaucoup pour vous et si vous choisissez d'assister à la réunion annuelle de stratégie de votre entreprise au lieu de célébrer en famille le cinquantième anniversaire de mariage de vos parents, vous vous sentirez coupable, même s'ils vous assurent que cela n'a aucune importance.

Quelle que soit son origine, la culpabilité est un sentiment néfaste. Même si vous avez causé à quelqu'un une déception légitime, même si vous l'avez blessé, la culpabilité que vous éprouvez n'y changera rien. Lois et moi, nous ne comptons plus les femmes qui nous disent : « Quand je travaille, je me sens coupable d'être au bureau au lieu d'être près de mes enfants et quand je suis avec eux, je me sens coupable de ne pas travailler. » Selon Lynette Hoy, conseillère conjugale et familiale, la solution pour ne plus se sentir coupable est d'accepter que vous êtes seulement un être humain, avec ses fragilités et ses faiblesses. « Personne ne peut prétendre atteindre la perfection dans aucun rôle : celui d'épouse, de maîtresse de maison, d'ingénieur ou de femme d'affaires, de mère de famille ou de mère célibataire », déclare-t-elle. Contentez-vous de vivre en respectant vos valeurs ; cela suffira.

APPLICATION PRATIQUE

- **Décelez les manœuvres visant à vous culpabiliser et à vous manipuler.** Les enfants et les proches sont particulièrement adroits à ce jeu. Résistez, ne déviez pas du chemin que vous avez décidé de suivre, restez fidèle à vos valeurs.
- **Réagissez contre l'autoculpabilité au lieu de la subir.** Vous avez peut-être été un peu brusque avec votre amie parce que vous étiez

encore stressée à cause d'un problème familial. Au lieu de vous morfondre dans votre culpabilité, expliquez-lui la cause de votre réaction, excusez-vous et passez à autre chose.

- **N'essayez pas d'être tout, pour tout le monde.** Lorsque nous nous laissons prendre à ce piège, nous finissons forcément par décevoir les autres et nous nous sentons coupables. Voici ce que dit Lynette Hoy : « Vous êtes peut-être trop critique vis-à-vis de vous-même ou alors quelqu'un a provoqué chez vous ce sentiment qui ne repose pas sur une cause réelle. Vous n'avez sans doute pas à vous excuser de quoi que ce soit. Dans ce cas, le problème se situe à l'intérieur de vous-même et vous devez apprendre à lâcher prise. »

Tactique 89

Autorisez-vous à rire

Les « gagnantes » ont une caractéristique en commun : elles possèdent le sens de l'humour. Elles ne montent pas forcément sur scène pour jouer des sketches, mais elles ont la faculté de déceler les aspects comiques de la vie et de s'en amuser. Une étude de Gary W. Lewandowski et de Benjamin Le, « L'humour dans les relations[1] », montre que le sens de l'humour rend un individu plus attirant en tant qu'ami ou en tant que partenaire amoureux potentiel. En outre, les gens qui mènent une vie de couple épanouie avouent volontiers que l'humour est « un élément essentiel dans leur relation ». Jusqu'à l'actrice britannique Kate Beckinsale, qui a déclaré un jour : « Si on m'avait dit il y a des années que le sens de l'humour était si important en amour, j'aurais pu m'éviter bon nombre de relations sexuelles ! »

Il existe plusieurs styles d'humour. Dans un article intitulé « Quel est votre type d'humour[2] ? », Louise Dobson en distingue quatre formes différentes :

- *L'humour corrosif*, fondé sur le sarcasme, vise à ridiculiser et à faire rire aux dépens des autres. C'est celui de Stéphane Guillon.
- *L'humour complice* est amusant et léger, il rassemble et il dédramatise les situations tragiques. C'est celui de Gad Elmaleh ou de Florence Foresti.

---

1. « Fun in Relationships », *Encyclopedia of Human Relationships*, avril 2010.
2. *Psychology Today*, juillet 2006.

- Avec *l'autodérision*, on se moque de soi-même ; elle trouve son illustration dans le proverbial humour juif. C'est celui de Woody Allen.
- *L'humour de l'absurde* pointe du doigt les aberrations de la vie. C'est celui de Coluche.

Sous l'influence des stéréotypes, on estime que les femmes réussissent particulièrement dans l'humour complice et dans la description des côtés absurdes de l'existence. À tort ou à raison, on soupçonne celles qui pratiquent l'humour corrosif d'être mal dans leur peau, en révolte ou foncièrement méchantes. Si ce style d'humour distrait sur le moment, il devient pesant à la longue, même pour ceux qui n'en sont pas la cible. L'autodérision constitue un choix encore plus risqué pour une femme. Si vous voulez inspirer le respect, croyez-vous vraiment indispensable d'attirer l'attention sur vos défauts et de les tourner en ridicule ?

Ne vous désespérez pas si vous êtes incapable de raconter des histoires drôles et *a fortiori* d'en inventer. Certains expriment mieux leur sens de l'humour en appréciant les plaisanteries des autres à leur juste saveur et en étant plus des « goûteurs » que des créateurs d'humour. À quoi serviraient des humoristes sans public ? Quand il vise juste, l'humour est sans doute l'une des valeurs les plus universelles. Par conséquent, riez autant que vous le souhaitez et le plus souvent possible !

APPLICATION PRATIQUE

- **Prenez le temps de rire.** L'humour combat le stress et embellit la vie. Saisissez toutes les occasions de rire. N'ayez pas honte de regarder des séries comiques, de lire des BD ou d'aller voir des films humoristiques.
- **Quel est votre style d'humour ?** Lorsque vous aurez défini dans quelle forme d'humour vous excellez, exercez-vous à l'améliorer. Méfiez-vous de l'humour corrosif et de l'autodérision. Pratiquez-les avec circonspection.

- **Ne faites pas semblant de goûter l'humour de l'autre.** Si vous ne le trouvez pas drôle (mais raciste, sexiste ou déplacé), ne vous forcez pas à rire. Souvenez-vous, vous devez toujours vivre en accord avec vos valeurs.

Tactique 90

Soignez votre marque personnelle

Nous sommes *tous* des marques. De même que les plus célèbres telles Apple, Evian, Peugeot ou Vuitton ont une réputation à défendre, nous sommes nous aussi connus pour nos valeurs et pour les comportements qui en découlent. Les marques qui réussissent partagent plusieurs caractéristiques :

- elles visent l'excellence ;
- elles inspirent confiance ;
- elles sont cohérentes avec elles-mêmes ;
- elles sont dépendantes des réactions du consommateur ;
- elles communiquent autour de leurs valeurs.

Les humains aussi se forgent une réputation qui leur permet d'atteindre leurs objectifs et de réussir, à condition d'appliquer ces mêmes principes. Si vous vous étonnez : « C'est bizarre, ça ne lui ressemble pas du tout », quand votre amie Claire fait quelque chose qui sort de l'ordinaire, c'est parce que son comportement ne coïncide pas avec sa marque personnelle. La confiance se construit avant tout sur la cohérence.

Vos valeurs jouent un rôle fondamental dans le développement et dans l'amélioration de votre marque. Si vous ne savez pas encore quelle est votre marque personnelle, imaginez ce que vous voudriez qu'on dise de vous lorsque vous quittez une pièce. À titre d'exercice, terminez la phrase suivante : « Voilà une femme qui [...] ». Carol dirait de Lois : « Voilà une femme qui sait ce qu'elle veut et comment l'obtenir en restant attentive aux autres. » Et Lois déclarerait à propos de Carol : « Voilà une femme qui a confiance en elle, qui se soucie des autres et qui est courageuse. » En fonction de votre marque personnelle et de l'adéquation de vos comportements par rapport à elle, vous déterminez ce que les autres disent de vous.

APPLICATION PRATIQUE

- **Décrivez en quelques mots (et par écrit) ce que vous voudriez que les autres disent de vous.** C'est ce que nous appelons « le jugement de la rue. ». Il nous concerne tous. Nous pouvons choisir de le façonner nous-mêmes et de nous comporter en fonction de lui.
- **Adoptez un comportement cohérent avec votre marque personnelle.** Il ne suffit pas de définir par écrit les caractéristiques de votre marque. Vous voulez avoir la réputation d'une personne charitable, mais que faites-vous pour la justifier concrètement ? Vous dérangez-vous pour venir en aide à des étrangers ou à vos amis ? Passez-vous du temps auprès de ceux qui sont dans la peine ? Les valeurs se traduisent en actes. Si vous voulez qu'on vous prête telle ou telle valeur, agissez de telle ou telle manière.
- **Faites connaître votre marque.** Les filles sympas restent volontiers dans l'ombre. Il est inutile d'avoir une marque éblouissante si vous la dissimulez aux autres. Ne soyez pas timide, parlez de vos valeurs et de vos convictions (comme un publicitaire le ferait) pour que les autres connaissent votre marque et lui fassent confiance.
- **Sollicitez la réaction des autres.** Les professionnels du marketing organisent des réunions de consommateurs : faites des sondages autour de vous pour savoir comment votre « marque » est perçue. Posez des questions du type : « Comment pourrais-je devenir une meilleure amie ? » ou : « Comment puis-je répondre plus efficacement à vos besoins ? » La réponse peut être douloureuse à entendre, mais recevez la critique comme un bienfait, car elle vous permet d'améliorer votre marque et de savoir si vous vivez vraiment en accord avec vos valeurs. Et n'oubliez pas ceci : si trois personnes affirment que vous êtes ivre, allez vous coucher.

Tactique 91

Ne refusez pas les compliments

Les filles sympas ont tendance à refuser les compliments. Nous ne saurions les en blâmer. Il est parfois compliqué pour une femme d'accepter de bonne grâce un compliment. Afin de voir s'il s'agit d'une attitude répandue, nous avons lancé une recherche sur Google sous la requête *femmes et compliments*. Nous avons obtenu 8 430 000 résultats qui l'attestent. Rappelez-vous combien vous êtes mal à l'aise quand on vous félicite de votre apparence. Soit vous pensez que le compliment n'est pas sincère : « Comment pourrait-elle vraiment aimer cette vieille robe ? » Soit vous soupçonnez l'autre d'avoir des arrière-pensées : « Il doit vouloir quelque chose en échange. » Ou alors vous ne voulez pas qu'on vous juge vaniteuse et vous répondez : « Mais c'est trois fois rien ! » On a élevé les filles dans l'idée qu'il faut se garder de l'orgueil. Et c'est doublement tragique : en refusant le compliment, la fille sympa se pénalise (elle perd partiellement l'estime de soi) et blesse celui qui en est l'auteur – surtout s'il était bien intentionné. Cela provoque au mieux un flottement dans la conversation ; vous venez de complimenter une amie sur sa bonne mine et elle répond qu'elle aurait besoin d'aller chez le coiffeur et de perdre dix kilos. Vous êtes embarrassée et ne savez plus que dire. Dans le pire des cas, votre relation en souffre parce que vous avez l'impression que votre amie ne croit pas à votre sincérité.

L'incapacité à accepter un compliment est également dommageable dans la vie professionnelle. Le monde du travail est par nature concurrentiel. Pour survivre, et *a fortiori* pour progresser dans la hiérarchie, il faut affirmer sa compétence. Si votre patronne vous félicite de la clarté de votre présentation, et si vous rétorquez : « Ce n'est pas grand-chose. Pierre m'a fourni les statistiques et Paul les a analysées », elle se demandera avec raison quelle est la part de votre contribution au résultat.

Selon le rabbin Shmuley Boteach[1], refuser les compliments incite les autres à ne plus en faire : « Le compliment est la manière qu'a l'homme de manifester son appréciation de l'autre. Par conséquent si nous le refusons, nous rejetons notre propre vertu parce que nous ne croyons pas en elle. Quand une personne vous adresse un compliment, acceptez-le passivement. Laissez-le gonfler votre cœur de fierté et faites-en un à votre tour. »

Nous n'aurions su mieux l'exprimer.

APPLICATION PRATIQUE

- **Croyez les gens sur parole.** À moins d'avoir de solides raisons de penser l'inverse, partez du principe que le compliment est sincère.
- **Ne vous engagez pas dans une controverse, contentez-vous de remercier du compliment.** Au lieu de rétorquer par exemple : « Tu n'es pas sérieuse, cette robe est affreuse ! », dites à votre amie que vous appréciez sa remarque. Évitez de réfuter ou de minimiser le compliment.
- **Ne faites pas de compliment en retour, sauf si vous êtes vraiment sincère.** Et même dans ce cas, il vaut mieux laisser un certain temps s'écouler. Après tout, la personne qui vous a complimentée pourrait être une fille sympa typique et ne pas croire à votre sincérité.

1. Il intervient régulièrement dans les émissions d'Oprah Winfrey, personnalité très connue du public américain (NdT).

Tactique 92

Agissez, ne restez pas passive

Vous savez maintenant que les filles sympas se contentent d'attendre que les choses arrivent. Voilà pourquoi elles n'obtiennent pas ce qu'elles désirent. Nous le répétons, *l'espoir n'est pas une stratégie* ou, comme le disait Eleanor Roosevelt : « Il faut autant d'énergie pour désirer que pour planifier. »

Parlons tout d'abord du monde du travail. Les femmes adoptent trop souvent un profil bas ; elles font toujours plus que ce qu'on leur demande et attendent que quelqu'un daigne le remarquer. La plupart sont d'ailleurs toujours en train d'attendre. C'est ce que Carol nomme le « syndrome de la tiare ». Heureusement, les « gagnantes » savent planifier. Elles se fixent un objectif à atteindre dans un an, trois ans ou dix ans, et elles passent à l'action. Comment ? Elles demandent conseil, elles provoquent des retours d'information circonstanciés et elles sont volontaires pour des missions porteuses. Elles ne se laissent pas intimider et prennent des risques calculés. Elles réclament leur dû et le font de manière authentique et culturellement acceptable. Et si, après tous ces efforts, elles n'obtiennent pas satisfaction, elles passent à autre chose.

Dans leur vie personnelle également, les « gagnantes » refusent la passivité. Irène, qui a divorcé de son mari alcoolique, savait qu'elle devait prendre les choses en main. Elle a engagé un avocat – ce qui l'a obligé à faire de même. Voyant que la procédure s'éternisait, elle s'est résolue à lui céder une partie substantielle des actifs communs pour qu'il accepte un divorce à l'amiable. Bien entendu, nous ne conseillerons jamais à une femme de renoncer à la part qui lui revient, juste parce que son divorce est difficile et qu'elle souhaite en avoir terminé plus rapidement. Mais dans ce cas précis, Irène a montré qu'elle était une « battante » et elle a pris la bonne décision.

Les problèmes ne se résolvent pas d'eux-mêmes. Ils peuvent s'atténuer momentanément, mais si nous ne les traitons pas, ils subsistent et pèsent sur notre vie. Chaque fois que nous ne prenons pas la décision d'aborder une difficulté, cela revient à décider de conserver le *statu quo*.

APPLICATION PRATIQUE

- **Prenez soin de vous.** Personne ne se soucie davantage de votre bonheur que vous-même. Et personne n'est mieux placé pour prendre soin de vous.
- **N'attendez pas que les autres agissent.** Il est probable que l'autre attend que vous preniez les devants, ou pis, qu'il ne réalise pas qu'il faudrait passer à l'action !
- **Prenez les choses à bras-le-corps.** Rien ne vous tombera du ciel si vous ne bougez pas. Vous méritez de réussir, c'est certain, mais pour cela vous devez forcer le destin.

Tactique 93

Souvenez-vous de vos erreurs pour éviter de les renouveler

Vous vous demandez sans doute pourquoi mentionner cette tactique dans un chapitre qui traite des valeurs. Eh bien, c'est très simple. Vos erreurs révèlent souvent combien vous vous êtes éloignée de vos valeurs. Nous commettons tous des erreurs. Elles sont sources d'enseignement et nous montrent comment retrouver le droit chemin.

Dans *Ces filles sympas complexées par l'argent*[1], Lois évoque les nombreuses erreurs qu'elle a commises au moment de démarrer sa propre entreprise. Elles provenaient de deux causes : le fait de s'être écartée de ses principes ou d'avoir momentanément laissé ceux des autres les éclipser. En tout cas, Lois a compris la leçon : elle s'est recentrée sur ses valeurs pour son plus grand bénéfice, celui de ceux qu'elle servait et de ceux qu'elle employait.

Il n'y a pas de déshonneur à se tromper. La seule honte est d'oublier les leçons de ses erreurs. On constate cette « amnésie » regrettable chez certaines femmes au moment de choisir un compagnon ou un époux. Nous avons fait allusion précédemment à la compulsion de répétition – la tendance à réitérer indéfiniment les mêmes choix en dépit de leur effet négatif. Supposons que vous ayez un petit ami que vous soupçonnez d'infidélité parce qu'il flirte facilement et s'intéresse beaucoup aux femmes. Vous rompez avec lui et vous tombez amoureuse d'un homme qui exploite votre générosité

1. Pearson, 2006.

en vous demandant sans cesse de lui prêter des sommes d'argent qu'il ne rembourse jamais. Sans que cela vous saute aux yeux d'emblée, vous venez de répéter l'erreur précédente : à deux reprises, vous avez élu un partenaire en lequel vous ne pouvez avoir confiance.

Pour apprendre de nos erreurs, nous devons tout d'abord nous interroger sérieusement sur les *raisons* de nos décisions. Il se peut que nous reproduisions un schéma familier, observé pendant notre enfance – par exemple, notre mère tolérant un comportement inadmissible de la part de notre père. Parfois, surtout dans le cas des filles sympas, les erreurs proviennent d'une faible estime de soi et de la peur de vexer ou de choquer les autres. En tout cas, il est indispensable de connaître la cause de votre comportement pour le modifier.

Lorsque vous aurez compris ce qui le motive, vous pourrez opérer un choix différent. Nous ne prétendons pas que c'est facile. Vous devez identifier d'autres attitudes à adopter, et là encore, le retour à vos valeurs permet d'effectuer des choix cohérents avec ce que vous voulez devenir et avec vos objectifs. Reprenons l'exemple précédent : si vous réalisez que vous acceptez des marques d'irrespect de la part de votre conjoint parce que vous avez grandi avec cette image du couple, essayez mentalement de faire l'équivalent d'un nœud à votre mouchoir pour ne pas oublier que vous avez d'autres choix.

APPLICATION PRATIQUE

- **Identifiez les causes de vos erreurs.** Personne ne fait de mauvais choix par plaisir. Nous agissons avec les meilleures intentions, mais le résultat n'est pas toujours conforme à ce que nous espérions. Ne vous culpabilisez pas, ne vous en prenez pas à vous-même, cela ne sert à rien. Regardez au contraire au fond de vous pour comprendre votre attitude et la relier à vos valeurs et à d'autres aspects de votre vie.
- **Demandez aux autres de jouer les garde-fous.** Nos proches voient souvent plus clairement nos erreurs que nous-mêmes.

Si vous vous enferrez sans cesse dans la même situation, demandez à une personne de confiance (famille ou ami) de vous aider à comprendre pourquoi. Vous apprendrez peut-être que votre sentiment d'insécurité vous pousse à jeter votre dévolu sur des « perdants » ou que votre perfectionnisme vous incite à consacrer à vos tâches plus de temps que nécessaire. Demandez à votre « garde-fou » de vous avertir chaque fois que vous vous engagez dans cette voie dangereuse pour vous.

- **Progressez pas à pas.** Il est irréaliste de prétendre tout révolutionner du jour au lendemain. C'est la meilleure façon d'échouer. Les changements modestes et graduels font souvent la différence à terme. Si vous accumulez les découverts bancaires pour tenter d'égaler vos amies plus fortunées que vous, cela signifie que vous ne respectez plus votre principe fondamental selon lequel il existe d'autres richesses dans la vie que les biens matériels. Restreignez vos dépenses mois par mois et repartez sur de nouvelles bases.
- **Soyez indulgente avec vous-même.** Ne vous abreuvez pas de reproches. Vous aggravez vos erreurs parce que vous ne cherchez pas à en déterminer la cause. Quand on veut changer de comportement, il faut accepter de reculer d'un pas pour progresser de deux. L'erreur est humaine, tout le monde le sait : par conséquent, ayez la même indulgence pour vous que pour les autres.

Tactique 94

Devenez une « utilisatrice précoce »

Si vous avez moins de 35 ans, vous pouvez probablement sauter cette tactique. Compte tenu de votre âge, vous êtes déjà ce qu'on appelle une utilisatrice précoce ou *early adopter*. Les autres, poursuivez votre lecture ! Ce terme, employé pour la première fois par Everett M. Roger dans Diffusion of Innovations (littéralement, « diffusion des innovations »), désigne tous ceux qui adoptent les premiers une idée ou un produit inédits : ils sont toujours à l'affût de la nouveauté et prêts à acheter le dernier gadget.

Georgina est une scientifique passionnée par l'innovation. À l'époque où les ordinateurs avaient encore presque la taille d'une pièce, elle a appris sans l'aide de personne à écrire un code HTML. Ses collègues patientent devant son bureau pour lui demander de les aider à monter leur site web. Non seulement son aisance dans le maniement du langage d'Internet constitue un élément précieux pour son propre travail, mais il fait d'elle la personne « incontournable » dans tout le service.

L'innovation technologique progresse plus vite que jamais. Elle a révolutionné notre vie. Certaines d'entre nous se souviennent d'avoir fait la queue devant une cabine téléphonique pour joindre parents et amis. Aujourd'hui, tout le monde possède un téléphone portable et les cabines ont presque toutes disparu. La technologie a bouleversé le travail des chercheurs, modifié notre manière de faire les courses (15 % de la population mondiale achètent en ligne), et de rencontrer l'âme sœur (20 % des utilisateurs des sites de rencontre en ligne ont épousé une personne rencontrée sur le web). Il existe des sites de mariage, nous restons en contact avec nos enfants par texto, et pour le nouvel an, nous envoyons de plus en plus souvent nos vœux par Internet.

Mais la technologie n'a pas seulement transformé notre travail ; elle a aussi changé notre façon de nous connecter. Grâce à des techniques comme Skype et le webinaire (web + séminaire), il devient plus facile et moins coûteux de communiquer d'un bout à l'autre de la planète. Si vous adoptez ces outils de communications exceptionnels dès leur naissance, vous garderez en toutes circonstances un lien avec vos contacts et vous élargirez votre réseau.

APPLICATION PRATIQUE

- **Les canuts perdent toujours.** En 1831, à Lyon, les artisans de la soie se révoltèrent et détruisirent les nouvelles machines à tisser qu'ils rendaient responsables de la perte de leur travail. On retrouve un mouvement analogue en Angleterre, à la même époque, avec les luddites, des ouvriers qui refusaient le progrès technique. Ne les imitez pas, ayez l'esprit ouvert aux extraordinaires opportunités qu'offre la technologie.
- **Ce qui est disponible ne vous est pas nécessairement utile.** Rien ne vous oblige à adopter toutes les nouveautés techniques sans distinction. Limitez-vous à celles qui présentent une utilité pour vous, personnellement et sur le plan professionnel. Les avancées technologiques se succèdent à la vitesse de la lumière, si vous tentez de toutes les suivre, vous pourriez devoir y consacrer vos jours et vos nuits.
- **Employez le mode d'apprentissage qui vous convient.** Si vous êtes du type visuel, lisez le manuel ou regardez les tutoriels. Si vous apprenez plus facilement en écoutant, téléchargez un podcast. Et si vous avez une prédominance kinesthésique (si vous apprenez par le mouvement et en manipulant), lancez-vous.

Tactique 95

Soyez à la page

Les « gagnantes » sont toujours des interlocutrices intéressantes… et intéressées par la nouveauté. Elles se tiennent au courant des tendances, de l'information et des avancées technologiques. Celles qui exercent un métier suivent de près l'évolution de leur secteur. Mais elles ne s'arrêtent pas là. Elles voient les films qui viennent de sortir, elles lisent les livres récemment parus, elles sont à l'écoute de ce qui se passe dans le monde. Elles approfondissent sans cesse leur connaissance des gens qui les entourent. Pour toutes ces raisons, elles représentent le type de personne même qu'on souhaite avoir dans son réseau.

Béatrice s'est consacrée pendant plusieurs années à ses enfants et a décidé de retravailler. Sa réinsertion dans le monde du travail n'a pas posé de problème dans la mesure où elle a toujours utilisé ses loisirs pour se tenir au courant de l'actualité dans son domaine. Elle a conservé l'habitude de lire les publications spécialisées, est demeurée active dans les associations professionnelles et a gardé le contact avec ses anciens collègues.

Albane, qui souffre de sclérose en plaques, a programmé une alerte Google pour ne pas manquer les dernières découvertes médicales sur cette maladie.

Carmen, qui a deux filles adolescentes, reste à l'affût de ce qui se passe dans le monde des jeunes. Elle n'a sans doute pas été enchantée d'apprendre l'existence du « *sexting* », mais elle préfère le savoir que l'ignorer.

Les femmes qui gagnent restent en phase avec ce qui se passe autour d'elles et font aussi l'effort d'actualiser leurs connaissances. Dorothée a étudié l'espagnol en classe, mais elle ne brillait pas dans cette matière. Des années plus tard elle s'est inscrite à un cours pour adultes. Outre la satisfaction éprouvée, elle a progressé et y a gagné un sujet de conversation nouveau en société. Les gagnantes apprennent tout au long de leur vie, elles ne succombent pas à la facilité ni à la paresse.

APPLICATION PRATIQUE

- **Vérifiez l'actualité de vos informations.** Soyez exigeante sur la qualité et sur la pertinence de l'information. Internet vous le permet, donc pas d'excuses !
- **Lisez pour vous tenir au courant.** Lisez un quotidien, et vous n'ignorerez plus rien. Si le temps vous manque, parcourez au moins *Courrier international*, un hebdomadaire qui offre une compilation d'articles du monde entier.
- **Donnez-vous pour objectif d'apprendre quelque chose de nouveau.** Comme toutes les femmes, vous avez sans doute des journées bien remplies. Ne laissez pas le quotidien étouffer votre volonté d'apprendre, vous risquez de vous trouver vite dépassée.

Tactique 96

Rendez ce que vous avez reçu

Si vous lisez ces pages, il est probable que vous vivez dans un monde d'abondance. Nous voulons dire par là que vous bénéficiez d'une vie relativement privilégiée : vous avez un toit au-dessus de votre tête, des proches et des amis qui vous aiment, un état de santé satisfaisant, quelques euros en banque, etc. Nous espérons que parmi vos valeurs, se trouve ce principe : « De ceux qui ont beaucoup reçu, il est beaucoup attendu. » Lorsque vous agissez en tout avec générosité d'esprit, cette générosité vous revient multipliée. Ainsi va le monde. Vous pouvez nous faire confiance sur ce point.

Vous rappelez-vous notre amie Hortense, qui est la générosité en personne ? Elle est mère célibataire, travaille à plein temps, s'occupe de ses parents âgés et trouve encore le temps de faire du bénévolat. Elle consacre en outre environ 10 % de son budget à des dons pour les causes auxquelles elle croit. À l'entendre, elle est l'une des personnes les plus « riches » qu'elle connaisse, et quand elle manque d'argent, par exemple pour offrir des cours de soutien à sa fille ou pour financer un projet, une solution apparaît comme par miracle. Tout le monde dit qu'elle donne plus qu'elle ne reçoit ; mais si vous l'interrogez, elle vous dira qu'elle reçoit bien davantage que ce qu'elle donne.

En redonnant une part de ce qu'on a reçu, on accède à une vie plus gratifiante et plus riche. C'est la contribution à acquitter pour vivre sur cette terre. Le monde offre des richesses dont vous aurez votre part. Ne gardez pas pour vous des ressources que vous devriez partager.

APPLICATION PRATIQUE

- **Ajoutez « le don en retour » à vos valeurs morales.** Que vous possédiez peu ou beaucoup, vous avez *quelque chose* à redonner. Si vous ne le faites pas, vous vous condamnez à vivre dans un monde de pauvreté – émotionnelle, matérielle ou spirituelle.
- **N'attendez pas d'être sollicitée.** C'est une chose de donner sur demande ; c'en est une autre de regarder ce qui manque à l'autre et de le lui offrir. Si vous voyez votre collègue en butte à des difficultés que vous savez résoudre, proposez-lui votre aide. Si vous connaissez un ami momentanément dans le besoin, offrez de lui prêter la somme qui lui fait défaut. Si votre entreprise souffre d'une défaillance du leadership, mettez votre charisme et vos compétences à son service.
- **Évaluez l'urgence de la demande.** Il y a des moments où redonner s'affirme comme une nécessité. Repensez à ce que nous avons dit sur la réciprocité. Demandez-vous si vous avez reçu un bienfait (de l'amitié, de l'aide, une recommandation, etc.) de la personne qui vous sollicite à son tour. Si tel est le cas, le moment est venu de respecter l'accord de réciprocité que vous avez souscrit vis-à-vis d'elle – un point c'est tout.

Tactique 97

Agissez en leader quelle que soit votre position

Quand Lois interroge des femmes qui occupent des postes de premier plan à tous les niveaux, elle constate qu'elles mettent leurs valeurs au centre de leurs responsabilités de dirigeante. Cette attitude n'est pas spécifique aux femmes, bien sûr, mais elles ont plus tendance que les hommes à intégrer les valeurs dans leur philosophie et dans leur pratique du leadership. À une époque marquée par la cupidité de certains, la famine, les guerres fratricides et les désastres écologiques, le monde a besoin que davantage de femmes accèdent à des positions clés.

Même quand elles exercent des responsabilités, les filles sympas ne se perçoivent pas comme des leaders. Elles ne prennent donc pas conscience de leur immense influence. *A contrario*, les femmes qui gagnent savent qu'il n'est pas indispensable de devenir PDG pour exploiter son aptitude à diriger. On peut en effet définir le leadership comme le fait *d'aider les autres à évoluer vers des positions ou dans une direction qu'ils ne pourraient pas atteindre par eux-mêmes.*

Voici quelques pistes pour apprendre à appliquer vos compétences de leader en tenant compte de vos valeurs personnelles quelle que soit votre situation :

- proposez d'instituer à l'école de votre enfant une politique de zéro tolérance à l'égard de la violence et du harcèlement ;
- fondez une association de défense des riverains pour faire entendre votre voix en cas de dissension avec la municipalité ;

- coordonnez la campagne électorale d'un élu local ;
- lancez un programme en faveur du recyclage des déchets dans votre entreprise ;
- persuadez vos amis de donner de leur temps pour s'occuper d'un foyer destiné aux sans-abri ;
- intercédez auprès de votre député pour qu'il défende le principe de sanctions plus sévères pour tous ceux qui vendent de la drogue aux enfants ;
- prenez la direction d'un groupe de travail d'une ONG dans laquelle vous militez ;
- organisez des missions de tutorat à l'intention des jeunes à risque.

Notre pays et le monde ont besoin que les femmes s'investissent davantage dans le changement. De mère Teresa à Simone Veil, des « gagnantes » nous ont fait progresser et ont marqué l'histoire de leur empreinte. Vous aussi, vous le pouvez.

APPLICATION PRATIQUE

- **Appuyez-vous sur vos passions et sur vos valeurs.** Choisissez une cause qui a du sens pour vous et engagez-vous à faire bouger les choses. Il ne s'agit pas forcément d'être aux commandes, l'important est de faire entendre votre voix et de contribuer à réaliser l'objectif commun.
- **Étudiez la vie des leaders.** Contrairement à la croyance populaire, on ne naît pas chef, on le devient. Même si votre expérience et vos valeurs vous apportent les outils nécessaires pour guider les autres, il n'est pas inutile d'étudier le parcours des grands leaders. Vous y trouverez des leçons de courage qui vous inspireront au moment où vous prendrez les rênes.
- **Formez-vous au leadership.** Des établissements prestigieux tels que l'Insead ou HEC proposent des séminaires ou des cursus de formation au leadership. Renseignez-vous pour connaître les conditions d'accès et les modalités.

Tactique 98

Réévaluez périodiquement vos priorités

La Britannique Beryl Markham, qui fut la première aviatrice à survoler l'Atlantique en solitaire d'est en ouest en 1936, avait coutume de dire : « On peut vivre une vie entière et à la fin s'apercevoir qu'on connaît mieux les autres que soi-même. » Trop peu de gens pratiquent l'introspection, sans doute par manque d'énergie ou de courage. Résultat : à certains moments, leur vie n'est plus en synchronisation avec ce qui compte vraiment pour eux. Rappelez-vous Audrey, qui a emménagé avec son compagnon. Par facilité, elle s'est laissé entraîner dans une situation qui ne la rapprochait pas de son objectif – en l'occurrence, le mariage. Ou Amélie, prise au piège d'une amitié qui n'avait plus aucune signification. Faute d'avoir effectué le bilan à intervalles réguliers, ces femmes n'ont pas vu que la situation avait évolué et qu'elle ne leur convenait plus.

À l'inverse, certaine femmes ont su réorienter leur vie. Ainsi, Irène qui a pris la décision difficile de divorcer le jour où elle a compris que ses enfants étaient pénalisés par la situation. Ou Clara, qui a choisi de déménager pour progresser dans sa carrière. Et si Juliette n'a pas encore résolu le conflit avec sa mère à propos de son travail, nous conservons l'espoir qu'elle y parviendra.

Rien n'est permanent, tout évolue. Les femmes qui gagnent le savent et ont choisi d'embrasser le changement.

APPLICATION PRATIQUE

- **Repensez à ce que vous avez accompli dans le cadre de la stratégie I, « Évaluez le passé et envisagez l'avenir ».** Où vous situez-vous par rapport aux changements que vous aviez l'intention de mettre en place ? Dans quels domaines estimez-vous avoir réussi ? Comment ? Existe-t-il des aspects sur lesquels vous devez encore lutter ? Pourquoi ?
- **Quels sont les changements à venir qui comptent pour vous ?** Si vos efforts ne sont pas tous couronnés de succès, il peut être intéressant de réfléchir aux raisons qui vous ont incité à vouloir ces changements. Pourquoi les avez-vous jugés prioritaires ? Et dans la mesure où quelque chose a changé, qu'est-ce qui est différent aujourd'hui par rapport à hier ?
- **Ne renoncez pas à changer ce qui est important.** Si vous estimez que vous n'avez pas atteint votre but, revenez au point de départ pour reprendre le processus de changement sur de nouvelles bases. Relisez la tactique 14, « Avancez pas à pas ».

Tactique 99

Laissez un héritage

« Quelle preuve restera-t-il de mon existence ? Quand on cherchera des empreintes, que va-t-on trouver ? » C'est en ces termes qu'un magnat de l'industrie du spectacle exprimait son désir intense de laisser derrière lui bien autre chose que son travail. Ce que vous léguerez à la postérité ne sera pas nécessairement un édifice avec une plaque à votre nom, une mention dans le livre des records ou le prix Nobel de la Paix. C'est l'ensemble de vos objectifs et de vos réalisations, petites et grandes, au cours de votre existence. Votre but est peut-être d'élever des enfants sains et équilibrés, d'atteindre un niveau de carrière donné, de posséder un compte en banque bien fourni, ou d'atteindre la quiétude spirituelle. C'est cela votre héritage. Que l'on soit jeune ou âgé, il n'est jamais trop tôt pour penser à ce qu'on léguera. Quel type d'empreinte voulez-vous laisser derrière vous ?

Voici quelques exemples qui ne figureront pas dans les livres d'histoire, mais qui auront néanmoins eu un impact sur le monde :

- Gloria travaille comme infirmière dans un hôpital. Pendant ses loisirs, elle confectionne des coussins et des couvre-lits et en fait don aux ventes de charité organisées par des associations d'aide à l'enfance.
- Céline, médecin à la retraite, met son savoir à la disposition de ses voisins et des gens du quartier qui ont des questions ou des soucis d'ordre médical.
- Suzanne est psychothérapeute et tient des consultations gratuites à l'intention d'enfants soumis à des maltraitances.

- Lorraine est avocate. Elle a lancé un programme de soutien scolaire en faveur des jeunes filles des quartiers défavorisés.
- Victoire a hérité très jeune d'une immense fortune qu'elle utilise pour financer des organisations féminines.
- Elisabeth reste à la maison pour s'occuper de ses enfants et tricote des bonnets pour les patientes qui ont perdu leurs cheveux à la suite d'une chimiothérapie.

Leur contribution à la société est leur héritage. En œuvrant ainsi, elles transforment des vies. Qui ne voudrait pas d'un tel héritage ?

APPLICATION PRATIQUE

- **Profitez de votre travail pour créer la différence.** La plupart d'entre nous travaillent, chez elles ou à l'extérieur. Utilisez votre travail pour améliorer la vie des autres. C'est cela qui s'appelle « vivre en accord avec ses valeurs ».
- « **Soyez le changement que vous voulez voir advenir.** » Cette phrase du mahatma Gandhi nous rappelle que nous avons le choix entre nous plaindre de l'injustice ou intervenir pour la corriger. Regardez autour de vous et réfléchissez aux moyens d'œuvrer pour des changements bénéfiques pour vous-même, vos proches et votre communauté.
- **Osez exprimer ce que les autres ne disent pas.** Si vous avez atteint le stade de votre vie ou de votre carrière où votre réputation est définitivement établie, vous avez certainement la latitude d'exprimer ce que d'autres ne peuvent se permettre de dire. C'est le moment de prendre des risques et d'exposer des préoccupations que vous n'aviez pas le courage d'énoncer auparavant – ce qui ne vous autorise pas à manquer de diplomatie et de subtilité. Utilisez l'influence que vous avez acquise pour contribuer à changer la vie de ceux qui n'ont pas la possibilité de parler aussi librement.

Remerciements

Au moment où *Ces filles sympas qui n'osent pas s'affirmer* est sous presse, nous réalisons encore difficilement que nous nous connaissons depuis cinq ans à peine. Nous nous sommes rencontrées lors d'une conférence sur les femmes (à l'occasion d'une séance de signature), le courant est immédiatement passé entre nous et nous nous sommes promis de rester en contact. Nous avons, l'une et l'autre, tenu parole ! Ce livre, résultat d'une collaboration harmonieuse, est d'autant plus riche que nous l'avons écrit ensemble. Il mêle nos perspectives individuelles, notre éducation et nos expériences. Sa rédaction a été un enchantement de chaque minute (ou presque) et l'occasion de renforcer notre amitié. C'est d'ailleurs une des raisons pour lesquelles nous ne souscrivons pas aux balivernes qu'on raconte à propos des femmes et de leur incapacité à s'aider mutuellement. L'expérience que nous venons de faire et celles que nous avons vécues avec d'autres femmes contredisent ce mythe.

Nous avons bénéficié d'un large soutien au cours du processus d'écriture – il faut effectivement « tout un village » pour accoucher d'un livre. Suivant les conseils que nous donnons à nos lectrices, nous tenons à adresser nos remerciements les plus chaleureux à ceux qui nous ont assistées. Commençons par les femmes qui ont partagé avec nous leurs combats et leurs succès ; du fond du cœur, merci de votre sincérité. Grâce à la diversité de vos parcours, certains particulièrement douloureux et tous hautement personnels, nous avons pu écrire un livre qui trouvera un écho, nous n'en doutons pas, auprès d'autres femmes de tous âges et se trouvant à différentes étapes de la vie. Partout dans le monde, les femmes sont confrontées aux mêmes défis. Indépendamment de notre pays, de notre culture, de l'âge ou de l'éducation, nos similitudes l'emportent sur nos différences. Nous vous remercions de votre honnêteté et de votre confiance.

Talia Krohn et Roger Scholl ont compris les premiers ce que devait représenter ce livre. Ils nous ont permis de le concevoir de telle sorte qu'il réponde aux préoccupations des femmes, et nous ont encouragées tout au long de sa genèse. Les autres membres de l'équipe éditoriale de Crown, notamment Tina Constable, Sarah Weaver, Jennifer Robbins, Sarah Breivogel et d'autres y ont aussi largement contribué et nous leur en sommes redevables.

Bob Silverstein, notre agent et ami, a fourni ses conseils pimentés d'humour – avec de surcroît, un titre magnifique ! Le Dr Pam Erhardt, Lindsey Pollak et Kate Frohlinger ont offert des commentaires précieux quant aux améliorations à apporter à cet ouvrage, et le produit final doit beaucoup à leurs observations.

Nous souhaitons enfin remercier tous ceux qui font partie de notre vie et qui nous apportent chaque jour leur réconfort. Ils sont nos supporteurs inconditionnels et nous incitent à donner le meilleur de nous-mêmes, en nous ménageant le temps et l'espace indispensables. Nous adressons toute notre gratitude au Dr Pam Erhardt, à Stuart Frohlinger, Kate Frohlinger, Jack Frohlinger, au Dr Deborah M. Kolb, à Hannah Moran, au Dr Mary Ann Moran, à Fred Noschese, Jessica Vaughn et à Ellie Frankel. Merci, merci, merci !

Présentation des auteurs

Lois Frankel, docteur en psychologie, a de son propre aveu écrit cet ouvrage pour montrer la voie aux femmes qui veulent réussir leur vie professionnelle et leur vie personnelle. Son livre, *Ces filles sympas qui sabotent leur carrière. Les 101 pièges à éviter*, plébiscité par le *New York Time* et le *Wall Street Journal*, a été traduit en 25 langues[1]. Fréquemment invitée à la radio et sur les plateaux de télévision, Lois Frankel est également l'auteur de plusieurs autres titres – dont *Ces filles sympas complexées par l'argent*[2] – qui ont reçu un excellent accueil dans la presse, en particulier *Time* et *Business Week*, et dans nombre de publications internationales.

Présidente de Corporate Coaching International, un cabinet de conseil situé à Pasadena, en Californie, Lois Frankel intervient en tant que conférencière. La liste de ses clients est l'équivalent d'un Who's who des multinationales ; on y trouve, entre autres, Amgen, BP, Cedars Sinai Medical Center, Lockheed Martin, McKinsey&Company, Microsoft, Northrop Grumman et Procter&Gamble. Lorsqu'elle n'écrit pas, ne donne pas de conférences ou ne dirige pas de missions de conseil, elle voyage et pratique la photographie. En 2008, elle a fondé une association à but non lucratif, Bloom Again Foundation[3], qui assiste financièrement les femmes défavorisées ayant besoin de soins médicaux en urgence.

---

1. Traduction française parue chez Pearson en 2006.
2. *Idem*.
3. bloomagain.org

Carol Frohlinger, juriste de formation, est cofondatrice de Negotiating Women Inc., un cabinet de conseil qui s'est donné pour mission de promouvoir le leadership féminin dans les entreprises et d'aider les femmes à mieux négocier et à s'affirmer dans tous les aspects de leur vie. Coauteur de l'ouvrage *Her Place at the Table*[4], elle participe régulièrement à des émissions de radio et de télévision et écrit dans le *New York Times*.

Conférencière reconnue mondialement, Carol Frohlinger associe les conseils pratiques et l'humour pour encourager les femmes à développer des relations constructives. Parmi ses clients et ses interlocuteurs, elle compte des entreprises et des associations telles que JPMorgan Chase, Microsoft, L'association américaine des femmes juristes, Pricewaterhouse Coopers. Elle consacre une part de son temps à différentes causes, notamment à travers l'InterOrganizational Network (ION), qui milite pour l'augmentation du nombre de femmes dans les conseils d'administration des entreprises publiques. Elle vit à New York avec son mari et ses deux enfants.

4. Titre non traduit en français.

Dépôt légal : juin 2011
IMPRIMÉ EN FRANCE

Achevé d'imprimer le 1er juin 2011
sur les presses de l'imprimerie « La Source d'Or »
63039 Clermont-Ferrand
Imprimeur n° 10662